U0868324

岳麓書社

读名著　选岳麓

尉缭子

唐太宗李卫公问对

黄朴民 导读 注译

岳麓書社 · 长沙

图书在版编目(CIP)数据

尉缭子·唐太宗李卫公问对/黄朴民导读、注译．—长沙：岳麓书社，2023.10

(古典名著全本全注全译)

ISBN 978-7-5538-1930-3

Ⅰ.①尉…　Ⅱ.①黄…　Ⅲ.①《尉缭子》—注释②《尉缭子》—译文③兵法—中国—唐代④《李卫公问对》—注释⑤《李卫公问对》—译文　Ⅳ.①E892.42②E892.25

中国国家版本馆 CIP 数据核字(2023)第 165357 号

WEI LIAOZI · TANG TAIZONG LI WEIGONG WENDUI

尉缭子·唐太宗李卫公问对

导读注译：黄朴民

责任编辑：周家琛

责任校对：舒　舍

封面设计：罗志义

岳麓书社出版发行

地址：湖南省长沙市爱民路 47 号

邮编：410006

版次：2023 年 10 月第 1 版

印次：2023 年 10 月第 1 次印刷

开本：890mm×1240mm　1/32

印张：12.125

字数：337 千字

书号：ISBN 978-7-5538-1930-3

定价：49.00 元

承印：长沙鸿发印务实业有限公司

如有印装质量问题，请与本社印务部联系

电话：0731-88884129

目录

尉缭子

唐太宗李卫公问对

尉缭子

序言

一、三晋兵学的建树与特色

中国古代的兵学文化，自先秦时期开始，就呈示出鲜明突出的地域特征。大致而言，它主要体现为三大类型，即三晋兵学文化、齐鲁兵学文化以及以楚、吴、越为代表的南方兵学文化。

三晋兵学文化以其丰富的内涵和独特的品格而在中国古典兵学发展史上占有显著的地位，并成为三晋文化的重要组成部分。原生形态的三晋文化主要指春秋时期晋国，战国时期韩、赵、魏一带的中原文化，关中地区的秦文化主要受三晋文化的滋育和影响，曾在秦地活动的思想家，如商鞅、范雎、韩非、李斯等人，也主要来自三晋地区，秦文化本身缺乏自己的显著特色，所以也可以归入三晋文化类型。毫无疑问，三晋文化的形成，是与三晋的战略地缘条件和当时的天下争战形势相密切联系的。三晋处于当时的天下之中，为四战之地，战略上为内线作战态势，地理上缺少天然屏障和战略纵深回旋余地（韩、魏尤甚），为了在激烈残酷的争霸兼并斗争中争取主动，求得生存和发展的空间，这些诸侯国统治者一般都能以比较务实理性的精神治国经军：对内注意改革、练兵、储粮，提倡法治，广揽人才，强化集权，致力于富国强兵；对外则随时权衡和把握"国际"战略态势，利用各种矛盾，结交与国，合纵连横，纵横捭阖。从而形成了注重实效、质朴平实、致力农战、健全法制、以力致胜的鲜明文化传统。

这样的历史文化背景，使得三晋兵学文化早早趋于成熟，这种成熟，主要表现为兵学传统的源远流长，成果丰硕，并具有自己的鲜明个性。具体而言：首先是兵学著作数量繁富，形式多样。据《汉书·艺文志·兵书略》记载，可明确认定属于三晋兵学系统的著名兵书就有“公孙鞅二十七篇”“吴起四十八篇”“庞煖三篇”“儿良一篇”“广武君一篇”“尉缭三十一篇”“魏公子二十一篇”“师旷八篇”“苌弘十五篇”“魏氏射法六篇”等，其兵家数量之多，甚至超过了号称“甲冠天下”的齐鲁兵学。只是由于其大部分内容已经散佚，且被收入“武经七书”的兵书不如齐国兵书为多，故才给人们以一种错觉：似乎三晋兵书逊少于齐鲁兵书。但是，尽管如此，现存的三晋系统的兵书仍是蔚为大观的，如《尉缭子》《吴子》被列入经典的“武经七书”之列。又如《汉书·刑法志》等典籍所提及的重要兵家中，三晋兵家都占有相当大的比重，“吴有孙武，齐有孙膑，魏有吴起，秦有商鞅，皆禽敌立胜，垂著篇籍”。又如贾谊《过秦论》亦云“吴起、孙膑、带陀、儿良、王廖、田忌、廉颇、赵奢之伦制其兵”。这里的吴起、商鞅、儿良、王廖、廉颇、赵奢等人，就均系三晋系统的杰出兵家。尤其值得注意的是，人们在总结、揭示兵家不同流派的特点时，也往往以三晋兵家作为具体阐释的对象，如《吕氏春秋·不二》云“王廖贵先，儿良贵后”，将王廖、儿良分别列为“先发制人”与“后发制人”用兵理论的代表。所有这些，都表明三晋兵学并非像有些学者所认为的那样，属于厚重少文、富于实践而缺乏理论的归纳升华，而是拥有厚实的理论积淀，具备大量的著述载体的。

其次，是呈示出理论与实践相结合、学理与操作相统一的鲜明特征。与齐鲁兵学较多地关注兵学理论体系构筑的情况有所不同，三晋兵学在重视理论建树的同时，也十分强调理论与实践之间的沟通，讲求兵学理论的可操作性。众所周知，三晋地区（包括秦地）的政治指导思想是法家学说，其基本特点是执著功利，讲究实用，这一宗旨，决定了法家学说最大限度地强调理论的可操作性。受法家思想实用理性的规范与制约，三晋兵学合乎逻辑地致力于理论联系实际，以操作性的有无或大小来衡量兵学自身的价值和意义。这一点，在现存的《尉缭子》一书中有很突出的表现：今本《尉缭子》共二十四篇，其中《重刑令》《伍制令》《束伍令》《分塞令》《勒卒令》《踵军令》等法令条例便占了十篇，几占全书的一半；而这些条令规章均为非常具体的军队管理方法，其可操作性之强不言而喻。即使在其他篇章中，其崇尚功利，注重实用的特征也同样明显，如《制谈》《原官》诸篇之言军制设置；《攻权》《守权》《战权》诸篇之言攻、战、守三种不同形式的战法要领，都以满足用兵作战上的可操作性为宗旨。正是由于理论与实践沟通顺畅，学理与操作性结合无间，因此当时三晋以及受其文化笼罩的秦地名将辈出，成为当时兼并统一战争中的主宰，白起、廉颇、赵奢、李牧、庞涓、信陵君、蒙恬、王翦、王贲等人便是他们中间的卓越代表。而三晋与秦地的军队战斗力亦远较齐、楚诸国军队为强大，荀子的看法即已充分证明了这一点："齐之技击不可以遇魏氏之武卒，魏氏之武卒不可以遇秦之锐士。"（《荀子·议兵》）

其三是内涵丰富、体系完整、观点鲜明、思维辩证，注重将厉行耕战、增强实力、推行法制、严明赏罚置放于优先的位置。具体地说，这就是在战争观上积极主战，强调通过战争的手段达到一定的政治目的，"国之所以兴者，农战也"（《商君书·画策》）；提倡"诛暴乱，禁不义"的义战；同时又主张慎战，反对穷兵黩武，"故兵者，凶器也；争者，逆德也；将者，死官也。不得已而用之"（《尉缭子·武议》）。在治军观上，主张高度集权，严格治军，追求令行禁止的效果："故先王明赏而劝之，严刑以威之。赏刑明，则民尽死；民尽死，则兵强主尊"（《韩非子·饰邪》）。强调"制必先定"，在执法上做到公正公允，"杀一人而三军震者，杀之；赏一人而万人喜者，赏之。杀之贵大，赏之贵小。当杀而虽贵重必杀之，是刑上究也；赏及牛童马圉者，是赏下流也"（《尉缭子·武议》）。提倡将帅以身作则，身先士卒，把“号令明，法则审”看作是克敌制胜的基本保证。在作战指导上，注重谋略和战前准备，讲究“廊庙”决策，“兵胜于朝廷”，主张“权敌审将而后举兵”，以实力发言，先为不可胜，强调在战争中奇正变通，争取主动权，先发制人，出其不意，守中有攻，以打歼灭战为作战的最佳选择，总之是“战不必胜，不可以言战；攻不必拔，不可以言攻”（《尉缭子·攻权》）。在战略上，特别重视处理政治与军事的辩证关系，提倡文武并用，军政合一，“凡战法必本于政胜”，“政久持胜术者，必强至王”（《商君书·战法》）；“兵者，以武为植，以文为种；武为表，文为里”（《尉缭子·兵令上》）。这些特征在《尉缭子》《吴子》等三晋兵学著作和《商君书》《韩非子》《荀子》等三晋文化体系内的诸子论兵之作中都有显著的体现。

概而言之，三晋兵学特别贴近先秦至两汉时期军队建设与战争活动的实际，突出反映了当时军队与作战的特点与规律，曾对后世兵学的发展产生了非常深远的影响，其在兵学文化发展史上的地位实不亚于齐鲁兵学和南方兵学。清代朱墉在《武经七书汇解》中说：“七子谈兵，人人挟有识见。而引古谈今，学问博洽，首推尉缭。”这一观点，可以说是对以《尉缭子》为代表的三晋兵学在中国兵学历史上的地位与贡献，作出了恰如其分且又实至名归的界定，切中肯綮，信而有征。

二、《尉缭子》其书

《尉缭子》，是我国先秦时期著名兵书，北宋神宗元丰三年（公元 1080 年）被朝廷列为《武经七书》之一，成为将校必读的军事教材。关于其书的作者和成书年代，古今学术界说法不一，多有分歧，大多数人认为是战国中期魏国人尉缭所撰，但有学者认为其书作者是战国晚期秦王嬴政时的尉缭，又有人考证魏尉缭和秦尉缭实为一人，也有学者认为此书系后人所伪托。我们认为除上述情况之外，还存在着另一种可能性，即其书作者属于兵家学派，但在当时并无名声，为使其书得到流传，故托名于大名赫赫的秦国尉缭。秦二世而亡之后,尉缭受秦暴虐无道而迅速土崩瓦解的牵连,形象不佳,名誉低落,于是,人们又仿效孟子见梁惠王的做法,虚构了魏惠王时尉缭这一人物,并把这部兵书依托在这个虚幻人物的名下。这样或许能揭开笼罩在这部兵书头上的作者迷雾。

《尉缭子》的成书似乎是在战国晚期,这从其书杂取法、儒、墨、道诸家思想而论兵的特色中可以得到证明。在先秦诸子之间,普遍存在着一种学术在对峙中兼容的倾向,这一学术递嬗特征,在战国晚期表现得尤为显著,这在儒家,出现了汲取某些法家要素的《荀子》。在道家,出现了以道为根本并兼容儒、法、阴阳的黄老之学。在法家,出现了借鉴吸引某些儒家与道家学说的《韩非子》。尤为突出的,是诞生了以博取众家之长的新的学术流派——杂家。这种学术发展大趋势,在兵家那里也必然会有所体现,这就是综合型兵书《尉缭子》《六韬》的面世。正是从这个意义上,我们把《尉缭子》的成书年代定于战国晚期。因为其书的内容丰富性、思想混杂性、层次众多性和文字风格前后不一致性等等,均与先秦学术发展的总趋势相一致。

《汉书·艺文志》"杂家类"著录有《尉缭》二十九篇,班固原注:"六国时。""兵形势家类"又著录有《尉缭》三十一篇。后来的《隋书·经籍志》《旧唐书·经籍志》《新唐书·艺文志》《宋史·艺文志》等对该书都有著录。其中比较权威的《隋书·经籍志》将其书入"子部·杂家类",为五卷,并注明:"梁并录六卷。尉缭,梁惠王时人。"新旧《唐书》同《隋书》。今传世本《尉缭子》为五卷二十四篇,共约九千余字。另外唐代魏徵《群书治要》辑有《尉缭子》四篇,1972 年山东临沂银雀山汉墓出土残简《尉缭子》六篇,其篇目与内容,同今传本《尉缭子》大体相符,这证明这些篇目与内容至迟在汉初就流传于世,其撰著与成书年代当更早于汉初,这就从考古实证的角度证明了《尉缭子》当属先秦古籍无疑。由此可见,银雀山汉墓竹简的《尉缭子》残篇的发现,对于考校传世本《尉缭子》具有重要的价值。

由于《汉书·艺文志》分别著录了"杂家"《尉缭》和"兵形势家"《尉缭》,而其篇数均与今传世本不合,故引起学者关于《尉缭子》著录和版本问题的激烈争辩。有人认为杂家《尉缭》已亡而兵家《尉缭》独存,有人认为情况恰好相反,也有人认为两种《尉缭》本是一部著作,却被班固分割在"兵家"与"杂家"之中,更有人认为"实际上只有一种《尉缭》",《汉书》用了互著法,所以既入杂家,又入兵家。我们认为,《汉书·艺文志·兵书略》对"兵形势家"特点的概括是:"形势者,雷动风举,后发而先至,离合向背,变化无常,以轻疾制敌者也。"而看今本《尉缭子》,这种"兵形势家"的特色不能说没有,但不是很显著,亦不占主导地位。因此,说今本《尉缭子》是《汉志》的"兵形势"《尉缭》,多少有些勉强。而"杂家",在《汉书·艺文志》中,其实也被作者班固看成是富有"兵家"色彩的诸子流派:"右杂家二十四家,四百二篇。入兵法。"但是,据此而简单断言今本《尉缭子》即《汉书·艺文志》所著录的"杂家《尉缭》",似乎也难以成立,毕竟杂家的属性是:"盖出于议官。兼儒,墨,合名、法,知国体之有此,见王治之无不贯。"不能将它与"兵家"简单地等同。因此,我们认为,比较合理的说法应该是"兵形势家"《尉缭》和"杂家"《尉缭》在流传过程中均有逸佚,也都有保留,今本《尉缭子》是两本各自部分内容的混糅与综合。

《尉缭子》存世的主要版本有宋刻《武经七书》本(存日本静嘉堂)、涵芬楼《续古逸丛书》影宋《武经七书》本以及明、清刊本、抄本等五十余种。此外,《群书治要》、《太平御览》、《北堂书钞》等唐宋时期的丛书、类书中也有数量不少的《尉缭子》的节选与引文。《尉缭子》在海外也有一定的影响,如日本研究《尉缭子》的著述就有约三十余种,朝鲜半岛也有该书的刊本。

三、《尉缭子》的兵学思想

《尉缭子》,《武经七书》之一,成书于战国时期,被有的学者誉为"不在孙武之下”[①] 的著名兵书。《文献通考》引《周氏涉笔》认为它“能分本末，别宾主”，“理法兼尽”。自汉唐以来，它一直受到学术界的推崇和重视。

《尉缭子》一书的思想内容比较丰富。它紧紧围绕“刑德可以百胜”的基本认识，广泛而深刻地论述了克敌制胜之道。其中前十二篇主要阐述战争观以及战争与政治、经济之间的关系，侧重于攻守权谋和具体战法、作战指导等问题；后十二篇主要阐述治军原则和各种军制军令。

（一）“挟义而战”“武表文里”的战争观

在战争观问题上，《尉缭子》将战争区分为“挟义而战”和“争私结怨”两大类，提倡和支持“诛暴乱，禁不义”的战争，反对杀人越货，以满足个人私欲的不义之战。强调从事战争的目的是为了实现封建兼并和统一。为此，它提倡富国强兵，主张农战，从而达到“威制天下”的目的。《尉缭子》的作者认为，正确的政治策略和措施，是夺取战争胜利的先决条件和根本保证。指出：“以城称地，以地称人，以人称粟。三相称，则内可以固守，外可以战胜。”（《兵谈》）

《尉缭子》认为：“故兵者，所以诛暴乱，禁不义”，“凡兵不攻无过之城，不杀无罪之人”（《武议》）。处于历史主导地位的新兴势力，对于自己所从事的正义战争充分显示出必胜的信心和力量。作为新兴势力在军事上的代言人，它明确主张：“凡挟义而战者，贵从我起。”（《攻权》）只要是吊民伐罪，正义在我，就敢于迎战，敢于决战，战略上力求先发制人。

十分可贵的是，《尉缭子》对政治与军事的主从关系作出了正确的表述：“兵者以武为植，以文为种；武为表，文为里；能审此二者，知胜败矣。”（《兵令》上）认为军事是骨干，政治是根本；军事是表象，政治是本质。这一军事从属于政治的观点，实质上触及了战争是政治的继续的重要原理。其可贵之处在于，《尉缭子》不仅在自然观上具有朴素唯物论的倾向，

① 黄礼漫：《续述记·尉缭子注》。

而且在政治观上也坚持了朴素的唯物主义认识论，并以此为基础贯穿全书。它开篇第一章《天官》就明确阐述了人的能动作用是决定胜负的根本；深刻地批判了当时占星家利用天文星象预测胜负的迷信说教。为此，作者反复强调了“人事”的作用是国家安定，军队强大，战争胜利的根本保证：“天时不如地利，地利不如人和。圣人所贵，人事而已。”（《战威》）

在战争指导方面，《尉缭子》注重谋略和战前准备，讲究“廊庙”决策。主张“权敌审将而后举兵”，“先料敌而后动”。主张在作战中奇正变通，争取主动权，先发制人，出其不意，守中有攻。做到“道胜”“威胜”“力胜”。

（二）明法审令的治军思想

在治军方面，《尉缭子》主张严格治军，“制必先定”，信赏明罚。强调将帅要恩威兼施，执法公允，以身作则。把军事训练提到必胜之道的高度加以认识，论述了训练的目的、方法和步骤。提出“号令明，法制审”，使军制军令完备，赏罚有据可依。并具体阐述了涉及教育、训练、行军、作战等一系列条令，保存了我国早期军队的战斗、内务、纪律等各个方面的法规性资料，为我们研究先秦军事制度史提供了条件。

在军队建设问题上，恩威并用、赏罚兼施从来是历代军队治军的不二法门。《尉缭子》也不例外，全书上下始终贯穿着其作者“明赏正罚”、以法治军的文化精神。它主张“禁必以武而成，赏必以文而成”（《治本》），重视在军队中确立法制的极端重要性，认为只有“明制度于前，重威刑于后”，才能收到“刑重则内畏，内畏则外坚”（《重刑令》）的明显效果。不仅如此，它还主张罚贵赏贱，以求达到整肃军纪，确立军威。它说：“凡诛赏者，所以明武也。杀一人而三军震者，杀之，赏一人而万人喜者，赏之。杀之贵大，赏之贵小。当杀而虽贵重必杀之，是刑上究也；赏及牛童马圉者，是赏下流也。夫能刑上究，赏下流，此将之武也。”（《武议》）信赏明罚，严格管理，这样的军队打起仗来就可以实现“发能中利，动则有功”（《制谈》），成为战无不胜，攻无不克的“王霸之兵”（《制谈》）。

《尉缭子》关于军队建设的另一个重要内容是重将帅的选拔和官兵关系的和谐。

"举贤用能""明法审令""贵功养劳"(《武议》),这些都是对将帅选择的一般要求。除此之外,它还明确要求将帅在战场上要做到"三忘":"将受命之日忘其家,张军宿野忘其亲,援枹而鼓忘其身。"(《武议》)在作战指挥上要做到"三不制"和"四无":"上不制于天,下不制于地,中不制于人","无天于上,无地于下,无主于后,无敌于前"(《武议》)。同时,将帅还应该具备优秀的品德修养,能做到"宽不可激而怒,清不可事以财"(《兵谈》)。强调作为一个优秀的将帅,既具备舍身忘死的牺牲精神,又掌握机断指挥的权力,在战争中就能建功立业。

《尉缭子》十分注重军队内部的团结,认为上下之间、官兵之间的关系犹如心与四肢的关系,"将帅者心也,群下者支节也。其心动以诚,则支节必力;其心动以疑,则支节必背"(《攻权》)。所谓将帅的"心诚"不是一句空话,而是要时时处处为人表率,所谓"夫勤劳之师,将必先己",应该与广大士卒同甘共苦,休戚与共,以培养与部下的亲和力与凝聚力,即做到:"暑不张盖,寒不重衣,险必下步。军井成而后饮,军食熟而后饭,军垒成而后舍,劳逸必以身同之。如此,师虽久而不老不弊。"(《战威》)

"制必先定"(《制谈》)是《尉缭子》治军思想的一个重要组成部分。它认为,严格而周密的法制是取胜的重要保证,所谓"凡战,制必先定。制先定则士不乱,士不乱则刑乃明。金鼓所指,则百人尽斗。陷行乱陈,则千人尽斗。覆军杀将,则万人齐刃,天下莫能当其战矣"(《制谈》)。同时,值得注意的是,《尉缭子》的作者主张法制的实施要与道德教化做到密切结合,相辅相成:"国必有礼信亲爱之义,而后民以饥易饱;国必有孝慈廉耻之俗,而后民以死易生。故古率民者,必先礼信而后爵禄,先廉耻而后刑罚,先亲爱而后律其身焉。"(《战威》)

制度问题范围很广,《尉缭子》从军队的管理、教育、训练和作战各个方面论述了以法治军的重要性和具体主张。例如，为了配合主力部队作战，它主张配置“踵军”（接应部队）、“兴军”（前卫部队）、“分塞军”（后方卫戍部队）和“前御军”（前方警戒部队），各自的作战任务都有明确区分，以保障战争的胜利。又如，为了在战争中搞好协同和指挥，它要求用旗、羽、章作标志，并在《经卒令》中作了具体而明确的规定，以便识别和约束。而在作战中，它要求严格区分金、鼓、铃、旗的指挥功能，以统一号令，夺取胜利。

（三）《尉缭子》的兵形势特色

《尉缭子》在《汉书・艺文志》中列入“兵形势家”，而且有可能是所列十一部兵书中唯一存世的一部，其余都失传了。因此，要了解“兵形势”这一流派的思想和特点，《尉缭子》有着比较重要的参考价值。

所谓“兵形势”，班固有明确而概括的表述：“形势者，雷动风举，后发而先至。离合背向，变化无常，以轻疾制敌者也。”“雷动风举”言兵锋之威，势不可挡，“后发先至”言军队行动之快，兵贵神速，“离合背向”言其机动能力强，因敌制胜，“变化无常”言其战术变化巧，出神入化，“以轻疾制敌”那就相当今天所谓机动灵活、速战速决的意思了。这充分反映了战国中期以后军队运动性提高，战场机动能力增强的时代特征。《荀子・议兵》引用临武君的话说：当时“后之发，先之至”，已成为“用兵之要术”。

“兵形势家”的《尉缭子》与“兵权谋家”在战争指导上有密切的渊源关系。在《孙子兵法》中有一个重要的命题，即“不战而屈人之兵”的全胜思想。从《尉缭子》的《战威》《攻权》等篇可以看出，它继承和吸取了“兵权谋家”这一战略思想，主张“不暴甲而胜”（《兵谈》）。它把战争的胜利分为三种方式：一是“道胜”，二是“威胜”，三是“力胜”。所谓“道胜”就是“庙胜”——“高之以廊庙之论，重之以受命之论，锐之以逾垠之论，则敌国可不战而服”（《战权》）。也就是以谋略取胜，“讲武料敌，使敌之气失而师散,虽形全而不为之用,此道胜也”。为了求得全胜,未战之前要有必胜的条件,“战不必胜,不可以言战;攻不必拔,不可以言攻”(《攻权》)。它批评那种企图凭借侥幸以取胜的做法是“曲胜”,“曲胜言非全也,非全胜者无权名”(《攻权》)。认为非全胜者是不懂得战争谋略、没有权威的将军。而在战略指挥上,《尉缭子》的作者强调在战争过程中当积极争取主动,先发制人:“权先加人者,敌不力交;武先加人者,敌不威接。”(《战权》)

从一般治军作战而言,《尉缭子》高度概括出十二条原则:“威在于不变,惠在于因时,机在于应事,战在于治气,攻在于意表,守在于外饰,无过在于度数,无困在于豫备,慎在于畏小,智在于治大,除害在于敢断,得众在于下人”(《十二陵》),言简意赅,提纲挈领,内涵丰富,堪称警策。

大略而言,《尉缭子》的兵形势特色,主要表现在以下三个方面:未战之前的对敌优势,将战之时的作战布势,既战之后的凌敌威势。

1. 强调拥有军事实力,建立战前的对敌优势。

战争是敌对双方在政治、经济、军事、科技、文化、外交以及自然条件的基础上互争优势和主动的主观能力的竞赛。我国古代进步的兵学家无不重视战前要创造良好的客观基础。“兵形势”中的“形”与“势”是有区别的。《孙子兵法》中有《形》篇与《势》篇。《形》篇之“形”主要讲的是军事力量,《势》篇之“势”主要讲的是军事力量的发挥。

“兵形势家”是“形”与“势”的统一论者,离开“形”去空谈“势”,或离开“势”去奢谈“形”,无异于只讲主观努力不讲客观条件,或只讲客观条件不讲主观努力,将尊重客观规律性与发挥主观能动性之间的辩证关系人为地加以割裂,这都是不正确的。兵形势家,首先是实力论者,主张尊重客观实际,强调经济的、军事的、自然的客观条件,也就是所谓“富国强兵”。《尉缭子》明确主张“土广而任则国富,民众而制则国治”(《兵谈》),造成“不暴甲而胜”(《兵谈》)的优势地位。

从作战而言,《尉缭子》十分重视战前准备,主张站稳脚跟,反对浪战。它说:“故知道者,必先图不知止之败,恶在乎必往有功”(《战权》)。又说:“战不必胜,不可以言战。攻不必拔,不可以言攻”(《攻权》)。必须“权敌审将而后举兵”(《攻权》),必须坚持不打无把握、无准备之仗。

2. 精心运筹决胜,造成最佳战场布势。

在作战指导上,《尉缭子》主张“攻在于意表,守在于外饰”(《十二陵》)。进攻的奥秘在于神出鬼没,出敌意外,防御的关键在于巧妙伪装,隐蔽部署。为了形成最佳的战场布局,求得有利的作战态势,它要求一方面“事在未兆”(《攻权》)时,先期认真做好各种作战准备:另一方面要广施权变,迷惑、欺骗敌人,所谓“战权在乎道之所极。有者无之,无者有之,安所信之”(《战权》)。自己站稳脚跟、掌握主动与不让敌人站稳脚跟、使其陷于被动是一个问题的两个方面。在这个问题上,《尉缭子》认为,关键是“修己”,即:是否具备了取胜的把握,做好了胜敌的准备。

战场布势的具体内容是多方面的,攻、防,追、遭、退,各有自身的特点,也各有特殊要求。即便同是防守,野战防御、阵地防御、城邑防御、河川防御等等,也都各有其不同的防御特点和方法。以城邑防御为例,《尉缭子》对此作了若干精辟的论述,提出了许多独到的见解,无论在理论上还是方法上,有些地方都超过了《孙子兵法》和《孙膑兵法》,也超过了《吴子》。如说:“凡守者,进不郭圉,退不亭障,以御战,非善者也。豪杰雄俊,坚甲利兵,劲弩强矢,尽在郭中。乃收窖廪,毁折而入保,令客气十百倍,而主之气不半焉,敌攻者伤之甚也。”(《守权》)又说:“其有必救之军者,则有必守之城”。在城邑防御的指导思想和作战布势上,《尉缭子》反对单纯防御,并注意到了城坚、粮丰、水足、兵力优势、装备精良等问题,尤为可贵的是它十分重视机动部队实施适时的策应。

战场布势,在《尉缭子》中还表现为以奇正造势。它认为:“正兵贵先,奇兵贵后,或先或后,制敌者也。”(《勒卒令》)我们从《分塞令》这一篇清楚地看到,《尉缭子》所言布阵之法主要是五军阵——“中军和左、右、前、后军”。中军是指指挥员控制的机动部队,《握奇经》称之为“余奇”之兵,即所谓“四为正,四为奇,大将居中,握有余奇”。阵形无论如何变化,中军始终居中,位置不变。变化的是前、后、左、右军。古兵法关于五军阵变换为八军阵,有两句名言:一是“数起于五而终于八”,二是“四正、四奇,八阵生焉”。前、后、左、右四军通常称为“四正”,在左前、左后、右后、右前四个方向上部署的兵力,通常称为“四奇”。《尉缭子》认为,善于巧妙部署兵力,灵活运用正兵和奇兵,广泛采取奇谋诡诈之术,“有者无之,无者有之”(《战权》),出奇制胜,就能取得胜利。可见它对于运用“奇正”造势是相当重视的,也给予了独到深刻的阐释。

3. 临阵审时度势,充分发挥击敌威势。

如果说在战前建立军事实力优势和形成有利态势都还只是战斗力蓄势于前,是能量尚未完全变为动中之“势”的“形”,那么,作战中充分发挥出来的击敌威势,或常言所谓破竹之势,就是战斗力由静态的“形”转化为动态的“势”,已属于“任势”(《孙子兵法·势篇》)的范围了。《孙子兵法》用高山滚石来比喻军力发挥的锐势。那么,军队在战场上所发挥的锐势除了军事实力和战场态势等客观条件外,是由什么因素决定的呢?

从《尉缭子》中可以概括为以下几点:指挥专一,先发制人,避实击虚,兵贵神速。

关于指挥专一,《尉缭子》认为:“夫将者,上不制于天,下不制于地,中不制于人。”又说:“无天于上,无地于下,无主于后,无敌于前。一人之兵,如狼如虎,如风如雨,如雷如霆,震震冥冥,天下皆惊。”(《武议》)它主张的这种“三不制”、“四无”,就是主张授予将领机断指挥之权。将领指挥专一,便能形成“一人之兵”,才能锐不可当,“天下皆惊”。

关于先发制人,它征引兵法说:“千人而成权,万人而成武。权先加人者,敌不力交。武先加人者,敌无威接。”然后得出结论:“故兵贵先。

胜于此，则胜彼矣；弗胜于此，则弗胜彼矣。”（《战权》）先机而动，先发制人，这在战役、战斗上从来就是兵家制胜的信条。至于在战略上，先发制人固然也会取得突然击敌的效果，这只是从纯军事的角度而言。如要考虑政治性质，社会的、国际的影响，那就不宜一概而论了。

关于避实击虚，它强调“先料敌而后动，是以击虚夺之也”（《战威》），“我因其虚而攻之”（《攻权》）。这也是兵家制胜的不二法门。无论在战略上，或在战役、战斗上，主攻方向都应力求选择在既是敌虚弱又是其要害之处，这样才能用力少而收功多，一战而胜，再及其余。

关于兵贵神速，《尉缭子》也有精辟的论述，如说：“故凡集兵，千里者旬日，百里者一日，必集敌境。卒聚将至，深入其地，错绝其道，栖其大城大邑，使之登城逼危。”（《攻权》）兵力集中，展开迅速，进攻敏捷，指挥正确，兵锋所向，无敌不克。

综上所述，《尉缭子》一书集中而系统地反映了战国时期三晋兵家的兵学理论、军事制度，是当时三晋地区尤其是秦国战争实践的理论总结，思想精辟，内容丰富，是一笔弥足珍贵的兵学文化遗产。对于我们今天了解和研究战国时期三晋兵学的成就、特色与价值不无重要的价值与意义。

天官第一

导读

在今本《尉缭子》一书中,本篇为首篇,在全书中具有提纲挈领、开宗明义的特殊作用,在思想内容与理论主旨上为全书确立了以注重实际、尊重用兵打仗客观规律为基本特征的朴素唯物主义的思想逻辑体系。天官,天文星象的总称。兵阴阳家为先秦兵家四大流派之一,具有浓厚的神秘与迷信色彩,其基本特点是"顺时而发,推刑德,随斗击,因五胜,假鬼神而为助",即通过观察星象、占卜时日来确定和判断战争的吉凶胜败。本篇即是针对这种学说展开批判,并提出自己进步的兵学观点。

作者强调指出决定战争胜负的根本因素在于"人事而已矣",即在于充分发挥人的主观能动作用,而不是兵阴阳家所宣扬的那一套"阴阳向背"等迷信的东西。为了阐明自己的这一观点,本篇从理论和实践上对此进行了剖析。首先以攻城为例,说明"天官时日不若人事也",辨析深刻、说理透彻,从理论上阐释了兵阴阳家的观点不能成立。接着作者通过历史史实加以分析,进一步征引了武王伐纣、楚军破齐两个战例,批驳了兵阴阳家所散布的"天官、时日、阴阳、向背"决定战争胜负的谬论。并由此得出了人事是战争胜负的决定性因素这一结论,使人无可争议。

原文

梁惠王[1]问尉缭子曰:“黄帝[2]刑德[3],可以百胜,有之乎?”

尉缭子对曰:“刑以伐之,德以守之,非所谓天官[4]、时日、阴阳[5]、向背[6]也。黄帝者,人事而已矣。何者?今有城,东西攻不能取,南北攻不能取,四方岂无顺时乘之者邪?然不能取者,城高池[7]深,兵器备具,财谷多积,豪士[8]一谋[9]者也。若城下[10],池浅,守弱,则取之矣。由是观之,天官时日,不若人事也。

译文

梁惠王询问尉缭子说:“相传黄帝关于刑德的学说,可以百战百胜,有这样一回事吗?”

尉缭子回答道:“刑是用来攻伐的,德是用来守成的,而并非是指天官、时日、阴阳、向背那一套东西。黄帝所说的刑德之术,不过是强调人事的作用罢了。这何以见得呢?假如现在有一座城,从东、西两个方向进攻不下来,从南、北两个方向进攻也无法攻占,难道这四个方向都没有吉利的时辰可加以利用的吗?其所以不能攻克的原因,是由于该城城墙高峻,护城河沟宽深,武器齐备,物资粮食储备充足,城中豪杰之士同心同德,善用计谋。如果是城墙低矮,护城河沟水浅,守御薄弱,那么就可以把它攻占。由此看来,与其相信天官、时日,不如充分发挥人的作用。

注释

1 梁惠王:即魏惠王,姬姓名罃,死后谥惠。公元前369~前319年在位。在位期间,东败于齐,西败于秦,导致魏国中衰。

2 黄帝:传说中的远古时代部落联盟首领,姬姓,号轩辕氏,有熊氏。后被尊崇为中华民族的共同始祖。

3 刑德：刑指武力征伐，德指政治怀柔。

4 天官：指日月星辰等天体的方位与运行变化，以及风、云、雨、雪等气象现象，阴阳学家往往将这些天文、气象因素与人事相类比附会。

5 阴阳：原指阳光的向背，向阳为阳，背阳为阴。古人多用它来解释天地间各种事物的对立关系。阴阳学家却认为阴阳、方位等因素对战争的胜负具有决定性作用。

6 向背：面向和背向。原意指军事上行军布阵中部队与周围地形地貌的相对位置。但兵阴阳家却在其中掺杂了很多迷信的成分。

7 池：护城河。

8 豪士：豪杰之士。此处指守城将士。

9 一谋：意谓同心同德。

10 下：卑低、低矮的意思。

原文

“案《天官》[1]曰：‘背水陈为绝(纪)〔地〕，向阪陈为废军[2]。’武王[3]伐纣[4]，背(济)〔清〕水向山阪而陈，以二万二千五百人击纣之亿[5]万而灭商，岂纣不得天官之陈哉！楚将公子心与齐人战，时有彗星[6]出，柄在齐[7]。柄所在胜，不可击。公子心曰：‘彗

译文

“再譬如按照《天官》书中的说法：‘背水布阵就是自处绝地，面山列阵等于断送军队。’但是从前周武王讨伐商纣王时，正是背靠清水面向山坡而布列阵势的，可结果是以二万二千五百人击破了商纣王的数十万大军，灭掉了商朝，而当时难道商纣王不正是处于《天官》书所说的有利阵形的位置吗？又如楚国将军公子心率领大军同齐国人作战，当时天空有彗星出现，彗星的柄部指向齐军一方。〔常言说〕彗柄所指向的一方会得胜，因而另一方不可以发

星何知？以彗斗者，固倒而胜焉。’明日与齐战，大破之。黄帝曰：‘先神先鬼，先稽[8]我智。’谓之天(时)〔官〕，人事而已。”

起攻击。但公子心却说：‘彗星知道什么！用扫帚与人打斗，本来就应该倒转头来用柄去打才能获胜。’第二天与齐军交战，果然大破齐军。黄帝说：‘先去求神问鬼，还不如先来考查一下自己的智能。’这是说所谓天官，也就是指发挥人的作用。”

注释

1 《天官》：书名，当为兵阴阳家的著作，已失佚。

2 废军：败亡之军，失败之师。

3 武王：即周武王，姓姬名发，周文王之子。他继承周文王的基业，率兵伐纣，在牧野（今属河南）大败商纣王的军队，一举灭商，建立起周朝。

4 纣：商纣王，子姓名辛，商朝的末代君主，荒淫无道，暴虐残酷，为周武王所推翻，登鹿台自焚而死。

5 亿：古代时以十万为“亿”。

6 彗星：俗称的扫帚星，以彗尾形如扫帚，故名。

7 柄在齐：彗尾如扫帚柄指向齐国。

8 稽：考查，考究。

兵谈第二

导读

兵谈,即谈兵。在本篇中,作者主要论述了战争的指导思想,将帅的地位作用以及军事与经济关系等一系列重大问题。作者首先从建城与立国谈起,强调要"建城称地,以地称人,以人称粟",即在建立城邑和进行军队建设时,要考虑到与土地、人口、财力等经济条件相适应。从而做到"内可以固守,外可以战胜"。同时,作者进一步指出,在战场上克敌制胜,同样可以促进国家的发展,"战胜于外,备主于内,胜备相应,犹合符节",二者相辅相成,相互促进。其次,发展管仲"作内政而寄军令"的思想,积极倡导寓兵于农,实现兵农合一。第三,要力争"甲不暴出,而威制天下",努力做到不战而屈人之兵。为实现这一目的,必须富国强兵。要富国强兵,又必须"明乎禁舍开塞",采取政治、经济等方面的一系列措施,以使"土广而任,民众而治"。第四,主张慎战,反对轻启战端,要慎重对待战争,所谓"兵起,非可以忿也。见胜则兴,不见胜则止"。不能轻率用兵,更不可穷兵黩武。第五,在作战指导上,作者主张速战速决,切不可旷日持久。必须造成压倒一切敌人的气势,"如垣压之,如云覆之",以夺取战争的胜利。但是,同时要做好长期作战的准备,即"不起一日之师""一月之师""一岁之师"。在本篇中,还论述了将帅的修养。强调将帅在战争活动中具有非常重要的地位与作用,明确指出将帅应"上不制于天，下不制于地，中不制于人”。要“宽不可激而怒，清不可事以财”，要力戒“心狂、目盲，耳聋”三种弊端。

原文

量土地肥墝[1]而立邑。建城称地，以城[2]称人，以人称粟。三相称，则内可以固守，外可以战胜。战胜于外，备主[3]于内，胜备相应，犹合符节[4]，无异故也。

治兵者，若秘[5]于地，若邃[6]于天，生于无。故(关)〔开〕之，大不窕[7]，小不恢[8]。

译文

根据土地的肥瘠程度来建立城邑。城邑的兴建，要同土地面积的大小相适应；城邑的规模，要和人口数量的多少相适应；人口的多少，要与粮食供给的情况相适应。这三个方面都相适应，那么对内就可以坚固防守，对外就可以战胜敌人。要对外战胜敌人，关键在于内部要有充分的战备。这种对外胜利和在内战备相适应的情况，就好像符节的两半吻合无间，其道理是一样的。

治兵之道，要像藏在大地之下那样隐晦秘密，要像处于高空那样深邃莫测，犹如无中生有那样神秘玄妙。一旦投入于战争，大规模用兵不会感到兵力不足，小规模用兵不会觉得兵力过多。

注释

1 墝：土地坚硬而贫瘠。

2 城：山东临沂银雀山汉墓竹简本作“地”。

3 备主：简本作“福生”。

4 符节：古代朝廷用以传达命令，征调军队，出使通行的凭证。用金、玉、铁、竹、木等材料制成，上面刻有文字，剖为两半，朝廷与在外将帅各执其一，遇事则合符以校验真伪。

5 秘:深藏不露,隐匿无形的意思。

6 邃:深邃幽远,莫测高深的意思。

7 窕:轻佻,这里是指失去控制,没有力量。

8 恢:简本作"欬",憋气的意思,滞胀、过多。

原文

明乎禁舍开塞[1],民流[2]者亲之,地不任[3]者任之。夫土广而任则国富,民众而治则国治。富治者,民不发轫[4],(车)〔甲〕不暴出,而威制天下。故曰:兵胜于朝廷。不暴甲而胜者,主胜也;陈[5]而胜者,将胜也。

兵起,非可以忿[6]也。见胜则(与)〔兴〕,不见胜则止。患在百里之内,不起一日之师;患在千里之内,不起一月之师;患在四海之内[7],不起一岁之师。

译文

治理国家要明了哪些事情应该提倡发展,哪些事情应该堵塞禁止。人民流离失所的要加以亲近安抚,土地荒芜未垦的要给予开发利用。土地广阔而又能充分利用,国家就富足;人口众多而又能治理有序,国家就安定。国家富足而又安定,民众不必动员,军队不必出动,就能凭借声威而制服天下。所以说:军事上的胜利取决于朝廷政治谋略的优胜。不动用武力而获取胜利的,是君主的胜利;通过战场交锋而取得胜利的,是将领的胜利。

兴师打仗,不可以出于一时的气愤。预计有胜利把握的就采取行动,预计没有胜利把握的就坚决罢休。祸患发生在百里之内的,不可只作一天的战斗准备;祸患发生在千里之内的,不可只作一个月的战斗准备;祸患发生在四海之内的,不可只作一年的战斗准备。

注释

1 禁舍开塞:意谓在治国理政过程中,要禁止堵塞某些事情,提倡推行某些事情。

2 流:流亡,流离失所。

3 任:开发与利用。

4 发轫(rèn):意谓撤去车轫,启动车轮,出征作战。轫,抵住车轮,阻止它滚动的木头。

5 陈:即"阵",名词作动词,排兵布阵。

6 忿:愤怒,意气用事,失去冷静。

7 四海之内:整个天下。

原文

将者,上不制[1]于天,下不制于地,中不制于人。宽不可激而怒,清不可事以财。夫心狂、目盲、耳聋,以三悖[2]率人[3]者难矣。

兵之所及,羊肠[4]亦胜,锯齿[5]亦胜;缘山[6]亦胜,入谷亦胜;方[7]亦胜,圆[8]亦胜。重者如山如林,如江如河;轻者如炮[9]如燔[10],如垣[11]压之,如

译文

统率军队的将领,上不受天时气候的制约,下不受地理条件的限制,中不受君主等人的约束。宽宏豁达,不能因一时刺激而发怒;清明廉洁,不能贪图钱财而被诱惑。轻狂无谋,目光短浅,听不进他人意见,有这三种毛病的人来领兵打仗,那么要取胜也就难乎其难了。

军队所到之处,在羊肠小道的险隘之处能取胜,在犬牙交错的复杂地形上也能取胜;攀登高山能取胜,深入峡谷也能取胜;采用方阵能取胜,采用圆阵也能取胜。用重兵进击时,如同高山密林那样沉稳有序,如同江河奔流那样势不可挡。用轻兵突袭时,如同烈火焚烧

云覆之。令之聚不得以散，散不得以聚；左不得以右，右不得以左。〔兵〕如总木[12]，弩如羊角[13]，人人无不腾陵张胆，绝乎疑虑，堂堂决而去。

那样猛烈炙人，如同城墙倒塌那样有压顶之势，如同云雾弥漫开来那样铺天盖地。使得聚集的敌人来不及散开，分散的敌人来不及集结；左边的敌人来不及援救右边，右边的敌人来不及援救左边。而我方的部队则是刀枪林立，弓弩齐发，犹如旋风一般势不可挡，人人无不斗志昂扬，踊跃向前，舍生忘死，抛弃任何犹豫疑虑，一往无前地去决战取胜。

注释

1 制：制约、束缚的意思。
2 悖：悖乱。这里指缺点、毛病。
3 率人：统率军队。
4 羊肠：羊肠小道，军队不易展开。
5 锯齿：意谓犬牙交错，崎岖不平的地形环境。
6 缘山：攀登山陵。
7 方：方阵。一般用于进攻的阵型。
8 圆：圆阵。通常用于防御。
9 炮：炮制。用文火煨烤。
10 燔：燔烧。
11 垣：矮墙。
12 总木：灌木丛或乔木林。这里是形容兵器众多，密如森林。
13 羊角：旋风。此处是形容弩多矢疾，威力无比。

制谈第三

导读

制谈，即讨论军制问题。本篇首先阐明了在军队建设与战争指导中确立并健全法制的重要意义，认为没有规矩，即不成方圆，为此，作者强调“凡兵，制必先定”。认为只要能做到“制先定”，部队就能统一指挥，协力作战，内部团结，上下和谐，冲锋陷阵，所向无敌，“天下莫能当其战矣”。这里所谓的“制”，内容既包括军队的编制体制，也包括各种法律法规，同时还包括政治、军事、经济、文化等方面的有关方针政策。作者具体列举了四种无制之兵的表现，认为“不能禁此四者，犹亡舟楫绝江河，不可得也”。建立有制之兵，实行什伍之制，“量吾境内之民，无伍莫能正矣”。作者认为部队“发能中利，动则有功”的原因在于“号令明，法制审”。并以齐桓公、吴起、孙武等人治军用兵而“天下莫当”的史实说明，军事法制对于军队的重要性。值得我们注意的是，作者在本篇还强调指出，既要“用天下之用为用”，“制天下之制为制”，即充分利用别国的财力、借鉴别国的制度，学习别人的成功经验来发展和壮大自己的力量；但同时，又要避免完全依赖他人援助。在制度建设上，既坚持以我为主，突出主体，又要做到包容开放，善于借鉴。

原文

凡兵,制[1]必先定。制先定,则士不乱;士不乱,则刑[2]乃明。金鼓[3]所指,则百人尽斗;陷[4]行乱阵,则千人尽斗;覆军杀将,则万人齐刃[5],天下莫能当其战矣。

译文

凡是统军御众,各种制度必须要预先建立。制度预先建立,士卒就不会散乱;士卒不散乱,军法就能严明。如此,号令所指,百人都能勇敢战斗;冲锋陷阵,千人都能全力拼搏;歼灭敌军,擒杀敌将,万人都能齐力厮杀,天下就没有任何力量能阻挡它的进攻了。

注释

1 制:制度,规章。

2 刑:法纪、法令。

3 金鼓:钲铎和战鼓。此处泛指古代军队作战中的指挥器具。通常是击鼓进攻,鸣金收兵。

4 陷:冲锋陷阵。

5 齐刃:同心协力,舍命拼杀。

原文

古者,士有什伍[1],车有偏列[2]。鼓鸣旗麾[3],先登者,未(常)〔尝〕非多力国士[4]也;先死者,〔亦〕未尝非多力国士〔也〕。损敌一人而损我百人,此资敌而伤我甚[5]焉,世将[6]

译文

古时候,士兵有什伍的编制,战车有偏列的编制。当击鼓挥旗发起进攻时,首先登上城墙的,未尝不是为国尽力的勇士;首先战死的,也未尝不是为国献身的勇士。如果杀伤敌方一人而损失我方一百人,这实际上是等于帮助敌人而严重消耗自己的力量,平庸的将领就不可能避

不能禁。征役分军而逃归，或临战自北[7]，则逃伤甚焉，世将不能禁。杀人于百步之外者，弓矢也；杀人于五十步之内者，矛戟也。将已鼓而士卒相嚣[8]，拗[9]矢、折矛、抱[10]戟，利后发。战有此数者，内自败也，世将不能禁。士失什伍，车失偏列，奇兵[11]捐将而走，大众[12]亦走，世将不能禁。夫将能禁此四者，则高山陵之，深水绝[13]之，坚陈犯之；不能禁此四者，犹亡舟楫绝江河，不可得也。

免这种情况的发生。百姓应征服役，刚刚分编到部队就逃亡回家，或者刚上战场就自行败逃，这就会造成严重的逃亡损失，平庸的将领对此也没有办法加以制止。可以在一百步之外杀死人的武器，是弓箭；可以在五十步以内杀死人的武器，是矛戟。将领已经击鼓下令进攻，可士兵们却互相吵闹喧哗，折断弓箭，毁坏长矛，丢弃戈戟，畏缩不前，只想落在后面。作战中如存在着这类情况，部队内部便一定自行溃败，平庸的将领对此也不能予以禁止。士卒脱离了自己的什伍，战车脱离了自己的偏列，机动部队遗弃将领自行逃跑，大部队也随之迅速溃散，平庸的将领对此也无法加以制止。将领如果能杜绝这四种情况的发生，那么高山就可以跨越，深水就可以横渡，坚固的阵地就可以攻陷。如果不能杜绝这四类现象的出现，那么就犹如没有木船划桨而企图横渡江河一样，是注定无法取得成功的。

注释

1 什伍：古代步兵的基本编制单位。五人为伍，十人为什。

2 偏列：古代战车的编制单位。通常五乘战车为一列，二十五乘战车为一偏。

3 麾:通“挥”,挥动战旗。
4 国士:国家的战斗英雄,能奋勇杀敌,为国捐躯的勇士。
5 甚:严重。
6 世将:当今世上的平庸将领。
7 北:败北,败逃。
8 嚣:喧哗,意谓部队乱成一团。
9 拗:折断,毁坏的意思。
10 抱:通“抛”,抛弃、丢弃。
11 奇兵:以机动等方式执行穿插、偷袭、侧击等特殊任务的机动部队。
12 大众:指正兵、正面部队,用于正面进行对峙相持的主力大部队。
13 绝:横渡。

原文

民非乐死而恶生也,号令明,法制审[1],故能使之前。明赏于前,决罚于后,是以发能中利[2],动则有功。今百人一卒[3],千人一司马[4],万人一将。以少诛众,以弱诛(疆)〔强〕。试听臣言其术,足使三军之众,诛一人无失刑,父不敢舍[5]子,子不敢舍父,况国

译文

士兵并非是喜欢死亡而厌恶生存,只是由于号令严明,法制缜密,所以才能使他们勇往直前。有明确的奖赏鼓励在前,又有严峻的惩罚督促于后,所以出兵就能赢得胜利,行动就能建立功勋。如今百人设一卒长,千人设一司马,万人设一将军,这是以少数人统治多数人,以弱的一方制服强的一方。假如听从臣下我所说的方法,就完全可以指挥全军将士,只诛杀一人而无人敢触犯刑罚的威严,即使是父亲也不敢包庇儿子,儿子也不敢包庇父亲,更何况是一般的人呢!一个亡命之徒手持利剑在闹市中行凶,周围众人没有

人乎！一贼[6]仗剑击于市，万人无不避之者，臣谓非一人之独勇，万人皆不肖[7]也。何则？必死与必生，固不侔[8]也。听臣之术，足使三军之众为一死贼，莫当其前，莫随其后，而能独出独入焉。独出独入者，王霸之兵也。

不躲避他的，我认为这并非只有他一人勇敢，而周围众人都胆怯无能。这是什么原因呢？是因为抱必死决心的人和贪生怕死的人之间，本来就不能相提并论。如果听从我的方法，就完全能使三军之众变成一个亡命之徒那样，没有谁胆敢在前面阻挡，也没有谁胆敢在后面尾随，从而可以独往独来，横冲直闯了。像这样所向无敌、纵横天下的军队，就是能称王天下、称霸诸侯的军队。

注释

1 审：严密，精审。
2 利：此处谓功勋、胜利。
3 卒：此处指统率一百人的率长。
4 司马：古代职掌军事的职官。此处指统率一千人的军队官员。
5 舍：同“赦”，赦免，袒护，庇护的意思。
6 贼：强盗，亡命之徒。
7 不肖：无能、庸碌无为。
8 侔：相称，等同。

原文

有提[1]十万之众而天下莫当者，谁？曰桓公[2]也。有提七万之众

译文

有统率十万之众而天下没有人能阻挡的，这是谁呢？是齐桓公。有统率七万大军而天下没有人能阻挡

而天下莫当者,谁?曰吴起[3]也。有提三万之众而天下莫当者,谁?曰武子[4]也。今天下诸国士[5],所率无不及二十万之众者,然不能济[6]功名者,不明乎禁舍开塞也。明其制,一人胜之,则十人亦以胜之也;十人胜之,则百千万人亦以胜之也。故曰:便[7]吾器用,养吾武勇,发之如鸟击,如赴千仞[8]之谿。

今国被患者,以重宝出聘[9],以爱子出质[10],以地界出割,得天下助卒[11]。名为十万,其实不过数万尔。其兵来者,无不谓其将曰:"无为天下先战。"其实不可得而战也。

的,这是谁呢?是吴起。有统率三万人马而天下没有人能阻挡的,这是谁呢?是孙武。现在天下各诸侯国的将领,所统领的军队,没有一个不达到二十万人之多的,然而却不能成就功名,究其原因,是由于不懂得该干什么不该干什么的道理。如果严明了军队的各种制度,那么一个人能取得胜利,则十个人也能凭此取得胜利;十个人能战胜敌人,则百人、千人、万人也能凭此战胜敌人。所以说:改善我军的武器装备,培养我军的勇敢精神,一旦发起进攻,就会像苍鹰搏击万里长空,像飞瀑直落千丈深涧那样势不可挡。

现在有的诸侯国在遭到祸患之时,就用大量珍宝作为礼品遣使节聘问,让自己的爱子前去充当人质,以割让土地为代价,来换取天下列国出兵救援自己。这些援兵名义上号称十万,其实只不过是几万人罢了。而且当援兵出发之际,他们的国君无不告诫其将领说:"不要第一个去发起战斗。"其实他们这些援兵是根本不可能用以作战的。

注释

1 提:此处是统帅的意思。

2 桓公:齐桓公,"春秋五霸"中的首霸。
3 吴起:战国前期著名政治家、军事家。曾为鲁国将军,后入魏,在魏国任西河守,战功卓著。最后入楚,辅佐楚悼王进行变法,大获成功。楚悼王死后旧贵族势力反扑,杀死了吴起。
4 武子:即指孙子。孙子,名武,故被称为武子。
5 国士:此处指各诸侯国的将领。
6 济:实现、成就。
7 便:便利,改进。
8 仞:古代的长度单位。通常以八尺为一仞。
9 聘:古代诸侯国之间的使节互访,从事外交事务上的交涉或敦谊。
10 质:质子,人质。
11 助卒:援军,友军。

原文

量吾境内之民,无伍[1]莫能正矣。经制[2]十万之众,而王必能使之衣[3]吾衣,食[4]吾食。战不胜,守不固者,非吾民之罪,内自致也。天下诸国助我战,犹良骥騄耳[5]之驶,彼驽马[6]鬐[7]兴角逐,何能绍[8]吾气哉?吾用天下之用为

译文

估量计算我们境内的民众,如果没有伍的编制,就不能征发兵役了。统辖管理十万大军,那君王就一定要能使他们穿上我们发放的服装,吃上我们供给的粮食。如果出战不能取胜,防守不能稳固,那不是士兵们的罪过,而是由于军队内部没有建立起良好制度的缘故。天下各国帮助我们作战,但敌人犹如一匹奔驰的骏马,而援军却似劣马只会站在原地竖起鬐毛来与骏马角逐,这怎么能助长我军的气势呢?我们要利用天下一切可以利用的财富,仿效天下一切可

用，吾制天下之制为制，修[9]吾号令，明吾刑赏，使天下非农无所得食，非战无所得爵[10]。使民扬臂[11]争出农战[12]，而天下无敌矣。故曰：发号出令，信行国内。民言有可以胜敌者，毋许[13]其空言，必试其能战也。视人之地而有之，分人之民而蓄[14]之，必能内有其贤者也。不能内有其贤而欲有天下，必覆军杀将。如此，虽战胜而国益弱，得地而国益贫，由国中之制弊矣。

以效法的制度，整饬我们的号令，严明我们的赏罚，使得天下之人不致力农耕就得不到饭吃，不参加征战就得不到爵位，使广大民众摩拳擦掌、争先恐后从事农耕、参加战斗，这样就能够天下无敌了。所以说，这样发号施令，就可以取信于民而风行全国。如果有人声称他有战胜敌人的办法，不要随便听信他的大话，必须先考察他是否真的有用兵打仗的才能。看到别国的土地而去占有它，瓜分别国的民众而加以统治，这必定要以国内是贤人当政为前提。如果自己国内贤人没有当政，而又企图统一天下，这必定会导致军队覆没、将领被杀的下场。在这种情形之下，即使战争暂时取胜，国家也会日益衰弱；即使暂时占有了别人的地盘，国家也会更加贫穷。这乃是由国内制度本身有弊端所决定的。

注释

1 伍：此处指古代居民的基层行政单位，以五家为一伍。

2 经制：统辖，管理的意思。

3 衣：名词活用动词，穿衣。

4 食：名词活用动词，吃饭。

5 良骥騄耳：良骥，良马，千里马。騄耳，古代良马名，传说为周穆王西巡时八骏之一。

6 驽马:劣马。
7 鬐:马鬃,马脖子上的长毛。
8 绍:接续,助长的意思。成语有“克绍其裘”。
9 修:整饬,整顿的意思。
10 爵:爵位。此处指以军功得爵。古代军功爵分为若干等级,各个等级按规定享受该等爵位的政治和经济待遇。
11 扬臂:挥舞手臂。这里是形容积极踊跃的样子。
12 农战:农耕与征战。战国时期法家所提倡的富国强兵的两条最根本途径,即以农致富,以战求强。
13 毋许:不要轻易相信和认可。
14 蓄:拥有,积聚,这里引申为治理,管理。

战威第四

导读

战威，即高明运用、充分发挥军队作战的威力。作者首先指出，取得战争胜利的基本形式有三种，即“有以道胜，有以威胜，有以力胜”，并具体阐述了这三种取胜形式的具体表现。作者基于民本主义的立场，提出“将之所以战者，民也；民之所以战者，气也”的重要观点。强调民众是战争的主体，在战争中具有巨大的作用。因此，必须采取一切措施来赢得民众对战争的拥护和支持，齐心协力，和衷共济，同仇敌忾，所谓“民之生不可不厚也”。为此，作者强调：“天时不如地利，地利不如人和。圣人所贵，人事而已。”指出只有得到广大民众的支持，才能牢牢立于不败之地，从根本上取得战争的胜利。士气的高低是决定战争胜负的一个重要因素。因此，必须想方设法鼓舞士气，“志不励，则士不死节；士不死节，则众不战”。在严明军纪，“明法审令”，“贵功养劳”的同时，更要做到“必本乎率身以励众士”，即以身作则，率先垂范，与士兵同甘共苦，共安危，赢得部下的衷心爱戴与拥护。在本篇中，作者还阐明了一些具体的作战指导原则：应在知彼知己的基础上，实施高明的作战指挥，“先料敌而后动”；应该了解“气实则斗，气夺则走”的道理，通过“庙胜”“受命”“逾垠”“深沟高垒”“举陈加刑”等方面来判断敌人虚实，然后“以击虚夺之也”；“夺人而不夺于人”，牢牢地把握战争的主动权，做到像《孙子兵法》所倡导的那样，“致人而不致于人”。此外，作者还指出加强军队建设，应从五个方面入手，即后勤补给充足，赏禄奖励优厚，士兵选拔严格，武器装备精良，军纪军法严明。认为唯有如此，才“静能守其所固，动能成其所欲”。在作者看来，这就是真正的“本战之道”，掌握了指导战争的规律。

原文

凡兵，有以道胜[1]，有以威胜[2]，有以力胜[3]。讲[4]武料敌，使敌之气失而师散，虽形全而不为之用，此道胜也。审法制，明赏罚，便器用，使民有必战之心，此威胜也。破军杀将，乘闉[5]发机，溃众夺地，成功乃返，此力胜也。王侯知此，〔所〕以三胜者毕矣。

夫将(卒)〔之〕所以战者，民也；民之所以战者，气也。气实则斗，气夺则走。刑[6](如)未加，兵未接，而所以夺敌者五：一曰庙胜[7]之论，二曰受命[8]之论，三曰逾

译文

大凡战争，有用谋略取胜的，有用威势取胜的，有用武力取胜的。讲求武备，分析敌情，设法使得敌人士气丧失而军队涣散，虽然军阵队形完整但却不能用来作战，这就是用谋略取胜。严格法令制度，彰明奖赏刑罚，改善武器装备，使人们都有敢于战斗的决心，这就是以威势取胜。击破敌军，擒杀敌将，登上城楼，击发弩机，击溃敌众，夺占土地，取得胜利，得以凯旋，这就是用武力取胜。君王明白这些，那三种取胜的诀窍也就完全掌握了。

将帅所赖以作战的是士兵，士兵所赖以作战的是士气。士气旺盛就能勇于战斗，士气丧失就会溃败逃走。当厮杀尚未开始，兵锋还没接触，而就能先机制敌的条件有五个方面：一是朝廷的决策英明正确，二是任命的将领能干得力，三是军队的行动迅速快疾，四是防御的设施完善坚固，五是决

垠[9]之论，四曰深沟高垒[10]之论，五曰举陈加刑[11]之论。此五者，先料敌而后动，是以击虚夺之也。

战的准备充分全面。这五个方面，都是先分析判断敌情然后展开行动，因此能击敌虚懈而夺取胜利。

注释

1 道胜：凭借谋略取胜。
2 威胜：通过威慑手段而取胜。
3 力胜：通过战场上实力的较量战胜对手。
4 讲：讲究、分析、讲求。
5 闉：古代城门外的曲城，亦泛指城楼。
6 刑：指军队厮杀。
7 庙胜：指庙堂上作出正确的战略决策，从而战胜对手。
8 受命：指将帅接受君主的选择和任命。
9 逾垠：指军队越过国境实施进攻作战。垠，国界，边境。
10 深沟高垒：指军队构筑坚固工事进行防御作战。
11 举陈加刑：意谓军队布列阵形，与敌交锋厮杀。

原文

善用兵者，能夺人而不夺于人。夺者，心之机[1]也；令者，一众心也。众不审[2]则数变，数变则令虽出，众不信矣。故令之法，小过无

译文

善于用兵打仗的人，能够制服敌人而不为敌人所制服。夺取主动权，是将帅巧运匠心的关键；号令，是用来统一军队意志的。一般将领不懂得如何发号施令，因此就经常变更号令，号令经常变更，那么即使下达了，大家也不会再相信。所以，下达命令的基本原则

更[3],小疑无申[4]。故上无疑令,则众不二听;动无疑事,则众不二志。

未有不信其心而能得其力者,未有不得其力而能致[5]其死战者也。故国必有礼〔信〕亲爱之义。则可以饥易饱;国必有孝慈廉耻之俗,则可以死易生。古者率民,必先礼信而后爵禄,先廉耻而后刑罚,先亲爱而后律[6]其身。故战者,必本乎率身[7]以励众士,如心之使四支[8]也。志不励,则士不死节;士不死节[9],则众不战。

是,有小的差错不随便更改,有小的疑问不重新申述。所以,上级没有疑惑含糊的命令,大家就不会无所适从;行动时没有可犹豫的地方,大家就不会三心二意。

从来没有未得到民众的内心信任,而能得到他们自愿效力的;也从来没有未得到民众自愿效力,而能使得他们拼死战斗的。所以,国家必须有崇礼守信相亲相爱的大义,然后才能够战胜饥饿换来温饱;国家必须有孝敬慈爱廉洁知耻的习俗,然后才可以摆脱死亡赢得生存。古代统治民众的君主,必定先讲求崇礼守信,然后才赏赐官爵俸禄;必定先讲求廉洁知耻,然后才施加刑罚惩治;必定先讲求亲仁爱人,然后才予以法纪约束。因此指挥作战的将领,一定要用自己的行动作表率来激励广大官兵,这样才能如同头脑支配四肢那样运用自如。战斗意志不激发起来,士卒就不会为国效忠捐躯;士卒不愿为国献身,部队就不会奋勇作战。

注释

1 机:心智、机智的意思。

2 审:明白、懂得的意思。

3 更:变更,更改。

4 申:申明,解释,说明。
5 致:使得,求得。
6 律:意谓以法令法纪加以约束。
7 率身:以身作则,亲为表率的意思。
8 四支:四肢。支,通"肢"。
9 死节:为国尽忠,为国捐躯。节,气节,节义。

原文

励士之道,民之〔所〕生[1]不可不厚也;爵列之等,死丧之亲,民之所营[2]不可不显也。必也因民所生而制之,因民所荣而显之。田禄[3]之实,饮食之亲,乡里[4]相劝[5],死生相救,兵役相从,此民之所励也。使什伍如亲戚,卒伯[6]如朋友,止如堵墙[7],动如风雨,车不结辙,士不旋踵[8],此本战之道也。

地所以养民也,城所以守地也,战所

译文

激励士卒的方法,就是对民众的生计不可不优待;爵位官秩的等级,死亡丧葬的抚恤,这些民众所追求的东西,不可不加以重视。必须依据民众生活的需要来制定措施,依据民众引以为荣的东西来使他们荣耀。田地俸禄的实惠,饮食起居的优厚,乡亲邻居互相勉励,生老病死互相救助,从征服役互相跟随,这些都是激励民众斗志的具体方面。要让同什同伍的人之间关系如同亲戚,同卒同伯的人之间关系如同朋友。这样,军队驻扎时稳若铜墙铁壁,军队行动时急如暴风骤雨,战车有进无退,士卒勇往直前,这就是进行战争的根本方法。

土地是用来养活民众的,城池是用来守卫土地的,战斗是用来保卫城池的。所以,致力于发展农业生产,民众就不会忍饥挨饿;注重于加强防御守备,土地就不会有失守的危险;致力于勇敢战斗,城池

以守城也。故务[9]耕者民不饥,务守者地不危,务战者城不围。三者,先王之本务,本务兵最急(本)者。故先王专[10]于兵有五焉:委积[11]不多,则士不行;赏禄不厚,则民不劝;武士不选,则众不强;备用[12]不便,则力不壮;刑赏不中[13],则众不畏。务此五者,静能守其所固,动能成其所欲。夫以居[14]攻出,则居欲重,阵欲坚,发欲毕[15],(阙)〔斗〕欲齐。

就不会被围困。这三件事情,是古代君主所注重的根本任务,而在这些根本任务中,军事问题又最为紧要。所以古代君主特别专注于军事,其中包括五个方面:粮草物资储备不多,军队就不能出动;赏赐俸禄不优厚,民众就得不到勉励;武士不严格挑选,部队就不会有战斗力;武器装备不精良,军队实力就不会得到充实;刑罚赏赐不公正,士众就不会畏服听命。能够专注于这五个方面,那么,按兵不动便能守卫已有的一切,展开行动便可实现自己的愿望。要从防御中开展反攻,防御先要稳重,阵地先要坚固,出击时要集中力量全力以赴,战斗行动要协调一致。

注释

1 生:生计,生业。

2 营:谋求、追求,孜孜以求。

3 田禄:爵禄,田地俸禄。

4 乡里:本意为古代居民基层行政单位,乡下辖里。此处意谓乡亲邻里。

5 劝:鼓励,勉励。

6 卒伯:古代军队的编制单位。

7 止如堵墙:此处是形容军队静止待命之时坚实如墙,岿然不动。

8 旋踵:指倒转脚后跟,即转身逃跑。踵,脚后跟。

9 务:致力于。

10 专:专注,专心。
11 委积:指粮草、辎重等军用物资的储备。《孙子·军争篇》:“无委积则亡。”
12 备用:此处指武器装备。
13 中:公正、公允、中正。
14 居:意谓防御。
15 毕:此处指全力以赴,竭尽全力。

原文

王国富民,霸国富士,仅存之国富大夫,亡国富仓府[1]。所谓上满下漏[2],患无所救。故曰:举贤任能,不时日[3]而事利;明法审令,不卜筮[4]而事吉;贵功养劳,不祷祠[5]而得福。又曰:天时不如地利,地利不如人和。圣人所贵,人事而已。

夫勤劳之师,将(不)〔必〕先己。暑不张盖[6],寒不重衣[7],

译文

成就王业的国家,是使民众富足;称霸诸侯的国家,是使将士富足;勉强生存的国家,是让大夫富足;濒临灭亡的国家,是只让国君的仓库富足。这就是所谓的上层富足有余,下层极端贫困,亡国的祸患将无法挽救。所以说:选拔贤才任用能人,不择吉日良辰事情也会顺利;彰明法制严肃号令,不用占筮卜卦事情也会吉祥;褒奖有功优待劳作,不用祭祀祈祷也会获得福祉。又有这么一种说法:天时有利不如地理条件优越,地理条件优越不如人事和谐亲睦。圣人所珍重的,只是人事罢了。

勤勉耐劳的军队,将帅必须身先士卒,以身作则。酷暑季节不张伞遮阳,严寒日子不添衣御寒,路险难走必定下马步行,全军的井挖成之后自己再喝水,全险必下步[8],军井成而(后)饮,军食熟而后饭,军垒成而后舍,劳佚必以身同之。如此,师虽久而不老[9]不弊。

军的饭煮熟之后自己再进餐,全军的营寨筑成之后自己再休息,劳苦安逸都一定和士兵们相同。这样,部队虽然长期征战,也不会士气低落,疲惫衰竭。

注释

1 仓府:府库、国库。

2 上满下漏:指财富过分集中于上层,如水满而外溢,而下层民众却十分贫困,如容器泄漏,一无所有。

3 时日:指选择吉利的时辰、日子。

4 卜筮:古人常用的用以预测吉凶的两种占卜方式。卜法用龟甲或牛肩胛骨,盛行于殷商时代。筮法用蓍草,风行于周代。

5 祷祠:意谓通过祭祀以祈求福佑。

6 盖:伞之类的遮阳用具。

7 重衣:穿多层多件衣服。重,多层。

8 下步:谓下马步行,与普通士卒同甘共苦。

9 老:此处指部队因过度疲惫而士气低落,斗志懈怠。

攻权第五

导读

攻权，就是阐说有关攻城的基本原则和方法。作者指出，进攻敌人的城池，首先必须集中优势兵力，决心坚定，目标明确，即所谓："兵以静胜，以专胜之仗，不打力分者弱，心疑者背。"其次是军队必须执行严格的纪律，做到令行禁止，将帅"必先知畏侮之权"，文武并用，宽严结合，恩威并用，刚柔相济。第三是要做到"权敌审将，而后举兵"，即审时度势，不打无把握不打无准备之仗，所谓"战不必胜，不可以言战；攻不必拔，不可以言攻"。最后，攻城行动一旦实施，就要充分集中兵力，"故凡集兵，千里者旬日，百里者一日，必集敌境"，出其不意，深入敌境，切断敌人交通，孤立敌人城池，使敌人措手不及，猝不及防，"有城无守"，乘虚蹈隙而攻克之。在本篇中，作者还探讨了战争的性质和起源，把战争分为"挟义而战"和"争私结怨"两种类型。对这两种不同类型的战争，应采取不同的作战指导，灵活机动，因敌制胜。具体来说，"凡挟义而战者，贵从我起"，先发制人，打进攻战；而对于"争私结怨"的战争，则应"待之贵后"，后发制人，以积极防御的手段挫败敌之进攻。

原文

兵以静[1]胜，(国)以

译文

军队依靠沉着冷静而取胜，依靠

专[2]胜。力分者弱,心疑[3]者背。夫力弱,故进退不豪,纵敌不禽[4]。将吏士卒,动静一身,心既疑背,则计决而不动,动决而不禁。异口[5]虚言,将无修容[6],卒无常试[7],发攻必衄[8],是谓疾陵[9]之兵,无足与斗。将帅者心也,群下者支节[10]也。其心动以诚[11],则支节必力;其心动以疑,则支节必背。夫将不心制,卒不节动,虽胜,幸胜[12]也,非攻权[13]也。

兵力集中而取胜。兵力分散力量就会削弱,心存疑惑士气就会分散。力量单薄,进攻退守就没有气势,就会放走敌军而不能聚歼。将官士兵,动静举止如同人的身体一样,如果心存疑惑,士气涣散,那么计划就是制订了也将无法付诸行动,即便展开行动也将无法加以控制。众说纷纭,空话连篇,将军没有一定的威严,士卒缺乏经常的训练,发动进攻必然招致失败,这叫作一触即溃的军队,是不配投入战斗的。将帅好比是人的心脏,部下犹如人的四肢关节,如果内心运筹坚定果决,那么四肢关节的动作就必定坚决有力。如果内心运筹疑惑犹豫,那么四肢关节的动作就必定混乱不灵。如果将帅不能像心脏那样进行决断,士兵不能像四肢关节那样进行活动,那么即便取胜,也是侥幸的胜利,并不是真正掌握了进攻的要诀。

注释

1 静:意谓沉着冷静,泰然自若。

2 专:专一,统一。此处可理解为兵力集中。

3 疑:疑虑,犹豫不决。

4 禽:通“擒”,擒获,歼灭。

5 异口:众说纷纭,莫衷一是。

6 修容:美好的仪容风度,此处指将帅应有的威严仪表。

7 常试:常规、常法,此处指规范的训练。
8 衄(nǜ):战败,挫败。
9 疾陵:速败,一触即溃。
10 支节:四肢关节。支,通“肢”,四肢。
11 诚:专一,决断,果决。
12 幸胜:侥幸取胜的意思。
13 权:权谋,谋略,要诀。

原文

夫民无两畏也。畏我侮[1]敌,畏敌侮我。见[2]侮者败,立威者胜。凡将能其道者,吏畏其将也;吏畏其将者,民畏其吏也;民畏其吏者,敌畏其民也。是故知胜败之道者,必先知畏侮之权。夫不爱说[3]其心者,不我用也;不严畏其心者,不我举也。爱在下顺,威在上立。爱故不二,威故不犯。故善将者,爱与威而

译文

士兵是不会同时畏服敌我两方的。畏服我方便会藐视敌方,畏服敌方就会轻蔑我方。受到轻蔑的一方就会失败,树立权威的一方就会胜利。凡是将帅能掌握运用这个原则,普通军官就会畏惧他们的统帅;普通军官畏服他们的将帅,一般士兵就会畏服军官;一般士兵畏服军官,那么敌人就会惧怕这样的士兵。因此,要掌握和驾驭胜负的规律,就必须先了解畏惧和轻蔑这二者之间的利害关系。如果不能以爱抚而使部下心悦诚服,士卒就不能为我所用;如果不能以威严而使部下倾心敬畏,士卒就不会听从我的指挥。爱抚施行于下,士卒就顺从;权威树立在上,将帅就有威严。爱抚部下,士卒就不怀二心;树立权威,官兵就不敢违令。所以善于领兵的人,就在于懂得运用爱抚和威严两手而已。

作战没有必胜的把握,就不可以轻易

已。

战不必胜，不可以言战；攻不必拔，不可以言攻。不然，虽[4]刑赏不足信也。信在期[5]前，事在未兆。故众已聚不虚[6]散，兵已出不徒归。求敌若求亡子[7]，击敌若救溺人。分险者无战心，挑战[8]者无全气，斗战者无胜兵。

谈论作战；攻城没有必赢的把握，就不可以轻易谈论攻城。不这样的话，即使施行严刑厚赏，也不足以使全军信服。威信要建立在战争爆发之前，事情要预见在征兆未出之时。所以，部队已经集结，就不能随便解散；军队已经出动，就不能无功而返。寻敌求战要像寻找丢失的孩子那样志在必得，攻击敌人要像抢救落水的人那样果断行动。部队分兵守险，就不会有战斗的决心；将领轻率挑战，就不能保持高昂的士气；大军鲁莽出击，就不可能取得胜利。

注释

1 侮：藐视，轻蔑。
2 见：被，为。
3 说：同"悦"，喜悦，欣悦。
4 虽：即使，即便。
5 期：此处指战期。
6 虚：随便，无缘无故。
7 亡子：失散的孩子，丢失的孩子。
8 挑战：即"佻战"。轻率求战。

原文

凡挟义[1]而战者，贵从我起；争私结怨，应不得

译文

凡是依仗正义而战的，贵在于主动进攻；因争夺私利而结下怨恨

已。怨结虽起，待之贵后。故争必当待之，息[2]必当备之。

兵有胜于朝廷[3]，有胜于原野[4]，有胜于市井[5]。斗则〔得，服则〕失，幸以不败，此不意彼惊惧而曲胜[6]之也。曲胜，言非全也。非全胜者，无权名。故明主战攻日，合鼓合〔角〕，节以兵刃，不求胜而胜也。

的战争，应是出于迫不得已。因怨恨构结而引起的战争，最好是等待时机，后发制人。所以战争已起必定要等待时机，战争平息后必定要保持戒备。

用兵打仗，有的胜在朝廷的谋略决策，有的胜在田野的耕耘收成，有的胜在市场的经营管理。战斗才能取胜，屈服就会失败。即使侥幸而没有失败，也是由于敌人意外地发生惊慌恐惧而勉强取胜。勉强取胜，就不能说是大获全胜。不是完全的胜利，便谈不上有深谋远略的美名。所以，英明的君主发动进攻时，总是做到让全军的行动服从于统一的号令，部队进退协调一致，这样，虽然不强求胜利却必然能取得胜利。

注释

1 挟义：挟持，凭借，依仗的意思。
2 息：此处意谓战事平息。
3 胜于朝廷：指依靠朝廷的正确决策而取胜。
4 胜于原野：意谓依靠农事得力而获胜。
5 胜于市井：意谓依靠市场经营、商业运作的优势而取胜。
6 曲胜：侥幸取胜，勉强取胜。

原文

兵有去备彻威[1]而胜者，以其有法故也。有器

译文

军队打仗有故意解除戒备佯示虚弱而取胜的，这是因为有谋略

用之早定也，其应敌也周[2]，其总率[3]也极。故五人而伍，十人而什，百人而卒，千人而率，万人而将，已(用)〔周〕已极。其朝死则朝代[4]，暮死则暮代。权敌审将，而后举兵。故凡集兵，千里者旬日[5]，百里者一日，必集敌境。卒聚将至，深入其地，错绝[6]其道，栖[7]其大城大邑，使之登城逼[8]危，男女数重，各逼地形而攻要塞。据一城邑而数道绝，从而攻之。敌将帅不能信，吏卒不能和，刑有所不从者，则我败之矣。敌救未至，而一城已降。

高明、治军严整作保证的缘故，有早已准备就绪的武器装备，所以它临战应敌之时策略周全，编制配置也妥善适宜。军队中五人设一伍长，十人设一什长，百人设一卒长，千人设一率长，万人设一大将，这样的组织编制可谓是周密到了极点。战斗中各级将吏早晨如有伤亡，早晨就有人接替；晚上伤亡，晚上就有人代理。仔细分析敌情，慎重选好将帅，然后才起兵出战。凡是集结兵力，千里路程的期限为十天，百里路程的期限为一天，届时必须同时集结到敌国边境附近。待部队到齐，将领到职后，就立即开进到敌人的纵深地带，切断敌人的交通要道，包围敌人的重要城市，一面派兵登城攻击，使敌人处于危险的境地，一面把占领地区内的男女居民组织起来，分别逼近险要地形，攻击敌人的要塞。在敌人困守孤城而所有的通道都被切断的情况下，再发起猛烈的攻击。敌方的将帅不能树立威信，官兵之间不能和睦团结，虽用严刑峻法也无法迫使部下服从命令，在这样的情况下就可以打败敌人。敌方的救兵还没有赶到，而整座城市已经缴械投降了。

注释

1 去备彻威：解除军备，撤去军威。这里指故意示弱以迷惑敌人，令其放松警惕,暴露破绽,然后乘机加以打击。

2 周:周全,周到,周详。

3 总率:各级管理体制。

4 代:替代,接替,代替。

5 旬日:十天。

6 错绝:切断、截断的意思。

7 栖:居住、停留。这里是指逼近、包围。

8 逼:困窘,窘迫。

原文

津梁[1]未发[2],要塞未修,城险未设,渠答[3]未张,则虽有城无守矣。远堡[4]未入,戍客[5]未归,则虽有人无人矣。六畜[6]未聚,五谷[7]未收,财用未敛,则虽有资无资矣。夫城邑空虚而资尽者,我因其虚而攻之。法曰:"独出独入,敌不接刃而致之。"此之谓也。

译文

敌人方面,渡口的桥梁还没有拆毁,要塞工事还没有修筑,战场障碍物还没有布置,这样,敌人虽有城池也如同没有人防守一样。敌人边境的堡垒没有部队进驻,守边的部队还没有调动完毕,这样敌方虽然有人也如同没有人员似的。敌人的六畜还没有征集,粮食还没有征收,财物还没有积聚,这样敌方虽然有资财也如同没有资财一样了。对于这一类守备空虚而资财穷竭的敌方城池,我们就乘其虚隙而一举攻克它。兵法上说:"我军行动所向无敌,如入无人之境,敌人还没有来得及交锋就已被制服。"说的就是这种情况。

注释

1 津梁:渡口,桥梁。

2 发：拆除，拆毁。

3 渠答：抵御矢石的守城设施。

4 堡：城外用于警戒和防御的堡垒。

5 戍客：外出从事戍守的部队。

6 六畜：马、牛、羊、猪、狗、鸡六种家畜家禽。此处泛指各种家畜家禽。

7 五谷：稻、黍、稷、麦、菽等五种谷物，此处泛指各种农作物。

守权第六

导读

守权，即关于城池防守的一般原则和具体方法。作者认为，防守城池，首先要注意把守城市外围要地，切不可将全部军力收缩和龟守城中进行消极防御，即所谓“进不郭圉，退不亭障，以御战，非善者也”。其次是要把守住城市的险隘要害之处，正合奇胜，将部队分为守备部队和出击部队，各司其职，实行积极防御，也即攻势防御，即“守者，不失险者也”，“出者不守，守者不出”。三是致力于做到防御设施完善，军队精锐，粮食充足，武器精良，即“池深而广，城坚而厚，士民备，薪食给，弩坚矢强，矛戟称之”。最后，是必须做到守援相结合，“其有必救之军者，则有必守之城；无必救之军者，则无必守之城”。形成掎角之势，里应外合，内外夹击，互为策应，“中外相应”，从而掌握主动，指挥若定，最终击败敌人，夺取城市保卫战的胜利。

原文

凡守者，进不郭[1](围)〔圉〕，退不亭障[2]以御战，非善者也。豪杰雄俊[3]，坚甲利兵，劲

译文

凡是防守的一方，前进时不在外城边沿设防迎敌，退却时不能固守城郊亭障一类的险要据点，如此进行防御作战，实在不是理想的做法。把英

弩(疆)〔强〕矢,尽在郭中,乃收窖廪[4],毁拆而入保,令客[5]气十百倍,而主[6]之气不半焉,敌攻者,伤之甚也。然而世将弗能知。

夫守者,不失险者也。守法:城一丈,十人守之,工食不与[7]焉。出者不守,守者不出。一而当十,十而当百,百而当千,千而当万。故为城郭者,非妄[8]费于民聚土壤也,诚为守也。千丈之城,则万人之守。池深而广,城坚而厚,士民备,薪食给[9],弩坚矢强,矛戟称之。此守法也。

雄豪杰、精锐部队、优良武器全部集中在城内,同时收集城外地窖仓库的粮食物资,拆毁城外的民房,而让民众通通退入城堡,〔这种消极防御的做法〕,会使得进攻者气焰嚣张,而防守一方士气低落,一旦遭敌进攻,守城部队就会遭受惨重伤亡。然而,现在那些平庸的将领却不懂得这层道理。

防守的一方,不能轻易放弃险要的地形。守城的方法是:城墙每一丈距离,要用十个人防守,工匠伙夫等勤杂人员不计算在内。出击的部队不担任守卫任务,防守的部队不参加出击作战。守城作战,一人可以抵挡敌人十名,十人可以抵挡敌人百名,百人可以抵挡敌人千名,千人可以抵挡敌人万名。所以建筑城郭,绝不是胡乱耗费民众财力堆积土壤做做样子,实在是为了加强防守。通常一千丈长的城墙,要有一万人来防守,同时还要求护城河挖得深而宽,城墙筑得坚而厚,军队和民众人力充备,粮食柴草供应充足,武器装备精良适用。这就是守城的基本方法。

注释

1 郭:外城。

2 亭障:在边境或要害地域修筑的堡垒、工事等防御、警戒的设施。

3 豪杰雄俊:指防御部队中的精锐将士。
4 窖廪:地窖和粮仓。这里是指其中所存储的粮草物资。
5 客:古代兵学术语,此指实施外线进攻的一方。
6 主:古代兵学术语。这里是指实施内线防御的一方。
7 工:工匠等杂役人员。 食:炊事人员。 不与:不计算在内。
8 妄:随意,任意的意思。
9 给:充备,充足的意思。

原文

攻者不下十余万之众,其有必救之军者,则有必守之城;无必救之军者,则无必守之城。若彼〔城〕坚而救诚[1],则愚夫蠢妇,无不蔽城[2]尽资[3]血城者。期年之城[4],守余于攻者,救余于守者。若彼城坚而救不诚,则愚夫蠢妇,无不守陴[5]而泣下,此人之常情也。遂发其窖廪救抚,则亦不能止矣。必鼓其豪杰雄俊,坚甲利兵,劲弩强

译文

进攻城池的敌军人数不下十几万,这时如果守城的一方有必来驰救的可靠援军,就一定能够守住城池;如果守城的一方没有必定来驰援的军队,那就必定不能坚守住城池。倘若城池坚固而又有可靠的救援,那么即使是愚蠢的男女,也没有不为保卫城池而竭尽财产甚至流血牺牲的。能够长期坚守的城池,必须是防御的力量大于进攻的力量,救援的力量大于防御的力量。倘若城池坚固但没有可靠的救援,那么即使是愚蠢的男女,也没有不守着墙垛而伤心流泪的,这乃是人之常情。这时,即使马上打开仓库散发粮食物资来救济安抚他们,也不能制止这种悲观绝望的情绪了。因此,守城时必须动员和激励英雄豪杰,集中精锐部队,使用优良武器,奋力战斗在前,同时使老幼病弱者同心协力支援于后。

矢并于前,(分历)〔么幼〕毁瘠[6]者并于后。

十万之军顿于城下,救必开之,守必出之,(据出)〔出据〕要塞,但救其后,无绝其粮道,中外相应,此救而示之不诚,则倒敌[7]而待之者也。后其壮,前其老,彼敌无前,守不得而止矣。此守权之谓也。

十万敌军兵临城下,援军一定要设法打开重围,守军也一定要主动出击,乘机抢占险要地形。援军也可以只援救守军的后方,使守军的粮道不被切断,城内城外遥相呼应,这是制造救援不积极的假象以迷惑敌人。如此,就可以扰乱敌人的部署而等待可乘之机了。结果敌人把精锐力量放在后面对付援军,把老弱部队放在前面继续攻城,那敌人便无有力的前锋,守军也可以积极出击进行反攻了。这里所说的就是防守城池的谋略。

注释

1 诚:可靠,可信赖。
2 蔽城:捍卫城市,保卫城市。
3 尽资:竭尽财力。
4 期年之城:指长期坚守的城市。期年,一年。
5 陴:城墙上的矮墙,也称为“女墙”。
6 毁瘠:年老体弱者。
7 倒敌:打乱或改变敌人的作战部署。

十二陵第七

导读

陵，本意是磨砺，此处可以理解为国君治国安邦，将帅统军治兵时所应具备的品德修养。早在《孙子兵法》那里，对军队将帅的基本素质和品德修养就提出了很高的要求，强调“将军之事，静以幽，正以治”，主张将帅应做到：“进不求名，退不避罪，惟民是保，而利合于主。”《尉缭子》的作者继承了孙子的“将道”理论，在本篇中，他从正反两方面强调了将帅所应具备的十二种经验和应避免的十二种缺陷。指出将帅应做到“不变”“因时”“应事”“治气”“意表”“外饰”“度数”“豫备”“畏小”“治大”“敢断”“下人”，避免“任疑”“屠戮”“多私”“恶闻己过”“竭民财”“受间”“轻发”“离贤”“好利”“亲小人”“无所守”“无号令”。从而在治国统军过程中做到治理有方，指挥若定，从而夺取对敌作战的胜利，实现既定的战略目标。

原文

威在于不变，惠[1]在于因时[2]，机[3]在于应事，战在于治气[4]，攻在于意表[5]，守在于外饰[6]，

译文

树立威严在于不轻易改变决定，布施恩惠在于利用好的时机，权谋机变在于适应各种情况的变化，用兵作战在于激励部队的士气，实施进攻在于做到出其不意，进行防守在于作好外部的战

无过在于度数[7]，无(因)〔困〕在于豫备，慎在于畏小，智在于治大；除害在于敢断，得众在于下人。

悔在于任疑[8]，孽在于屠戮，偏在于多私，不祥在于恶闻己过，不度[9]在于竭民财，不明在于受间[10]，不实在于轻发[11]，固陋[12]在于离贤，祸在于好利，害在于亲小人，亡在于无所守，危在于无号令。

备，不犯过错在于计划周密，不陷困境在于预有准备，谨慎持重在于能警惕小事，明智聪慧在于能处置大事，铲除祸害在于果敢决断，受人拥戴在于待人谦恭。

后悔在于狐疑失机，罪孽在于滥行杀戮，偏邪不正在于私欲过多，不吉利在于厌憎他人指责自己的过错，用度不足在于耗尽民众财力，是非不明在于被人离间，劳而无功在于轻举妄动，固执浅薄在于疏远贤人，祸患在于贪财好利，灾难在于亲近小人，沦亡在于没有防守的手段，危险在于没有严明的号令。

注释

1 惠：给人好处，施人恩惠。
2 因时：凭借和利用好的时机。
3 机：权谋，机智多变。
4 治气：培养士气，激励士气。
5 意表：意料之外的意思。《孙子·计篇》："攻其无备，出其不意。"
6 外饰：外部的战备。
7 度数：意谓计划周密。
8 任疑：放任疑虑。
9 不度：用度不足，经济窘迫。
10 受间：受人唆使，挑拨，被离间。
11 轻发：率意而为，轻举妄动。
12 固陋：浅薄固执的意思。

武议第八

导读

武议，即《尉缭子》一书作者对用武之道的议论阐说。本篇高屋建瓴、总揽全局，首先探讨了战争的性质和目的。指出“兵者，所以诛暴乱，禁不义也”，“兵者，凶器也；争者，逆德也；将者，死官也，故不得已而用之”。因此，作者主张和支持进行正义的战争，否定和反对非正义的战争，强调指出，“不攻无过之城，不杀无罪之人”，“诛暴乱，禁不义”；认为这有利于维持社会的安定，保障民众的生计，巩固统治的秩序，“兵之所加者，农不离其田业，贾不离其肆宅，士大夫不离其官府”。与之相应，是反对和谴责不义战争，指出“杀人之父兄，利人之货财，臣妾人之子女”，这些都属于强盗行径，逆天背德，人神共愤。其次，作者深入地探讨了军事与经济之间的关系。所谓“万乘农战，千乘救守，百乘事养”，“夫出不足战，入不足守者，治之以市。市者，所以给战守也”，“市也者，百货之官也”，“夫提天下之节制，而无百货之官，无谓其能战也”。说明军事活动依赖于经济，两者之间有密切的关系，“巧妇难为无米之炊”，强调没有雄厚的经济实力作基础，则无法从事战争并进而取得胜利。即所谓“农战不外索权，救守不外索助，事养不外索资”。最后，作者进一步探讨了将帅的地位和作用，指出将帅身系国家安危，责任重大。并以吴起为例，指出将帅既要有卓越的才能，又要能举贤用能，明法审令，还要有“受命之日忘其家，治军宿野忘其亲，援枹而鼓忘其身”的高尚品德和英勇气概，同时，作为将帅还要拥有随机应变指挥的权力，不受君主的掣肘，能够做到“君命有所不受”。这样，一旦“临难决战”，就可以做到“无天于上，无地于下，无主于后，无敌于前。一人之兵，如狼如虎，如风如雨，如雷如霆，震震冥冥，天下皆惊”。攻无不克，战无不胜，所向披靡，用兵如神。

原文

凡兵，不攻无过之城，不杀无罪之人。夫杀人之父兄，利[1]人之货财，臣妾[2]人之子女，此皆盗也。故兵者，所以诛暴乱，禁不义也。兵之所加者，农不离其田业，贾不离其肆宅[3]，士大夫[4]不离其官府，由其武议[5]，在于一人。故兵不血刃而天下亲焉。

万乘[6]农战，千乘救守，百乘事养[7]。农战不外索权[8]，救守不外索助，事养不外索资[9]。夫出不足战，入不足守者，治之以

译文

凡是用兵打仗，不进攻没有过错的城市，不杀戮没有罪过的民众。杀害别人的父兄，掠夺别人的财产，奴役别人的子女，这些都是强盗的行径。所以，战争的目的，是为了讨平暴乱，禁止不义。兵锋所到之处，农民不离弃自己的田地产业，商人不离弃自己的店铺住宅，官吏不离弃自己的官府衙门，这是因为战争的目的早已确定，只在于惩处肆行不义的祸首一人，所以不需要流血战斗而就能得到天下的亲附归顺。

拥有万乘的大国应当致力于农耕征战，拥有千乘的中等国家应当致力于自救防守，拥有百乘的小国应当致力于自给自足。致力农耕征战，战守之权操之于己而不必仰仗别国的权势；致力自救防守，就可以不必向外乞求援助；致力自给自足，就可以不必出外寻找财源。当国家经济既不足以支持对外作战，又不足以满足对内防守的，就应该治理好市场贸易。市场

市[10]。市者,所以(外)〔给〕战守也。万乘无千乘之助,必有百乘之市。

贸易的收入,是用来满足征战和防守的开支需要的。万乘之国可以没有千乘之国的援助,但必须要有收入相当于百乘军赋的市场。

注释

1 利:此处用作动词。贪图的意思。
2 臣妾:男奴为庶,女奴为妾。此处为使动用法,使为奴仆。
3 肆宅:店铺。
4 士大夫:此处指各级官吏。
5 武议:军事决策及其用兵宗旨。
6 万乘:万乘之国,当时的诸侯大国。乘,军队车战的合成编制,一车四马为一乘,早期一乘配置十人,三十人;后期一乘配置七十五人,组成一个基本作战单位。
7 事养:上事父母,下养妻小,意谓致力于农业生产,做到自给自足。
8 索权:寻求权势的意思。
9 资:财物。
10 市:市场,集市贸易。

原文

凡诛者,所以明武[1]也。杀一人而三军震者,杀之;(杀)〔赏〕一人而万人喜者,(杀)〔赏〕之。杀之贵大,赏之贵小。

译文

凡是诛杀,都是为了整肃军纪申明军威的。诛杀一人而能使全军震动的,就杀掉他;奖赏一人而能使万众高兴的,就奖赏他。杀戮,贵在敢于向大人物开刀;赏赐,贵在能够给小人物奖赏。罪当该杀,即使该人位高权重也

当杀而虽贵重必杀之,是刑上究[2]也;赏及牛童马圉[3]者,是赏下流[4]也。夫能刑上究,赏下流,此将之武也。故人主重将。

夫将提鼓挥枹[5],临难决战,接兵角刃,鼓之而当,则赏功立名;鼓之而不当,则身死国亡。是存亡安危,在于枹端,奈何无重将也。夫提鼓挥枹,接兵角刃,君以武事成功者,臣以为非难也。古人曰:无(蒙冲)〔冲笼〕而攻,无渠答而守,是为无善之军。

一定诛杀无赦,这就是刑罚追究到了上层;赏赐那些有功的牧童马夫,这就是赏赐普及到了下层。能够做到刑罚追究到上层,赏赐普及于下层,这就是将帅的权威所在。所以,国君应重视将帅的作用。

将帅挥槌击鼓指挥全军,面临危难与敌决战,短兵相接全力拼杀。如果指挥得当,就能建功立业;如果指挥不当,就会身死国亡。这意味着国家的存亡安危,就在于将帅鼓槌头的具体指挥上,怎么可以不重视将帅的作用呢?挥槌击鼓指挥军队,与敌短兵相接全力厮杀,国君依靠武力成就功业,臣下我认为并非什么难事(只要有得力的将领就行了)。古人说:"没有冲笼等攻城器械而进攻,没有渠答等防御设施而要防守,这就是不善于攻守的军队。"

注释

1 明武:树立军威。

2 究:追究,制裁。

3 牛童马圉:放牛的少年与养马的厮役。这里泛指军队中地位最低下的人员。

4 流:涉及,普及。

5 枹:鼓槌。

原文

视无见,听无闻,由国无市也。夫市也者,百货之官[1]也。市[2]贱卖贵,以限士人。人食粟一㪷,马食(粟)〔菽〕[3]三㪷,人有饥色,马有瘠形,何也?市〔有〕所出而官无主也。夫提天下之节制[4],而无百货之官,无谓其能战也。

起兵,直使甲胄[5]生(虮)〔虱〕[6]者,必为吾所效用也。鸷鸟[7]逐雀,有袭[8]人之怀,入人之室者,非出生〔也〕,后有惮[9]也。

译文

〔士卒饿得〕睁眼看不见东西,张耳听不到声音,这是由于国都中没有管理有序的市场。所谓市场,就是对各种货物的买卖进行管理。商人在市场上贱买贵卖,使得士兵民众窘迫困难。尽管规定每个人一天吃一斗粮食,每匹马一天吃三斗豆料,可实际上人们有饥饿的脸色,马匹有瘦削的体形,这是什么缘故呢?乃是因为市场上虽有各种物品出售,但却无有力的管理机构。统辖指挥一国的军队,却不能对市场进行有效管理以保障后勤供应,那就谈不上是善于统兵作战。

进行战争,直至士兵的头盔铠甲上生了虱子仍坚持战斗,这样的军队必定能为我效力拼命。这就好像凶猛的鸷鹰追逐小雀,有时竟使小鸟撞到人的怀中,冲入人的房里,这并不是出于它的本性,而是害怕后面的凶鸟追上来以致急不择路的缘故。

注释

1 官:管理的意思。

2 市:用作动词,购买。

3 菽:大豆,此处指喂马的豆料。

4 节制:统辖,管辖。

5 甲胄：古代军人穿戴的铠甲与头盔。

6 虱：虱子。《韩非子·喻老》："天下无道，攻击不休，相守数年不已，甲胄生虮虱。"

7 鸷(zhì)鸟：鹰、雕之类的大型猛禽。

8 袭：钻入，窜入。

9 惮：忌惮，畏惧。

原文

太公望[1]年七十，屠牛朝歌[2]，卖食盟津[3]，过七年余而主不听，人人之谓之狂夫也。及遇文王[4]，则提三万之众，一战而天下定，非武议安得此合也？故曰：良马有策[5]，远道可致；贤士有合[6]，大道可明。

武王伐纣，师渡盟津，右旄左钺[7]，死士[8]三百，战士三万；纣之陈亿万，飞廉[9]、恶来[10]，身先戟斧，陈开百里[11]。武王不罢士民，兵不血刃而〔克〕商诛纣。无祥异[12]也，人事修不修

译文

太公望七十岁时，仍在朝歌宰牛为业，在盟津卖食品为生，这样过了七年多，还是没有得到当时君主的器重和任用，大家都说他是一个狂人。等到遇见了周文王后，才得以统率三万大军，在牧野一战消灭商纣，平定天下。倘若没有高明卓越的军事韬略，又怎么能得到这样的大好机遇呢？所以说，良马得到鞭策，可以到达遥远的地方；贤士碰上机遇，可以施展杰出的才能。

周武王讨伐商纣王，统率军队渡过盟津，右手执握白旄，左手拿着黄钺，部下只有敢死的勇士三百人，善战的士卒三万人。而商纣王陈兵数十万，他手下大将飞廉、恶来身先士卒，不避斧钺冲锋在前，军阵排开绵延百里之长。可周武王既没有疲惫军民，也没有经过激烈的血战，就战胜了商

而然也。今世将考孤虚[13],占(城)〔咸〕池[14],合龟兆[15],视吉凶,观星辰风云之变。欲以成胜立功,臣以为难。

军,诛杀了纣王。这不是由于天时的吉祥或凶灾,而是人事治理得好与不好所造成的。现在世上一般的将领,只知道考究时日的好坏,卜占星象的顺逆,验合龟卜的预兆,审视祸福吉凶,观察星辰风云的变化,想通过这些来获取胜利建立功业,臣下我认为这将是难以如愿以偿的。

注释

1 太公望:即姜太公,姜尚,字子牙。辅佐周文王、周武王,成就灭商兴周之大业。

2 朝歌:古地名,殷商末年都城,其地在今河南淇县之北。

3 盟津:孟津。黄河古渡口名。其地在今河南孟津县东北。

4 文王:周文王姬昌。殷商末年为西方诸侯之长,故称西伯。他任用贤人,励精图治,为日后武王伐纣灭商,建立周朝奠定了坚实的基础。

5 策:马鞭。

6 合:机遇,机会。

7 旄(máo):用旄牛尾装饰的旗帜。 钺(yuè):古代一种形状如战斧的兵器,是军中执法的刑具。皆为古代王权权威的象征。

8 死士:敢死之士。

9 飞廉:商纣王手下的爪牙,以善于奔跑而闻名于世。

10 恶来:商纣王手下的大臣,飞廉之子,以多力著称。

11 陈开百里:军阵排列长达百里。

12 祥异:祥瑞灾异。

13 孤虚:古代以天干地支推算时日吉凶的一种方法,迷信色彩浓厚。

14 咸池:星宿名,属御夫座,古代占星家认为此星与兵事有关。

15 龟兆:占卜时烧灼龟甲出现的裂纹,古人据此预测事物吉凶的变化。

原文

夫将者，上不制于天，下不制于地，中不制于人。故兵者，凶器[1]也；争者，逆德[2]也；将者，死官[3]也。故不得已而用之。无天于上，无地于下，无主于后，无敌于前。一人之兵[4]，如狼如虎，如风如雨，如雷如霆，震震冥冥[5]，天下皆惊。

胜兵似水。夫水至柔弱也，然所触[6]丘陵，必为之崩，无异也，性专而触诚也。今以莫邪[7]之利，犀兕[8]之坚，三军之众，有所奇正[9]，则天下莫当其战矣。故曰：举贤用能，不时日而事利；明法审令，不卜筮而获吉；贵功养劳，不

译文

统领军队的将帅，上不受天时气候的制约，下不受地理条件的限制，中不受国君的掣肘。军队，是用来杀人的凶器；战争，是违背道德的行为；将帅，是主宰生死命运的官吏。所以，只有在万不得已的情况下才从事战争。一旦投入战争，将帅就要上不顾忌天时，下不顾忌地理，后不顾忌国君，前不顾忌敌人。团结如同一人的军队，行动起来就如同虎狼那样凶狠，如同暴风雨那样迅捷，如同雷霆那样可怕，声威赫赫而又神秘莫测，使天下都为之震惊战栗。

善打胜仗的军队就像流水一样。那水，是天底下最为柔弱的东西，可是在它的冲击激荡之下，即使是崇山峻岭也必定会倾圮崩塌。这没有特殊的缘故，只是由于水的属性专一而冲击持久。如果现在使用莫邪剑那样锋利的兵器，穿着由犀牛皮革制成的坚固铠甲，依靠人数众多的军队，再加上巧妙运用奇正相生的战术，那么普天下就没有什么人能抵挡它的进攻了。所以说：推举贤才任用能人，不须选择吉日良辰也能使事情顺利；彰明法制严肃号令，不用龟卜筮卦也能获得吉祥；推崇军功优待劳苦，不须祈祷也能得到福祉。又可以这么说：天时优越不如地理条

祷祠[10]而得福。又曰：天时不如地利，地利不如人和。古之圣人，谨人事而已。

件有利，地理条件有利不及人事融洽和睦。古代的圣人，最为重视的不过是如何处理好人事而已。

注释

1 凶器：凶险的东西。
2 逆德：违背道德。
3 死官：主宰生死命运的官吏。
4 一人之兵：令行禁止，步调一致如同一人。
5 震震冥冥：军队威武雄壮，行动神秘莫测。
6 触：冲击，撞击。
7 莫邪：古代宝剑名，锋利无比，削铁如泥。
8 犀兕(sì)：犀牛皮制作而成的坚固盾甲。
9 奇正：军队部署上正兵与奇兵各司其职，互为配合，作战指挥与战术变化上奇正相生。
10 祷祀：祈祷，祈求。

原文

吴起与秦战，舍[1]不平陇亩，朴樕[2]盖之，以蔽[3]霜露。如此何也？不自高人故也。乞人之死不索尊[4]，竭人之力不责礼。故古者甲胄之士不拜[5]，示人无

译文

当年吴起领兵同秦人作战，野外宿营不铲平田埂，只用小树枝盖顶来遮挡风霜露水。这样做是为什么呢？为的是表示他从不把自己看得高人一等的缘故。要求别人为你效死，就不必苛求他对你毕恭毕敬；要求别人为你出力，就不必讲究什么繁文缛节。因此在古代，戴盔穿甲的将士不行跪拜之礼，这

己烦也。夫烦人而欲乞其死，竭其力，自古至今，未尝闻矣。将受命之日忘其家，张军宿野忘其亲，援枹而鼓忘其身。吴起临战，左右进剑。起曰："将专主[6]旗鼓尔！临难决疑，挥兵指刃，此将事也；一剑之任[7]，非将事也。"

是向人表示不要为了自己是主帅而增添不必要的麻烦。用烦琐的礼节麻烦别人而又要求他为你效死献身，竭尽全力，这样的事情，古往今来从来没有听说过。将帅从接受命令率军出征的那天起，就应该忘掉自己的家庭；部署军队在野外宿营时，就应该忘掉自己的亲人；当擂起战鼓指挥作战时，就应该忘掉自身的安危。吴起临阵指挥战斗前夕，左右侍卫给他呈上一柄宝剑。吴起说："将帅的专门职责是挥旗击鼓发号施令。遇到危急解决疑难，作出决断，指挥全军进退战斗，这才是将帅应尽的职责。至于手持利剑上阵格杀，那不是将帅的任务。"

注释

1 舍：指军队驻扎与宿营。
2 朴樕(sù)：小树、树枝。
3 蔽：遮挡，遮盖的意思。
4 索尊：要求别人充分尊重自己。
5 拜：指古代中国的跪拜之礼。
6 主：主掌，负责。
7 一剑之任：持剑厮杀的任务。

原文

三军成行[1]，一舍而后成三舍，三舍之余，如

译文

三军整队开拔，一日行军三十里，三天行军九十里。九十里以后，部队气

决川源[2]。望敌在前，因其所长而用之；敌白者垩[3]之，赤者赭[4]之。

势如虹，就像决堤的洪水一样不可阻挡地前进。望见前方的敌军，就根据它的特点而采取相应的对策。敌人用白色标记，我方也用白色标记；敌人用红色标记，我方也用红色标记，〔用以欺骗和迷惑敌人〕。

吴起与秦战，未合[5]，一夫不胜其勇[6]，前获双首而还。吴起立斩之。军吏谏曰："此材士[7]也，不可斩。"起曰："材士则是矣，非吾令也。"斩之。

吴起领兵与秦军作战，双方还未交锋，有一人自恃勇敢，冲上前去斩获敌人两个首级回来。吴起立刻下令将这人斩首。军吏劝谏说："这是一个武艺高强的勇士，不可杀掉。"吴起回答说："说他是勇士，的确是如此，可他违抗了我的命令。"结果还是把这个人给斩首了。

注释

1 三军成行：意谓军队列队开拔。

2 如决川源：如同河川的源头处决口。这里是用来形容军队一往无前，势不可当。

3 垩：白色土，这里是指以白色为标记。

4 赭：红色土，这里是指以红色为标记。

5 合：相合，意谓交锋。

6 不胜其勇：不能控制自己的勇气，自行其是。

7 材士：身怀高超武艺的勇士。

将理第九

导读

本篇主要论述将帅在司法方面应尽的职责，并对当时这方面所存在的问题与弊端进行了系统的归纳和严厉的抨击。作者首先指出："凡将，理官也。"其在执法之时，应该"不私于一人"，做到公正廉明，不徇私情，不搞刑讯逼供。作者对当时株连九族的酷刑峻法提出了尖锐的批评，认为这样的作为，不仅会导致"农无不离其田业，贾无不离其肆宅，士大夫无不离其官府"，造成了社会的动荡不安，民众的离心离德，而且还会对战争的胜负产生严重的消极影响。作者强调：株连无辜会使大批劳动力脱离生产，必然影响国家的财政收入，并最终影响到军队的军需供应和后勤补给，导致战争的失败。为此，作者大声疾呼，"臣以为危也"，必须采取相应的措施加以彻底的纠正。

原文

凡将，理官[1]也，万物之主也，不私[2]于一人。夫能无(移)〔私〕于一人，故万物至而制之，

译文

将帅，是掌管刑法的官吏，也是一切事物的主宰者，不能对任何一个人徇私情。如果能做到不对任何一个人徇私情，那么各种错综复杂的事情到他那里都能得到公平裁决，各种事

万物至而命之。

君子不救囚于五步之外[3]，虽钩矢射之，弗追也。[4]故善审囚之情，不待棰楚[5]，而囚之情可毕矣。笞[6]人之背，灼人之胁，束人之指[7]，而讯囚之情，虽国士有不胜[8]其酷而自诬[9]矣。

务到他那里都能得到正确处理。

君子不会未经当面审讯而随便赦免囚犯，〔同时也不会公报私仇〕，即使犯有管仲发箭射中齐桓公身上带钩的那种罪过，也不加以追究。所以善于审理囚犯案情的人，不必动用刑具拷打，就可以弄清囚犯的全部案情。如果依靠鞭打犯人的脊背，烧灼犯人的两肋，板夹犯人的手指来审讯案情，即使是英雄豪杰，也会因经不起这种酷刑折磨而屈打成招的。

注释

1 理官：司法官吏。古代兵刑合一，将帅也兼治刑狱。

2 私：偏袒，偏私的意思。

3 君子不救囚于五步之外：意谓君子不会不经过当面的审讯就轻易解救和赦免囚犯。

4 虽钩矢射之，弗追也：指春秋时期公子小白（即后来当上齐国国君的齐桓公）被政敌管仲射中带钩，但登基后对管仲免于追究，并委以重任之事。

5 棰楚：古代的杖刑。

6 笞：笞刑，用竹板或荆条抽打犯人的脊背和臀部。

7 束人之指：古代一种绳穿木棍绑夹人手指的酷刑。

8 不胜：不能忍受。

9 自诬：自我诬陷，意谓屈打成招。

原文

今世谚云："千金不死，百金不刑。"试听臣之言，行臣之术，虽有尧舜[1]之智，不能关一言；虽有万金，不能用一铢。今夫决狱，小圄[2]不下十数，中圄不下百数，大圄不下千数。十人联[3]百人之事，百人联千人之事，千人联万人之事。所联之者，亲戚兄弟也，其次婚姻[4]也，其次知识[5]故人也。是农无不离〔其〕田业，贾无不离〔其〕肆宅，士大夫无不离〔其〕官府。如此关联良民，皆囚之情也。兵法[6]曰："十万之师出，日费千金。"今良民十万，而联于(囚)〔囹〕圄。上不能省，臣以为危也。

译文

现在世上流传着这样一种说法："用千金贿赂，可以免死；用百金贿赂，可以免刑。"如果听从我的意见，采纳我的方法，即使有尧舜那样的智慧，也不能为囚犯说上一句求情的话；即使家有万金资财，也不能用一铢钱替囚犯行贿。如今被关押的囚犯，小监狱不下于数十人，中等监狱不下于数百人，大监狱不下于数千人。往往是十个人犯罪，牵连株蔓百人；一百人犯罪，牵连株蔓千人；一千人犯罪，牵连株蔓万人。所牵连的人，首先是父母兄弟，其次是婚姻亲家，再次是熟人朋友。这样一来，受牵连的农民没有不离弃自己的土地田产的，商人没有不离弃自己的店铺住宅的，官吏没有不离弃自己的官府衙门的。像这样株连善良的民众，都是拘留囚禁的真正情况。《孙子兵法》上说："十万人的军队出征，一天要耗费军费千金。"现在十万无辜的民众因受株连而入狱，而统治者对此尚不能醒悟，臣下我认为这是很危险的。

注释

1 尧舜：传说中的中国上古时代两位圣明国君。

2 圄:囹圄,监狱。

3 联:关联,受牵连的意思。

4 婚姻:姻亲,因为婚姻关系而结成的亲戚。

5 知识:熟悉相知的人。

6 兵法:即《孙子兵法》,魏晋以前,人们通常以“兵法”指代《孙子兵法》。

原官第十

导读

所谓“原”,就是考察,探究某一事物的来龙去脉。本篇的中心内容是论述国家设官立制,“职分四民”的重要性和必要性。指出国家建立官制,“官分文武,惟王之二术也”,按照分工,各司其职,各尽其责,是保证国家机器正常运转的根本措施,即所谓“治之本也”。接着作者分别阐明了国君和臣僚的职责,所谓“明法稽验,主上之操也”,“守法稽断,臣下之节也”。作者指出施政的方针应是“审开塞,守一道,为治之要也”。所谓“守一道”,就是上下一体,执行统一的方针政策;所谓“审开塞”,就是要实行农战,开辟正确的养生之道,使“贵爵富禄,必称”,“好善罚恶,正比法”,“节赋敛,取与之度”等等,反对杀鸡取卵,竭泽而渔,主张适当减轻农民负担,发展农业、手工业,促进国家经济的繁荣。作者认为,理想的社会应是“官无事治,上无庆赏,民无狱讼,国无商贾”,这虽然是一种不切实际的幻想,但在某种程度上体现了作者追求理想境界的人文关怀精神,在两千多年前能拥有这样的襟怀,实属难能可贵!应该加以充分的肯定。

原文

官者,事之所主,为治之本也。制者,

译文

设置官员,作为各种事务的主宰,是治理国家的根本措施。建立官制,按照

职分四民[1]，治之分也。贵爵富禄，必称[2]，尊卑之体[3]也。好善罚恶，正比法[4]，会计[5]民之具也。均(井地)〔地分〕[6]，节赋敛[7]，取与之度也。程[8]工人[9]，备器用，匠工之功也。分地塞要[10]，殄[11]怪禁淫之事也。守法稽断[12]，臣下之节[13]也。明法稽验，主上之操[14]也。明主守，等轻重，臣主之权也。明赏赉[15]，严诛责，止奸之术也。审开塞，守一道[16]，为政之要也。下达上通，至聪之听也。

各自职掌分别管理士、农、工、商四类人，这是按治国的需要而作的必要分工。尊贵的爵位，优厚的俸禄，必须同本人的才能政绩相称，这是确定尊贵卑贱等级体制的基础。奖励善行，惩罚邪恶，整饬官吏考核制度，这是统计检查民情的工具。平均合理分配土地，节制减轻赋税征发，这是经济收支的准则。规定工人的生产定额，置备好各种器物用具，这是提高工匠工作效率的途径。划分地域，设立关卡，这是杜绝和禁止怪异奢侈物品流通的措施。依照法律果断处理事务，这是做臣子应尽的职责。申明法度，并核查执行情况，这是做君主操持权柄的手段。明确自己主管的事务，区别事情的轻重缓急，这是君主和臣子都应具备的政治智慧。明确奖赏制度，严格惩罚措施，这是制止奸邪行为的办法。研究和申明鼓励什么、禁止什么，坚持专一的耕战方针，这是治国安邦的重要原则。下情上通，上情下达，这是全面了解情况的理想境界。

注释

1 四民：指士、农、工、商四类人。《汉书·食货志上》云："士农工商，四民有业。学以居位曰士，辟土殖谷曰农，作巧成器曰工，通财鬻货曰商。"

2 称:对应,相称的意思。
3 体:根本,根基。
4 比法:古代登记,校核人口及财产多少,据以征收赋税和评估官吏政绩的法令规章。
5 会计:统计,计算。
6 均地分:意谓平均分配土地。
7 赋敛:军赋与税收。
8 程:审计、考核。
9 工人:指从事手工业生产劳动的工匠。
10 分地:划分地域。 塞要:在交通要道上设立关卡。
11 殄:消灭,灭绝的意思。
12 稽:考察,调查。 断:判断,决断,决定。
13 节:职责,职权。
14 操:权力,权柄,权限。
15 赉:赏赐,赠予。
16 一道:一以贯之的治国理政之道。

原文

知国有无之数,用其仂[1]也。知彼弱者,强之体也。知彼动者,静之决也。官分文武,惟[2]王之二术也。俎豆[3]同制,天子之会也。游说[4](开)〔间〕谍无自入,正议

译文

知道国家财政收入的多少,这是保证财用有余的前提。了解掌握国家的薄弱环节,这是保持国家强盛的基础。预测国家可能发生的动乱,这是防患于未然、安定国家的关键。官职区分为文臣武将,这是王者统治国家的左右两手。祭祀的礼器统一规格,这是天子会集诸侯时在礼仪上的需要。不让游说之徒和敌方间谍打入内部,这是统一舆论、以正视听的

之术也。诸侯有谨天子之礼,君民[5]继世,承王之命也。更(造)〔号〕易常,违王明德,故礼得以伐也。官无事治,上无庆赏,民无狱讼,国无商贾,(何王之至)〔成王至正〕也。明举上达,(在王垂听)〔成王至德〕也。

方法。诸侯中有谨守天子规定的礼仪,君臣关系世代相传,这是秉承了先王的旨令。更换名号改变制度,违背天子的圣明大德,这是可以按照礼法进行讨伐的对象。官府没有事务需要处理,上面没有奖赏需要封赐,民众没有诉讼纠纷,国都没有商人活动,这是成就大治的最高理想。臣下我之所以把这些道理向上陈述,这是出于辅佐国君臻于德化的殷切希望。

注释

1 仂(lè):余数。有观点认为是十分之一。

2 惟:为,是。

3 俎豆:古代祭祀之时,盛放食物的两种礼器,此处是指祭祀的礼仪。

4 游说:周游列国,劝说诸侯听从自己的意见与建议。

5 君民:统治与管理广大民众。君,在这里是名词用作动词,君临下民,统治民众的意思。

治本第十一

导读

治本，即治国的根本。作者认为，治理国家应该从物质和精神两个方面着手，其基本理念是“反本缘理，出乎一道”，抓纲举目，以一驭万。具体而言，在物质方面，反对铺张浪费，穷奢极欲。主张鼓励农桑，发展生产，使“夫在芸耨，妻在机杼，民无二事”，造就百业兴旺，积储充备，国家富裕。作者同时认为，治理国家还要特别重视社会风气的整治，精神文化层面的改造，必须使民无私，将统治者的意志落实到社会的治理，使思想的统一成为最大的政治，“为下不敢私，则无为非者矣”。而要使民无私，则必须“禁必以武”，“赏必以文”，即使用法律和道德教育两种手段，而以道德教育为主。这样，就能“欲心去，争夺止，囹圄空，野充粟多，安民怀远，外无天下之难，内无暴乱之事”，从而达到“治之至也”。作者最后指出，治理国家的理想境界是“太上神化，其次因物，其下在于无夺民时，无损民财”。在《尉缭子》作者看来，这就是所谓的“治国”之“本”，是战争取胜的先决条件。

原文

夫治人者何？曰：非五谷无以充饥，非丝

译文

治理民众用什么办法呢？回答是：没有五谷杂粮就不能填饱肚子，没有

麻无以盖形[1]。故充饥有粒[2],盖形有缕[3]。夫在芸耨[4],妻在机杼[5],民无二事,则有储蓄。夫无雕文刻镂[6]之事,女无绣饰纂组[7]之作。木器液,金器腥,圣人饮于土,食于土,故埏埴[8]以为器,天下无费。今也金木之性不寒,而衣绣饰;马牛之性食草饮水,而给菽粟。是治失其本而宜设之制也。

春夏大出于南亩[9],秋冬女练〔于〕布帛,则民不困。今短褐[10]不蔽形,糟糠[11]不充腹,失其治也。古者土无肥硗[12],人无勤惰,古人何得,而今人何失邪?耕有不终亩,织有日断机,

丝帛麻布就不能遮盖身体。所以填饱肚子需要有粮食,遮盖身体需要有衣服。男子在田地上耕种,女子在织布机前织布,民众除耕织外不做其它的事情,那么就会有积蓄了。因此男子不要去干绘画雕琢那种事情,女子不要去做刺绣织锦这类活计。木制的器皿容易漏水,金属的器皿带有腥味。古代的圣人因为喝的水来自于土中,吃的粮食也来自于土中,所以将黏土放在模子里制成各种器皿,这样天下就没有什么浪费了。但是现在金器和木器本性并不知寒冷,却给它弄上华丽锦绣的装饰;马牛的本性吃草喝水,却给它喂饲大豆稻谷。这样做完全违背了治国的原则,应该建立合理的制度来加以制止。

春夏季节男子都出门到田间耕种庄稼,秋冬时节女子都在家中从事纺织洗染,那样,民众就不会贫困了。可如今民众穿麻布短衣还遮盖不住身体,吃糟糠之类的食物仍填不饱肚子,这是因为在治理国家问题上出了毛病。古时候,土地的肥瘠同今天没有什么不同,人的勤惰和今天也没有什么两样,但古人为什么丰衣足食,而如今人们又为什么缺吃少穿呢?这主要是因为现在耕田的人没有全力耕作,织布的人不能经常纺织,这样怎么能不挨饿受冻呢?这是由于古时候实行了良好

而奈何寒饥！盖古治之行，今治之止也。

的治国政策，而今天却把它废止不用的缘故。

注释

1 形：指身体。
2 粒：指粮食。
3 缕：指布帛、衣衫。
4 芸耨：从事锄草、耕耘等田间劳动。
5 机杼：织布机。此处指从事纺织生产。
6 雕文：彩绘文饰。　刻镂：雕刻。
7 绣饰：绣织着精美图案的饰物。　纂组：纺织五彩的丝带。
8 埏(shān)埴：将黏土放入到模型中制作成陶器。
9 南亩：原指朝南向阳的田地，后泛指农田。
10 短褐：麻布做的粗糙简陋衣服。
11 糟糠：酒糟和谷糠。形容吃得很差。
12 肥硗(qiāo)：指土地的肥沃与贫瘠。

原文

夫谓治者，使民无私[1]也。民无私则天下为一家，而无私耕私织，共寒其寒，共饥其饥。故如有子十人不加一饭，有子一人不损一饭，焉有喧

译文

所谓致治之道，就在于使民众做到不谋私利。民众做到不谋私利，那么天下就成为一家，而没有为私家耕种为私家纺织的。挨冻大家一起挨冻，挨饿大家一起挨饿。就比如一个人有十个儿子，不多给他吃一顿饭；一个人只有一个儿子，也不少给他一顿饭吃。像这样哪里还会有互相争吵、酗酒闹事以致败坏良

呼寄酖酒[2]以败善类[3]乎？民相轻佻[4]，则欲心(与)〔兴〕，争夺之患起矣。横[5]生于一夫，则民私饭有储食，私用有储财。民一犯禁而拘以刑治，乌有以为人上也？

善政执其制，使民无私。为下不敢私，则无为非者矣。反本缘理[6]，出乎一道[7]，则欲心去，争夺止，囹圄空；野充粟多，安民怀远[8]。外无天下之难，内无暴乱之事，治之至也。

好风尚的现象发生呢？民众相互之间轻薄奸巧，那么贪婪欲望就会萌生，你争我夺的祸患也就随之而起了。如果为非作歹的事发生在暴君的身上，那么民众就要为了自己吃饭而私下储备粮食，为了自己花销而私下储蓄财产。可民众一旦因此触犯法禁，就加以拘捕动用刑法治罪，这哪里还配当一国之君呢？

所以良好的政治在于坚持执行法制，使得民众不谋私利。下面的民众不敢追逐私利，那么就不会有为非作歹的人了。返归耕织的本业，遵循无私的道理，把握这一根本的原则，那么私心就会除去，争夺就会停止，监狱里就会没有囚犯。田野上长满庄稼，粮食生产得很多，安抚自己的百姓，怀柔远方的民众，外部没有侵扰的祸患，内部没有动乱的事情，这样，国家的治理便达到了最完美的境界。

注释

1 私：私心杂念，个人欲望。

2 酖(dān)酒：嗜酒，酗酒。

3 善类：良家子弟。

4 轻佻：轻薄，放浪形骸。

5 横：横逆，为非作歹。

6 反本：返归耕织的本业。　缘理：遵循无私的道理。

7 一道：一贯的治国之道，即以耕织为本的战略发展方略的选择。
8 怀远：安抚招徕远方之民。

原文

苍苍[1]之天，莫知其极，帝王之君，谁为法则？往世不可及，来世不可待，求己者也。所谓天子者四焉：一曰神明[2]，二曰垂光[3]，三曰洪叙[4]，四曰无敌，此天子之事也。野物不为牺牲[5]，杂学不为通儒。今说者曰："百里之海，不能饮一夫；三尺之泉，足止三军渴。"臣谓欲生于无度，邪生于无禁。太上神化[6]，其次因物[7]，其下在于无夺民时，无损民财。夫禁必以武[8]而成，赏必以文[9]而成。

译文

天空苍茫，没有人知道它的边际，五帝三王这些君主，哪一位可以作为效法的楷模？过去的时代已经一去不复返，未来的岁月也不能空自等待，一切只能依靠自己的努力去创造。作为天子要具备四个条件：一是神圣英明，智慧超群；二是施恩天下，泽惠万民；三是上下有序，尊卑有秩；四是国富兵强，天下无敌。这就是天子所应做到的事情。野生的动物不能作为祭祀供品，杂糅的学说不能算是鸿儒博学。现在有人说："百里宽的海水，不够一个贪得无厌的人饮喝；三尺深的水泉，却足以解除三军人马的干渴。"臣下我认为贪欲的产生在于没有节制，邪恶的产生在于禁止不力。最高明的办法是用精神感化；其次是因事制宜，因势利导；再次一等的办法在于不占用农时，不损耗民财。禁止私欲邪恶必须依靠暴力才能够成功，奖赏无私善良必须结合教育启发才可以奏效。

注释

1 苍苍:深青色,这里是指天宇浩瀚。

2 神明:神圣英明。

3 垂光:垂示光明,泽润天下。

4 洪叙:弘扬光大人伦之序。

5 牺牲:古代用于祭祀的牲畜。

6 神化:谓道法自然,无为而治,浑然天成。

7 因物:因势利导,因地制宜。

8 武:此处指武力、法制,强硬的一手。

9 文:这里指文德、教化,柔软的一手。

战权第十二

导读

战权，即作战的权谋，也即作战的指导原则。《孙子兵法》主张“兵贵胜，不贵久”，提倡“伐大国，则其众不得聚；威加于敌，则其交不得合”。《尉缭子》的作者同样主张先发制人，进攻速胜，“权先加人者，敌不力交；武先加人者，敌无威接”。因此，“兵贵先”，必须做到先敌而动，突然袭击，速战速决。当然，这种先发制人并不是贪功冒进，而必须与沉着冷静、深谋远虑相结合，建立在有胜利把握的基础之上，所谓“必先图不知止之败，恶在乎必往有功”，“意往而不疑则从之，夺敌而无败则加之，明视而高居则威之，兵道极矣”。反之，如果“轻进而求战”，“必丧其权”，则难免招致失败。为了夺取战争的胜利，战争指导者必须广施权谋，用各种手段欺骗和迷惑敌人，“有者无之，无者有之”，真真假假，虚虚实实，使敌人摸不清我军意图，陷入被动挨打的困境。作者认为，只要有高明的决策，有得力的将领，有迅猛的行动，即“高之以廊庙之论，重之以受命之论，锐之以逾垠之论”，那么就可以使敌人“不战而服”，使自己在残酷激烈的兼并战争中稳操胜券，所向无敌。

原文

兵法曰：“千人而成权[1]，

译文

《兵法》上说：“千人的军队

万人而成武[2]。”权先加人者，敌不力交；武先加人者，敌无威接。故兵贵先[3]。胜于此，则胜彼矣；弗胜于此，则弗胜彼矣。

可以通过权谋韬略取胜，万人的军队能够凭借武装实力取胜。”运用权谋先敌发起进攻，敌人就没有办法施展力量来交锋；凭借实力先敌展开行动，敌人就没有军威勇气来迎战。所以用兵贵在先发制人。善于运用这一原则，就能战胜敌人；不善于运用这一原则，就不能战胜敌人。

凡我往则彼来，彼来则我往，相为胜败，此战之理然也。夫精诚在乎神明[4]，战(楹)〔权〕在乎道[5]之所极。有者无之，无者有之，安所信之。先王之所传闻者，任正去诈，存其慈顺，决无留刑[6]。故知道者，必先图不知止之败，恶在乎必往有功？轻进而求战，敌复图止我往而敌制胜矣。故兵法曰：“求而从之，见而加之，主人[7]不敢当而陵[8]之，必丧其权。”

通常我方前往进攻敌人，敌人必然会来进行反击；敌方前来进攻我们，我们也必然会去进行反击。两军交战，互为胜负，这就是作战的一般规律。精明专一清醒敏锐，在于将帅智慧超人，出神入化；作战权谋韬略的把握，在于通晓洞悉用兵的基本规律。有的假装没有，没有的假装有，敌人怎能摸清我方的真假虚实？古代圣王之所以为后人传颂，是由于能任用正直之士，摒弃奸诈小人，安抚那些善良和顺的人，对惩处邪恶毫不留情，从不拖延。所以通晓战争规律的人，一定会事先估计到不知适可而止所会带来的失败，忌讳那些只知一味出击而求成功的行动。轻率冒进而寻求决战，敌人就会设法阻止我军的进攻，这样敌人反而能取得战争的胜利了。所以兵法上说：“如果敌人求战就马上应战，见到敌人就发起进攻，守方故意示弱不敢抵挡而前去攻击，就必然会丧失战争的主动权。”

注释

1 权:权谋,谋略。

2 武:实力,武力。

3 先:先发制人,先机之利。

4 神明:意谓将领的指挥艺术炉火纯青,出神入化,用兵如神。

5 道:用兵之道,作战的规律。

6 决无留刑:意谓惩处邪恶绝不宽贷,毫不拖延。

7 主人:指实施防守的一方。

8 陵:攻击,进攻的意思。

原文

凡夺[1]者无气,恐者不守,可败者无人[2],兵无道[3]也。意往而不疑则从之,夺敌而无败则加之,明视而高居则威之,兵道极矣。

其言无谨,偷[4]矣;其陵犯无节,(被)〔破〕矣;水溃雷击[5],三军乱矣。必安其危,去其患,以智决之。高之以廊庙之(谕)〔论〕,重之以受

译文

凡是处于被动地位的一方就没有士气,恐惧畏怯的一方就不能坚固防守,可以被击败的一方是由于没有能征惯战的将士,这些都属于不懂用兵规律的表现。决意出击而没有后顾之忧的就坚决进兵,打击敌人而自己立于不败之地的就果断攻击,明察敌情而又居高临下优势明显的就慑服对手,这样就可以算是洞悉和掌握用兵的规律了。

说话不谨慎小心,就会泄露军事机密;进攻漫无节制,就会被敌人所击破。到时候就会像洪水决堤,迅雷击物,使三军上下陷于一片混乱。若一定要转危为安,消除祸患,就必须运用智慧来进行决断处置。即努力做到朝廷的决策高明正确,选用受命的将领能干得力,进攻的部

命之论，锐之以逾垠之论，则敌国可不战而服。	队行动迅速锐不可当，一旦如此，那么就可以不经过直接战斗而使敌国屈服。

注释

1 夺：这里指丧失主动权，处于被动困难的境地。

2 无人：指军队失去战斗力，犹如无人一般。

3 无道：指用兵不得其法，不按一般的作战规律行事。

4 偷：指泄露军事机密。

5 水溃雷击：意谓如同大水决堤，迅雷击物，在此面前，军队完全陷入混乱，溃不成军。

重刑令第十三

导读

《尉缭子》是三晋兵学的代表作，重法严刑是其书的一个鲜明特征，集中体现了三晋与秦地法家政治文化的基本精神，本篇就是一个典型的例子。在篇中，作者主要论述的是以重刑严罚来维护战场纪律，统一将士的意志，确保军队战斗力发挥的问题。作者把战败、投降、临阵脱逃的将吏和士卒称为“国贼”和“军贼”，主张对其加以重刑惩处，以维护战场纪律。认为只要“明制度于前，重威刑于后”，就可以达到“刑重则内畏，内畏则外坚”的目的，从而在战场上所向披靡，无往而不胜。

原文

将自千人以上，有战而北[1]，守而降，离地逃众[2]，命曰国贼。身戮[3]家残[4]，去其籍[5]，发其坟墓，暴其骨于市[6]，男女公于官[7]。自百人已

译文

统兵一千人以上的将领，有作战时打了败仗，防守时投降敌人，擅自脱离阵地抛弃部众逃跑的，称之为“国贼”。对这种人，要杀戮其本人，抄没他的家产，削去他的户籍，挖掘他的祖坟，并暴尸闹市予以示众，将其家中男女老少统统没收为官奴。统兵一百人以上的军官，有作战时打了败仗，防守时投降敌人，擅自脱离阵地弃众逃跑的，

上，有战而北，守而降，离地逃众，命曰军贼。身死家残，男女公于官。使民内畏重刑，则外轻敌。故先王明制度于前，重威刑于后。刑重则内畏，内畏则外坚矣。

称之为“军贼”。对这种人，也要处死本人，抄没家产，将其全家男女老少统统收入官府充当奴隶。这样就会使得民众在内畏惧严刑酷法，从而对外轻蔑敌人。所以从前的圣王都首先申明各项法令制度，然后注重通过用严酷的刑法来进行威慑。刑罚从重，人们就畏惧内部的刑法，畏惧内部的刑法就会使民众在对付外敌时变得勇敢坚强。

注释

1 北：败北，败逃。
2 离地：逃离阵地。 逃众：贪生怕死，丢下部属，独自逃跑。
3 戮：戮杀，诛戮。
4 残：抄没，籍没。
5 去其籍：削去他的户籍。
6 暴其骨于市：将其尸骨在街市上示众。暴，暴露。
7 男女：指犯法者的家人。 公于官：全部没入官府为奴婢。

伍制令第十四

导读

伍制令，就是军队内部有关什伍连坐制度的法令。作者对这种制度的基本内容作了简明扼要的描述："军中之制，五人为伍，伍相保也；十人为什，什相保也；五十人为属，属相保也；百人为闾，闾相保也。"此处的"保"，就是指互相担保，互相连坐，无论是伍、什、属、闾，只要其中有一人"干令犯禁"，违犯军纪军令，同一单位的其他人必须揭发，否则一律要受到严厉处罚。在各级军官之间，同样也要实行这种担保连坐的制度："吏自什长以上，至左右将，上下皆相保也。"无论哪一级军官违犯了军纪军规，有关人员都要受到株连。作者认为，这种制度如果能够在军队中全面实施，坚决贯彻，那么，就可以严格军纪，使"父不得以私其子，兄不得以私其弟"，从而达到"夫什伍相结，上下相连，无有不得之奸，无有不揭之罪"的目的，强化军队的战斗力，为夺取战争的胜利奠定坚实的基础。

原文

军中之制，五人为伍，伍相保[1]也；十人为什，什相保也；五十人为属，属相保也；百人

译文

军中的编制体制规定：五人编为一伍，同伍的人互相担保；十人编为一什，同什的人互相担保；五十人编为一属，同属的人互相担保；一百人编为一闾，

为间，间相保也。伍有干令[2]犯禁者，揭[3]之，免于罪；知而弗揭，全伍有诛[4]。什有干令犯禁者，揭之，免于罪；知而弗揭，全什有诛。属有干令犯禁者，揭之，免于罪；知而弗揭，全属有诛。间有干令犯禁者，揭之，免于罪；知而弗揭，全间有诛。吏[5]自什长已上，至左、右将[6]，上下皆相保也。有干令犯禁者，揭之，免于罪；知而弗揭者，皆与同罪。

夫什伍相结，上下相联，无有不得之奸，无有不揭之罪。父不得以私[7]其子，兄不得以私其弟，而况国人[8]？聚舍同食[9]，乌能以干令相私者哉！

同间的人互相担保。伍内如有人触犯禁令，同伍的人能加以检举揭发，可以免于判罪；若知道内情而不揭发，全伍的人都要受到严惩。什内如有人触犯禁令，同什的人能加以检举揭发，可以免于判罪；若知道内情而不揭发，全什的人都要受到严惩。属内如有人触犯禁令，同属的人能加以检举揭发，可以免于追究；若知道内情而不揭发，全属的人都要受到严惩。间内如有人触犯禁令，同间的人能加以检举揭发，可以免于追究；若知道内情而不揭发，全间的人都要受到严惩。军官从什长以上，直至左、右将军，上下级之间都实行互相联保，如果他们中间有人触犯禁令，能予以检举揭发，就可以免于治罪；倘若知道内情而不加揭发，都要处以和犯法者相同的惩罚。

同什同伍的人互相联保，上级下级之间互相连坐，那么就没有抓不到的奸人，就没有不被揭发的罪行。这样一来，即使是父亲也不敢袒护包庇自己的儿子，做兄长的也不敢袒护包庇自己的弟弟，更何况是一般原无深交关系的普通人呢？同住同吃都在一起，怎么敢随便触犯法令而相互袒护包庇呢？

注释

1 保:担保,连保,互为担保。

2 干令:触犯命令,冒犯纪律。

3 揭:揭露,揭发。

4 诛:被诛戮。

5 吏:官吏。此处泛指各级军官。

6 左、右将:三军中左军与右军的统军将领,其地位仅次于统率中军的主帅。

7 私:徇私,袒护的意思。

8 国人:国都、大城邑中的普通人。

9 聚舍同食:指编入同一军事单位的官兵同吃同住。

分塞令第十五

导读

分塞令,即部队营区划分和日常管理的有关法令。作者指出,在战争状态下,各部队都要按规定划分营区,“方之以行垣”,“皆营其沟域”,加强营区管理,使士卒“无通其交往”,以维护营区的秩序,同时要加强警戒,防止敌人奸细混入营区刺探情报。“禁行清道”,没有通行证的一律禁止通行。对于违犯禁令的,给予严惩。作者认为,如果能按照上述规定去做,就会“内无干令犯禁,则外无不获之奸”,部队的有效管理就可落到实处,军队的安全就能够得到切实的保证。

原文

中军、左、右、前、后军,皆有地分[1],方[2]之以行垣[3],而无通其交往。将[4]有分地,帅[5]有分地,伯[6]有分地,皆营其沟域[7],而明其塞令[8],使非百人无得通。

译文

中军、左军、右军、前军、后军,都有各自的营区,营区四周要筑起围墙,不准各部之间随便互相往来。将有自己的营地,帅有自己的营地,伯长也有自己的营地,各个营地周围都要挖掘界沟,同时明确颁布营地的禁令,使凡不是本伯内部的人一律不得通行。如果不是本伯的人擅自进入,伯长应予其以

非其百人而入者，伯诛之；伯不诛，与之同罪。

严惩；伯长对其若不加惩处，那么便与犯禁者同罪。

注释

1 地分：划定的营地。据《武经七书汇解》（以下简称《汇解》），地分应为“分地”。

2 方：四方，四周。

3 行垣：军营四周的围墙，战时一般以战车首尾相接连缀而成。

4 将：一般指统兵万人的将领。

5 帅：军帅，一般指统兵千人的军官。

6 伯：一般指统兵百人的军官。

7 营：营建，构筑。 沟域：营区四周的壕沟。据《武经七书直解》（以下简称《直解》）《汇解》，域应作“洫”。

8 塞令：禁令。

原文

军中纵横之道，百有[1]二十步而立一府柱[2]，量人与地。柱道相望，禁行清道。非将吏之符节，不得通行。采薪(之)〔刍〕牧[3]者，皆成行伍；不成行伍者，不得通行。吏属[4]无节[5]，士无伍者，

译文

在军营纵横相错的道路上，每隔一百二十步竖立一个标柱，以衡量计算营区人员数目和地段距离。道路上标柱鳞次栉比，井然有序，路上禁止人员随便通行，以保持交通畅通。没有将领颁发的符节作凭证，一律不准通行。出外打柴割草和喂养牲口的后勤保障人员，都要排成队伍；不排成队伍的，不准通行。将领属吏没有符节，士兵没有编入什伍的，在营门一经发现便就地斩首。凡是

横门[6]诛之。逾分干地者，诛之。故内无干令犯禁，则外无不获之奸[7]。

越出自己营区范围而进入别人营地的，都要被处死。所以内部就没有触犯禁令的人，外部就没有抓获不了的奸细。

注释

1 有：又。

2 府柱：旗杆，标志柱。

3 采薪刍牧：军队内部打柴放牧的勤杂人员。

4 吏属：指各级军官属下的辅佐人员。

5 节：符节，通行证。

6 横门：营门，这里指守卫军营大门的官兵。

7 奸：奸细，坏人。

束伍令第十六

导读

束伍令，即约束部队的有关条令法规。在篇中，作者详细介绍了战场上的各种奖惩赏罚制度，以及各级将吏对部属的惩罚权限，提倡用厚赏重罚来约束部队，鼓励和督促士兵奋勇杀敌，建功立业。秦国的军队之所以被称为"虎狼之师"，在战场上骁勇善战，无坚不摧，"魏氏之武卒不可以当秦之锐士"，就是受这样的法纪约束打造而成的。

原文

束伍[1]之令曰：五人为伍，共一符[2]，收于将吏之所。亡伍而得伍[3]，当之[4]；得伍而不亡，有赏；亡伍不得伍，身死家残。亡长[5]得长，当之；得长不亡，有赏；亡长不得长，身死家残。复

译文

约束部伍的法令规定：士兵五人编为一伍，共同签写一份五人联保的证书，收存在军中执法的将吏那里。在作战中，伍内的伤亡与杀伤敌人的数量相当，功罪可以互相抵消；消灭了敌方的一伍而自己伍内没有伤亡，就可以获得奖励；自己伍内有伤亡而又未能斩获敌方的伍人，全伍都处以死刑，并抄灭其全家。伤亡了己方的一名军官，但同时消灭了敌人的一名军官，功罪可以互相抵消；斩获了敌方的一

战得首长,除[6]之。亡将得将,当之;得将不亡,有赏;亡将不得将,坐[7]离地遁逃之法[8]。

战诛之法[9]曰:什长得诛十人,伯长得诛什长,千人之将得诛百人之长,万人之将得诛千人之将,左、右将军得诛万人之将,大将军[10]无不得诛。

名军官而自己的军官没有伤亡,可以得到奖赏;伤亡了自己的一名军官而没有能消灭敌人的一名军官,本部全处以死刑,并抄灭其全家。如果再战时能斩获敌方一名同一级别的军官,则可以免除前罪。伤亡了己方的一名将领,但同时消灭了敌人的一名将领,功罪可以互相抵消;消灭了敌方的一名将领而自己的将领没有伤亡,可以得到奖赏;伤亡了自己的将领而不能斩获敌方的将领,按放弃防地临阵脱逃之罪进行严惩。

战场惩处的法令规定:什长有权惩处所管辖的十个人,伯长有权惩处所属的什长,统率千人的将领有权惩处所属的伯长,统率万人的将领有权惩处所属统率千人的将领,左、右将军有权惩处所属统率万人的将领,大将军具有惩处任何一名士兵或将吏的无限权力。

注释

1 束伍:约束部队。

2 符:又称符信、伍符,一伍之人连保共同具结的文籍书状。《史记·冯唐列传》:"尺籍伍符。"裴骃《集解》引如淳语:"伍符,亦什伍之符,约节度也。"司马贞《索引》:"伍符者,命军人伍伍相保,不容奸诈。"

3 亡伍而得伍:前一"伍"为我方之"伍",后一"伍"为敌方之"伍"。 亡:伤亡。 得:俘虏或杀伤。

4 当之:意谓功罪相当,互为抵消。

5 长:指什长、伯长等军中指挥官。

6 除:除罪,免除,赦免。

7 坐：定罪、判罪。

8 离地遁逃之法：意谓按照临阵脱逃者的法令来严加惩处。

9 战诛之法：战场处罚定罪的法令。

10 大将军：全军最高统帅。

经卒令第十七

导读

经卒令，即部队组织管理，人员编列等方面的法令。作者主要论述了部队的编组及使用的军旗和佩戴的徽章。作者认为，必须按"经令"将部队分为三军，"左军苍旗，卒戴苍羽；右军白旗，卒戴白羽；中军黄旗，卒戴黄羽"。士兵应佩戴苍、赤、黄、白、黑五种颜色的徽章，分别置于首、项、胸、腹、腰，以此来区别部队，使部队队形整饬，条理分明，行动有序，进退如同一人，便于指挥。作者指出，通过这套办法来管理和约束部队，就可以做到"卒无非其吏，吏无非其卒"，"鼓之前如雷霆，动如风雨，莫敢当其前，莫敢蹑其后"，所向披靡，天下无敌，为夺取兼并战争的胜利提供强有力的保障。

原文

经[1]卒者，以经令分之为三分焉：左军苍旗，卒戴苍羽[2]；右军白旗，卒戴白羽；中军黄旗，卒戴黄羽。[3]

译文

对士兵进行编队，就是按照编队条令把他们分编为三个部分：左军用青色的旗帜，士兵佩戴青色的羽毛；右军用白色的旗帜，士兵佩戴白色的羽毛；中军用黄色的旗帜，士兵佩戴黄色的羽毛。

士兵佩戴有五种颜色的徽章：第一

卒有五章[4]：前一行苍章，次二行赤章，次三行黄章，次四行白章，次五行黑章。[5]次以经卒，亡[6]章者有诛。前一五行置章于首，次二五行置章于项，次三五行置章于胸，次四五行置章于腹，次五五行置章于腰。如此，卒无非[7]其吏，吏无非其卒。见非而不(诰)〔诘〕，见乱而不禁，其罪如之。

鼓行交斗，则前行进为犯难[8]，后行(进)〔退〕为辱众。逾[9]五行而前者有赏，逾五行而后者有诛。所以知进退先后，吏卒之功也。故曰：鼓之前如雷霆，动如风雨，莫敢当其前，莫敢蹑[10]其后，言有经[11]也。

行用青色徽章，第二行用红色徽章，第三行用黄色徽章，第四行用白色徽章，第五行用黑色的徽章。按照这种次序对士兵进行编队，丢失徽章的要判处死刑。第一个五行把徽章佩戴在头上，第二个五行把徽章佩戴在脖子上，第三个五行把徽章佩戴在胸前，第四个五行把徽章佩戴在腹部，第五个五行把徽章佩戴在腰间。这样一来，士兵就不会认错他的军官，军官也就不会认错他的士兵。如果见到差错而不加以盘问，发现混乱而不加以制止，那么他的罪过就和违背军令者相同。

擂鼓进兵同敌人格斗交锋，那么向前进击就是敢于战斗不怕牺牲，往后退却就是贪生怕死玷污大家。超越前面五行而冲锋在前的予以奖赏，落在本五行后面退缩不前的要被斩首。这样就能了解队伍进退先后的情况，就能分清官兵的功过是非了。所以说：战鼓一旦擂响，将士前进如同雷霆那样迅疾，行动如同暴风雨那样猛烈，没有敌人敢在前面阻挡，也没有敌人敢在后面跟踪，这说的就是军队编制合理、治理得当。

注释

1 经：管理，统辖，编组的意思。

2 羽：羽毛。军中士卒佩戴以作为识别的标志。

3 以上三军方位与所配颜色与古人五方配五色的说法相符，即面南为向，左青右白，前赤后墨，中间黄色。这在《礼记·月令》《逸周书·小开武》《墨子·贵义》《管子·幼官》中皆有记载。

4 章：徽章，军中士卒佩戴以作为队列次序的标志。

5 以上各行列按次序佩戴不同颜色的徽章，与《礼记·月令》所记载的木青、火赤、土黄、金白、水黑的五行之色的次序相吻合，由此可见五行学说对军阵编队排列的影响。兵阴阳成为兵学四大流派之一，不是偶然的。

6 亡：丢失、遗失。

7 非：这里是指错认、弄错。

8 犯难：进赴危难，勇往直前。

9 逾：超过。

10 蹑：跟踪，追随。

11 经：意谓编组合理，管理到位。

勒卒令第十八

导读

勒卒令，即约束管理士兵的法令。但本篇的中心内容论述的却是金、鼓、铃、旗等古代指挥工具的作用和使用方法，以此来整饬队列，统一军令，整训士卒。古代军队缺乏先进的通信手段，指挥军队行动和作战完全是靠金、鼓、铃、旗，即《军政》中所说的，“视不相见，故为旌旗；声不相闻，故为金鼓”。因此，有必要使部队官兵熟悉金、鼓、铃、旗各种指挥信号，并严格按照号令行动，所谓“金、鼓、铃、旗，四者各有法”，“鼓失次者有诛，喧哗者有诛，不听金、鼓、铃、旗而动者有诛”。从而使部队做到令行禁止，步调一致。即如《孙子兵法》所言：“一人之耳目”，“使勇者不得独进，怯者不得独退”。

作者在本篇中还论述了军事训练的步骤和方法，认为部队训练有素，纪律严明，指挥有方，那么就能“败敌而制其命”。作者指出，指挥作战，必须预先制订好作战计划，提前定下决心，否则“计不先定，虑不蚤决，则进退不定，疑生必败”。在战争中，作战指导者必须灵活机动，奇正配合，避实击虚，“正兵贵先，奇兵贵后，或先或后，制敌者也”。如此，则可达到“方亦胜，圆亦胜，错斜亦胜，临险亦胜”的目的，机动灵活，应付裕如，进退有节，攻守得宜，真正成为胜利的主宰！

原文

金、鼓、铃、旗[1]，四者各有法[2]：鼓之则进，重[3]鼓则击。金之则止，重金则退。铃，传令也。旗，麾[4]之左则左，麾之右则右。奇兵则反是。一鼓一击而左，一鼓一击而右。一步一鼓，步鼓也；十步一鼓，趋[5]鼓也。音不绝，骛[6]鼓也。商[7]，将鼓也；角，帅鼓也；小鼓，伯鼓也。三鼓同，则将、帅、伯其心一也。奇兵则反是。鼓失次[8]者有诛，喧哗者有诛，不听金、鼓、铃、旗而动者有诛[9]。

译文

金、鼓、铃、旗，这四种指挥工具各有自己的用法：击鼓是命令军队前进，再一次击鼓是命令军队发起攻击。鸣金是命令军队停止战斗，再一次鸣金是命令军队向后退却。铃，是用来传达上级命令的。旗帜向左挥动，部队就向左移动；旗帜向右挥动，部队就向右移动。但是奇兵作战时的指挥信号与此相反。有时击鼓一下出击一次而向左转，有时击鼓一下出击一次而向右转。走一步击一下鼓，这是命令部队整齐步伐的鼓声；走十步击一下鼓，这是命令部队快步前进的鼓声。鼓声隆隆不断，这是命令部队跑步冲锋的信号。发出商音的鼓，是将用的鼓；发出角音的鼓，是帅用的鼓；发音细小的鼓，是伯长用的鼓。这三种鼓声和同，表示将、帅、伯长的指挥意图一致。但奇兵在这方面的用法正好相反。击鼓不按规定出了差错的要被砍头，大声喧哗吵闹的要被砍头，不听从金、鼓、铃、旗的指挥而擅自行动的要被砍头。

注释

1 金、鼓、铃、旗：古代作战时将帅用以发号施令的四种指挥工具。

2 法：法则、规矩。

3 重：再一次，重复的意思。

4 麾：挥向，指向，挥动。

5 趋：疾步行走，小步快走。

6 骛：疾驰，奔跑。

7 商：与下文的“角”皆为古代五音之一。五音即宫、商、角、徵、羽等五个音节。其中商音急促，角音圆长，在古代军中分别表示将鼓与帅鼓。

8 失次：次序错乱、不符合规矩。

9 “有诛”句：可参见《管子·兵法》：“三官不缪，五教不乱，九章著明，则危危而无害，穷穷而无难。故能致远以数，纵强以制。三官：一曰鼓。鼓所以任也，所以起也，所以进也。二曰金。金所以坐也，所以退也，所以免也。三曰旗。旗所以立兵也，所以制兵也，所以偃兵也。此之谓三官有三令，而兵法治也。”

原文

百人而教战[1]，教成合之千人；千人教成，合之万人；万人教成，会之于三军。三军之众，有分有合，为大战之法，教成，试之以阅[2]。方[3]亦胜，圆[4]亦胜；错邪[5]亦胜，临险亦胜。敌在山，缘而从之；敌在渊，没而从

译文

以百人为单位来进行军事训练，训练完成后，再集合千人进行训练；千人训练完成后，再集中万人进行训练；万人训练完成后，再集合全军统一进行训练。全军统一进行训练时，有分散有集中，这是训练大规模作战的方法。全军训练完成后，即举行演习校阅，来考核检查训练的效果。〔经过这样严格训练的军队〕，作战时用方阵能够取胜，摆圆阵也能够取胜；在错综复杂的地形上作战能取胜，在险要阻厄的环境下作战也能取胜。敌人在山上，便攀登上山进攻它；敌人在深潭，便潜入水中攻击它。寻

之。求敌若求亡子，从之无疑。故能败敌而制其命。

敌决战就像寻找丢失的孩子那样迫切，实施追击毫不迟疑，所以能击败敌人而制敌于死地。

注释

1 教战：对部队进行作战的训练。

2 阅：校阅、检阅。

3 方：排列成方阵。

4 圆：布列成圆阵。

5 错邪：这里指地形错综复杂。

原文

夫蚤[1]决先(敌)〔定〕。若计不先定，虑不蚤决，则进退不定，疑生必败。故正兵贵先，奇兵贵后，[2]或先或后，制[3]敌者也。世将不知法者，专命[4]而行，先击而勇，无不败者也。其举有疑而不疑，其往有信而不信，其致有迟疾[5]而不迟疾。是三者，战之累[6]也。

译文

用兵打仗要早早抉择方略，预先制订计划。如果计划不事先制订，方略不早早决断，那么部队就会进退失据，疑虑丛生，这样必将招致失败。所以正兵贵在先发制人，奇兵贵在后发制人，但不论是先发制人，还是后发制人，其目的都是为了最终克敌制胜。当今世上一些平庸的将领不懂得这种奇正变化的用兵法则，狂妄自大独断专行，抢先攻击而逞能称勇，这样便没有不遭到失败的。起兵之时有可疑之处但却不以为疑，进兵之时形势明明有利但却疑惑不信，进行战斗时当快而不快，该慢而不慢。这三种情况，都是作战中的危害。

注释

1 蚤:通“早”,提前。

2 正兵贵先,奇兵贵后:用于正面抗衡的主力部队,最好是先发制人;用于出奇制胜的机动部队,战法上最好采取后发制人的方法。

3 制:克敌制胜,制服对手的意思。

4 专命:刚愎自用,独断专行的意思。

5 迟疾:缓急、快慢、迅徐的意思。

6 累:连累,负担,阻碍,这里作危害解。

将令第十九

导读

将令，指国君任命将帅的有关仪式和条令，可以参阅《六韬·龙韬·立将》。作者指出，国家遇有战事，国君当召集臣僚进行“庙算”，商议对策，挑选担任将帅的人选，然后举行隆重的命将仪式，宣布将帅职权，申明“军无二令”的原则，确立将帅的权威。而将帅接受任命后，则要向君主表示效忠，同时向部队申明军纪，以确保部队服从命令，听从指挥。

原文

将军受命，君必先谋于庙[1]，行令于廷[2]。君身以斧钺授将[3]，曰：“左、右、中军，皆有分职[4]。若逾分[5]而上请者死。军无二令，二令者诛，留令[6]者诛，失令[7]者诛。”将军告曰：“出国门[8]之外，期日中[9]，

译文

将帅奉命出征，国君必定要先在宗庙里谋划决策，然后在朝廷上正式发布命令。国君亲自把象征军权的斧钺授予将帅，并宣布说：“左、中、右三军，都有各自的职责，如有越级向上请示的处以死刑。军中不容许主将以外的人发号施令，凡是擅自发令的严惩不贷，凡是稽留命令的严惩不贷，凡是贻误命令的严惩不贷。”将军接受任命后向部下宣布说：“出了国都城门之外，以中午为

设营表[10]置辕门[11]期之，如过时则坐法[12]。”将军入营，即闭门清道。有敢行者诛，有敢高言[13]者诛，有敢不从令者诛。

集合期限，在军营门口设置计时表柱，等待将士按时前来报到，如超过时间不到，就依照军法定罪惩处。”将帅进入军营之后，立即下令关闭营门，实行戒严，禁止通行。有敢擅自随意走动者严惩不贷，有敢高声喧哗者严惩不贷，有敢不服从命令者严惩不贷。

注释

1 庙：祖庙，太庙。也是古代商议军国大事，作出战略决策的场所。

2 廷：朝廷。

3 身：亲身、亲自的意思。 斧钺：古代执行军法用的两种兵器，也是统率军队的立威标志与权力象征。

4 分职：各自的职权，职责。

5 逾分：超越职权范围。

6 留令：截留，滞留军令。

7 失令：贻误军令的意思。

8 国门：国都的城门。

9 期：约定时间。 日中：正午，中午。

10 营表：军队大营之中根据日影测定时间的标杆。

11 辕门：军营的营门。古代军队在野外宿营屯驻，常常以战车环绕为垣，出入之处立两车辕相向为门，故称辕门。

12 坐法：因触犯法禁而受到严厉的惩罚。

13 高言：高声喧哗，大声说话的意思。

踵军令第二十

导读

踵军令，即部队向战场开进时的序列及其有关规定的法令。作者指出，部队平时屯驻各地，分守“要塞关梁”，一旦遇到战事，则应迅速动员，快捷集中。在向战场开进的过程中，应该根据作战任务与性质的不同，将部队分为“踵军”“大军”“兴军”“分卒”四个部分，其先后顺序是分卒在前担任搜索、警戒任务，其次是兴军即尖兵部队，再次是踵军即前卫部队，然后是大军即主力部队，彼此衔接，依次开进，互相策应，各尽其职。这种行军序列称为“四奇之内”，作者认为如此行军开进，稳妥且有利于发挥战斗力。作者还主张严明战场纪律，加强战场警戒，以保证部队的安全和作战的胜利。

原文

所谓踵军[1]者，去大军[2]百里，期于会地[3]，为三日熟食，前军而行，为战合之表[4]，合表乃起。踵军

译文

所谓踵军，通常与主力部队相距一百里，按规定时间到达集结的地点，准备好三天的干粮，先于主力部队出发，并与主力部队预先约定好行动信号，一旦信号验合无误，就展开行动。踵军行动之前，应用酒肉犒赏士兵，使部队保持高昂的斗

飨士[5],使为之战势,是谓趋战[6]者也。

兴军[7]者,前踵军而行,合表乃起。去大军一倍其道,去踵军百里,期于会地,为六日熟食,使为战备。分卒[8]据要害,战利则追北[9],按兵而趋之[10]。踵军遇有还者,诛之。所谓诸将之兵,在四奇[11]之内者胜也。

志,这就是所说的趋战了。

所谓兴军,是先于踵军出发的部队,一旦战表验合无误,就立即展开行动。它与主力部队相隔的距离比踵军远一倍,与踵军则相距一百里。也要按规定时间到达集结的地点,准备好六天的干粮,在到达指定地点后要作好战斗的准备。分散的机动部队据守各个要塞,当大军战斗顺利时就乘机出击追逐败退的敌军,平时情况下则约束持重随时准备奔赴战斗。踵军若遇到有逃回来的士兵,就按律对其处以死刑。众将率领的士兵,在兴军、踵军、分卒和大军等四部之内如果都能各自忠于职守,那么行军作战就都有了胜利的保证。

注释

1 踵军:古代军队出征时先头部队中的一支,其部署及行动的次序在“大军”之前,“兴军”之后。

2 大军:指主力部队,大部队。

3 会地:部队会合的地点。

4 表:表记,这里是指军中传达命令的符节之类的信物。

5 飨士:指在战前用酒肉等食物犒赏将士。

6 趋战:激励士气,准备投入战斗。

7 兴军:古代军队出征时先头部队中的一支,其部署与行动的次序在诸军之前。

8 分卒:分散行动,机动作战的小部队。

9 追北：追逐败逃的敌军。
10 趋之：意谓随时准备投入战斗。
11 四奇：指军队作战时，按照不同作战任务划分的兴军、踵军、分卒、大军等四个部分。

原文

兵有什伍，有分有合，豫为之职[1]，守要塞关梁而分居之[2]。战合表起，即皆会也。大军为计日之食，起，战具无不及也。令行而起，不如令[3]者有诛。

凡称分塞[4]者，四境之内，当兴军、踵军既行，则四境之民，无得行者。奉王之命，授持符节，名为顺职之吏[5]。非顺职之吏而行者，诛之。战合表起，顺职之吏乃行，用以相参[6]。故欲战，先安内也。

译文

军队的编制有什有伍，兵力的使用有集中也有分散，预先规定好各自的职责，分别扼守要塞、关卡和桥梁，做到分区驻防。一旦战争爆发，就验合战表开始行动，都向规定的地点集结。主力部队按规定的天数准备好干粮，展开行动时，各种作战用具都要准备齐全。命令一下就迅速出发，凡是不按命令行动的就要被处死。

凡是担任分散据守各要塞的部队，在四周边境的范围内，当兴军、踵军已开始行动时，就负责做到不让四周边境范围内的民众随便通行。只有奉有国君命令并持有所授符节的，叫作传达任务的官吏，才能准予通行。不是传达命令的官员而擅自通行的，应予以严惩。战争爆发，各部验合战表开始行动，这时传达任务的官吏就同时出发，进行联络，参谋军事。所以若要进行战争，就必须首先安定好自己的内部。

注释

1 豫为之职:意谓行动之前预先规定好各自的职责。

2 关:关口,关隘。 梁:桥梁,渡口。此处泛指水陆要害之地,为兵家所必争。

3 如令:按照军令行动。

4 分塞:分守要塞。

5 顺职之吏:指执行上级赋予使命的官吏。

6 参:检查、监督,一说参谋军事。译文取后说义。

兵教上第二十一

导读

兵教，即军队的训练原则与方法。作者指出，军事训练的目的旨在强化将士的纪律性，提高部队的战斗力，“所以开封疆，守社稷，除患害，成武德也”。作者认为，加强部队的训练“在乎兵教之法”，为此，作者详细论述了军事训练的方法、步骤和内容。具体而言就是要循序渐进，重在基础，由浅入深，由单兵到多兵，由小分队到大部队，由分散到合成，由技术到战术，有条不紊，期于必成。作者指出，要保证训练的效果和质量，必须严格训练纪律，从难从严要求部队，即所谓“明刑罚，正劝赏”，“习戚以成其节，乃为之赏罚”。认为只有严格纪律，才能“令民从上令，如四支应心也”；才能“令民背国门之限，决死生之分，教之死而不疑者”；才能“令守者必固，战者必斗”，达到“破坚如溃”、克敌制胜的目的。

原文

兵之教令[1]，分营居陈，有非令而进退者，加犯教之罪[2]。前行者，前行教之；后行

译文

军队的训练条令规定：士卒在分设营垒和布列阵势的训练中，凡是违背命令而擅自进退的，都以违犯训练条令之罪论处。前行的士兵，由前行的军吏负责训练；后行的士兵，由后行的军吏负责

者，后行教之；左行者，左行教之；右行者，右行教之。教举[3]五人，其甲首[4]有赏；弗教，如犯教之罪。罗地[5]者，自揭其伍，伍内互揭之，免其罪。

凡伍临陈[6]，若一人有不进死于敌，则教者如犯法者之罪。凡什保什，若亡一人而九人不尽死于敌，则教者如犯法者之罪。自什已上至于裨将[7]，有不若法者，则教者如犯法者之罪。凡明刑罚，正劝[8]赏，必在乎兵教之法。将异[9]其旗，卒异其章。左军章左肩，右军章右肩，中军章胸前，书其章曰"某甲某士"。前后章各五行，尊[10]章置首上，其次差降之[11]。

训练；左行的士兵，由左行的军吏负责训练；右行的士兵，由右行的军吏负责训练。训练好了五人，那么负责训练的甲首可以得到奖赏；如果军吏不组织训练，就按照违犯训练条令之罪论处。有擅离训练场地的，应由同伍的人自己揭发，同伍之内的人如能互相揭发问题，可以免予论罪。

凡是同伍的人临阵作战，如果其中有一人不向前与敌人拼死搏斗，那么负责训练的人就和犯法的士兵同罪。同一什内的人互相联保，倘若伤亡一人而其余九人不尽力与敌人死战，那么负责训练的人就和违犯军法的人同罪。从什长以上直至副将，如有人不依照训练条令行动，那么负责训练的各级官吏就和犯法的人同罪。凡是要做到严明刑罚，公正奖赏，必须在平时的训练中贯彻实施有关的训练条令。将领各自使用不同的旗帜，士兵各自佩戴不同的徽章。左军的士兵徽章佩在左边，右军的士兵徽章佩在右边，中军的士兵徽章佩在胸前。徽章上要分别写明"某单位某人"。每军佩戴徽章的士兵各成前后五行，第一行把徽章戴在头上，其余各行依次降低佩戴徽章的位置。

注释

1 教令:有关军事训练的规定与律令。

2 犯教之罪:违犯教令的罪过。

3 举:全部,一切,皆的意思。

4 甲首:甲士之首,这里是指代教官。

5 罗地:离地,指离开训练场地,无法参加训练。

6 临陈:意谓投入战斗。陈,同"阵"。

7 什:什长。 裨将:副将,偏将。

8 劝:鼓励,勉励。

9 异:不同于,区别于。

10 尊:上、首,此处指第一行。

11 次:次行,第二行。 差:等级、次序。 降:下移、下降。

原文

伍长教其四人,以板为鼓,以瓦[1]为金,以竿为旗。击鼓而进,低旗则趋,击金而退。麾而左之,麾而右之,金鼓俱击而坐[2]。伍长教成,合之什长;什长教成,合之卒长[3];卒长教成,合之伯长;伯长教成,合之兵尉[4];兵尉教成,合之裨将;裨将教

译文

伍长训练伍内其他四人时,以木板当作鼓,以瓦器当作金,以竹竿当作旗。击鼓就前进,把旗放低就快步奔走,鸣金就后退。旗向左挥就向左运动,旗向右挥就向右运动,金鼓齐鸣就排好跪坐之阵。伍长训练就绪后,合起来由什长来训练;什长训练就绪后,合起来由卒长来训练;卒长训练就绪后,合起来由伯长来训练;伯长训练就绪后,合起来由兵尉来训练;兵尉训练就绪后,合起来由裨将来训练;裨将训练就绪后,合起来由大将来训练。大将训练全军,在

成,合之(太)〔大〕将。大将教之,陈于中野[5]。置大表三,百步而一。既陈,去表百步而决[6],百步而趋,百步而鹜。习战以成其节,乃为之赏法[7]。自尉吏[8]而下尽有旗。战胜得旗者,各视其所得之爵,以明赏劝之心。

野外布列阵势。设立大标柱三个,每隔一百步竖立一个。列阵完毕,离开标柱第一个百步时演习齐步前进,离开标柱第二个百步时演习快步前进,离开标柱第三个百步时演习跑步前进。通过演习各种战斗要领,来达到训练有素成为节制之兵的目的,并制定具体的奖赏规定。自兵尉以下的各级军官都有用于指挥的旗帜。战胜敌人夺得对方旗帜的,分别按照所缴获旗帜所代表的官爵,予以相应的奖励,以此来表明有功必赏的意图和决心。

注释

1 瓦:瓦器,土制的器皿。

2 坐:古代步兵的一种单兵战术动作,近似于单腿跪姿。秦陵兵马俑中就有单腿跪姿的兵俑。

3 卒长:管辖二十五人的基层军官,其地位与权力在什长之上、伯长之下。

4 兵尉:管辖一千人的高级军官,其地位与权力在左右将之下、伯长之上。

5 中野:野外,原野。

6 决:开始,起步。

7 赏法:疑当作"赏罚"。参见《直解》《汇解》。

8 尉吏:即兵尉。

原文

战胜在乎立威，立威在乎戮力[1]，戮力在乎正罚。正罚者，所以明赏也。

令民背[2]国门之限，决死生之分，教之死而不疑者，有以[3]也。令守者必固，战者必斗；奸谋不作，奸民不语；令行无变，兵行无猜；轻者若霆，奋敌[4]若惊；举功别[5]德，明如白黑。令民从上令[6]，如四支[7]应心也。前军绝行乱陈，破坚如溃者，有以也。

此之谓兵教，所以开封疆，守社稷，除患害，成武德也。

译文

战胜敌人在于树立军威，树立军威在于全军将士同心协力，同心协力在于刑罚公正。刑罚公正，乃是用以彰明奖赏的基本手段。

使士兵背井离乡出国作战，在生死关头作出勇敢抉择，拼死战斗而毫不犹豫，这是由于赏罚分明。务使防御的守必坚固，进攻的战必敢斗；阴谋诡计不能产生，奸人刁民不敢造谣；命令贯彻不会走样，部队行动没有疑虑；轻装疾进迅似雷霆，奋勇杀敌势如快马；提拔有功表扬贤德，如同黑白一样分明。这样就能使得士兵服从上级的命令，就像人的四肢听从心灵的支配指挥一样。前锋部队冲垮敌人的行列，打乱敌人的阵势，攻破敌人的坚固阵地，就像是洪水决堤一样的汹涌澎湃，势不可挡，这是军队训练有素的结果。

以上这些就是所说的军队训练，它是用来开拓疆域，守卫国家，清除祸患，成就武功的重要手段。

注释

1 戮力：合力，并力，意谓齐心协力。

2 背：离开，离别，告别。

3 以：原因，缘故。

4 奋敌：攻击敌人，奋勇杀敌。

5 别：甄别，区分。

6 令民从上令：让普通民众顺从、遵从上级的命令。《孙子·计篇》："道者，令民与上同意也。"其义相近。

7 四支：四肢。

兵教下第二十二

导读

本篇是对前一篇内容与相关“兵教”要领的进一步申论。作者强调指出，国君在教练军队时，必须高明地掌握十二条方法：一是“连刑”，二是“地禁”，三是“全车”，四是“开塞”，五是“分限”，六是“号别”，七是“五章”，八是“全曲”，九是“金鼓”，十是“陈车”，十一是“死士”，十二是“力卒”。作者认为只要“此十二者教成”，就能在当时的兼并统一战争中把握主动，立于不败之地，“并兼广大，以一其制度，则威加天下”，是谓“必胜之道”。作者还论述了兴兵作战必须知彼知己，知天知地，衡量敌我双方的优劣得失之必要性与重要性，所谓“凡兴师，必审内外之权”，“兵有备阙，粮食有余不足，校所出入之路”等等，在此基础上，吊民伐罪，“兴师伐乱”。在具体的作战过程中，作者强调“伐国必因其变”，即必须善于观察敌情，把握和利用战机，并根据敌情的变化，灵活机动地采取不同的战法，从而制敌之命，夺取胜利，这就是《宋史·岳飞传》中所说的“阵而后战，兵法之常；运用之妙，存乎一心”。

原文

臣闻人君有必胜之道，故能并兼广大，以

译文

臣下我听说国君掌握了军事上的必胜之道，就能兼并列国，扩大疆域，实

一其制度，则威加天下。有十二焉：一曰连刑[1]，谓同罪保伍也；二曰地禁[2]，谓禁止行道，以网[3]外奸也；三曰全车[4]，谓甲首相附，三五[5]相同，以结其联也；四曰开塞[6]，谓分地以限，各死其职而坚守也；五曰分限[7]，谓左右相禁，前后相待，垣车为固，以逆以止也；六曰号别[8]，谓前列务进，以别其后者，不得争先登不次也；七曰五章[9]，谓彰明行列，始卒[10]不乱也；八曰全曲[11]，谓曲折相从[12]，皆有分部也；

行统一的制度，从而威震天下。具体说来，这有十二个方面的内容：一是连刑，即是说士兵有罪同当，伍人相保；二是地禁，即禁止在军营的通道上随意走动，以便捕获外来的奸细；三是全车，即每乘战车上的甲士互相协同配合，车与车之间协调一致，从而联成一个整体；四是开塞，即划分地段作为防区，各部都能忠于职守坚守阵地，至死不渝；五是分限，即营阵左右互相警戒，前后互相策应，环绕排列战车，构成坚固的营垒，以便迎击敌人和保障宿营安全；六是号别，即是说前面的行列一定要努力前进，以示有别于后面的行列，后列部队不得争抢头功捷足先登，以免造成次序混乱；七是五章，即是说要用五种颜色的徽章标明不同的行列，以保持队形自始至终不致混乱；八是全曲，即各部之间互为犄角，彼此策应，都有各自分管的区域；

注释

1 连刑：即连保，连坐之法。

2 地禁：指军营之内，各部队划分驻地，互为禁区。

3 网：网罗，这里是捕获的意思。

4 全车：指各辆战车所配属的甲士、徒卒齐装满员。

5 三五:即“参伍”。指战车所配属的徒兵的排列。《通典》卷一四八及《太平御览》卷二九八记载:“凡立军,一人曰独,二人曰比,三人曰参,比参曰伍,五人为列(烈)。”
6 开塞:设置要塞的意思。
7 分限:意同“地禁”,即各部队划分营区的界线。
8 号别:标志徽章的区别。号,标志,标记。
9 五章:指士卒所佩戴的青、赤、黄、白、黑五种颜色的徽章。
10 始卒:始终。卒,终结、最后。
11 全曲:指军队各部分的人员配备齐全。曲,部曲,古代军队的编制单位。
12 曲折相从:意谓各部队之间互为犄角,彼此支援与策应。

原文

九曰金鼓,谓兴有功,致有德[1]也;十曰陈车[2],谓接连前矛[3],马冒其目[4]也;十一曰死士[5],谓众军之中有材力者,乘于战车,前后纵横,出奇制敌也;十二曰力卒[6],谓经[7]旗全曲,不麾不动也。此十二者教成,犯令不舍[8]。兵弱能强之,主卑能尊之,令弊能起之,民流[9]能亲之,人众能治之,地大

译文

九是金鼓,即激励将士杀敌立功,为国尽忠;十是陈车,即把战车前后依次连接成阵,遮罩好战马的双目以免受惊奔驰;十一是死士,即是说从全军中挑选武艺高强而又勇敢的士兵,乘着战车,忽前忽后,忽左忽右,纵横冲杀,突然掩袭,出奇制胜,击败敌人;十二是力卒,是说选拔得力的士卒掌管旌旗,协调全军,使部队未获号令不得擅自行动。以上这十二个方面训练完成后,倘若有谁违犯军令,绝不宽恕。这样,军队原先战斗力薄弱的就能变得强大,国君原先地位卑微的就能显得尊贵,法令原先废弛的就能得到整肃,流散的民众能够重新归附,众多的人口能得到有序治理,

能守之。国车不出于阃[10]，组甲不出于橐，而威服天下矣。

广大的国土能够牢牢守住。国都中的战车不用驾出郭门，将士们的铠甲不必打开套子，就可以威服天下了。

注释

1 致有德：意谓为国尽忠，彰显大德。
2 陈车：以战车布列阵形。陈，同“阵”。
3 前矛：前锋，先头部队。
4 马冒其目：指蒙罩住战马的眼睛，以防其惊驰，扰乱阵形。冒，蒙，罩上。
5 死士：敢于搏杀，临危不惧，视死如归的勇士。
6 力卒：强健有力的士卒。
7 经：掌管。
8 舍：通“赦”，赦免，宽贷的意思。
9 流：流散，流离失所。
10 阃(kǔn)：门槛，这里指国都城门。

原文

兵有五致[1]：为将忘家，逾垠忘亲[2]，指敌忘身，必死则生，急胜为下。百人被刃[3]，陷行乱陈；千人被刃，擒敌杀将；万人被刃，横行天下。

武王问太公望曰：

译文

用兵打仗要做到五条：受命为将就要忘掉自己的家庭，越过国境线后就要忘掉自己的双亲，临阵对敌时就要忘掉自身的安危，抱着必死的决心去战斗就能生存，急于寻求胜利就设法调动部下的积极性。一百人拼死作战，就可以摧垮敌阵；一千人殊死拼搏，就可以擒敌杀将；一万人奋勇战斗，就可以所向披靡，无敌于天下。

"吾欲少间而极用人之要[4]。"望对曰:"赏如山,罚如谿。[5]太上无过,其次补过,使人无得私语[6]。诸[7]罚而请不罚者死,诸赏而请不赏者死。"

周武王曾问太公望说:"我想在极短的时间内洞悉掌握用人的要诀。"太公望回答说:"奖赏有功要像高山那样坚定不移,惩罚有过要像深溪那样不可动摇。执行赏罚最好的是不发生过失,其次是有了过失能及时予以补救。这样就不会使人私下议论纷纷了。凡是有罪当罚而请求不罚的要处以死刑,凡是有功当赏而请求不赏的也要处以死刑。"

伐国必因[8]其变,示[9]之财以观其穷,示之弊以观其病,上乖[10]者下离。若此之类,是伐之因[11]也。

攻伐敌国,必须利用它内部的变乱,考察敌方的财政状况来了解它贫穷的程度,考察敌方的政治弊端来发现它的危机所在,上面君主暴虐无道,下面民众就势必离心离德。像这一类情形,就是进行攻伐的有利条件。

注释

1 致:达到,做到,达成目标。

2 亲:这里指父母。

3 被刃:指敢于冒着刀锋剑刃的杀伤,拼死作战。被,冒,受。

4 少间:短时间,尽快。　极:穷尽,这里是指洞悉,完全了解。

5 赏如山,罚如谿(xī):指赏罚必严必重,没有任何动摇的余地。

6 私语:私下随便议论。

7 诸:凡,一概。

8 因:根据,利用,凭借。

9 示:显示,这里指观察,考察。

10 乖:背离,违逆,相反。

11 因:原因。此处是指可资利用的有利因素,有利条件。

原文

凡兴师,必审[1]内外之权,以计其去[2]。兵有备阙[3],粮食有余不足,校所出入之路[4],然后兴师伐乱,必能入之。地[5]大而城小者,必先收[6]其地;城大而地窄者,必先攻其城;地广而人寡者,则绝其阨[7];地狭而人众者,则筑大堙[8]以临之。无丧其利,无夺其时,宽其政,夷[9]其业,救其弊,则足以施天下。

译文

凡是兴兵作战,必须考察权衡敌我双方的形势优劣,来计议确定自己的去就进退。了解兵力是充足还是缺乏,粮食是富裕还是不足,探明部队所要经过道路的险易情况,然后再起兵讨伐暴乱,这样就必定能攻入敌国。敌国国土广大而城池狭小的,必须先占领它的土地;敌国城池很大而领土狭小的,必须先攻占它的城池;领土广大而人口稀少的,就先切断它的险要之处;领土狭窄而人口众多的,就构筑土山居高临下攻其城池。在所占领的敌国,要做到不损害其民众的利益,不耽误其民众的农时,实行宽大的政策,安定民众的生活,拯救民众的疾苦,这样就足以对天下发号施令了。

注释

1 审:审视,权衡,分析评估。

2 计:计划,决定。　去:去就,进退。

3 备:完备,充足,准备就绪。　阙:通“缺”,缺乏,不足。

4 校:校验,评估。　出入之路:意谓军队进攻或退却的道路。

5 地:城外郊野之地。

6 收:攻占,占领的意思。

7 阨：险要之地。

8 堙(yīn)：指为进攻城池而堆筑的土山。

9 夷：平。这里指安定。

原文

今战国[1]相攻，大伐有德。自伍而两[2]，自两而师[3]，不一其令。率俾民心不定[4]，徒尚骄侈，谋患辩讼，吏究其事，累且败也。日暮路远，还有挫气，师老[5]将贪，争掠易败。

凡将轻[6]、垒卑[7]、众动[8]，可攻也；将重、垒高、众惧，可围也。凡围，必开其小利，[9]使渐夷弱[10]，则节吝[11]有不食者矣。众夜击者，惊也；众避事者，离也；待人之救，期战而蹙[12]，皆心失而伤气也。伤气败军，曲谋[13]败国。

译文

如今各征战之国互相攻击，大举进兵侵犯那些施行德政的国家。军队自伍到两，自两到师，不能统一号令。常常使得民心不定，只知道崇尚骄横奢侈。内部图谋不轨，争讼吵闹无休无止，执法军吏忙于追究这些事情，弄得损耗精力贻误大事。天色已晚，路途遥远，还师罢军，挫伤士气，军队久战疲惫，将领贪功恋战，士兵争相劫掠，这样的军队很容易被打败。

凡是敌将轻佻，营垒低矮，军心动摇的，就可以进攻它；凡是敌将持重，营垒高厚，军心恐惧的，就可以围困它。凡是围困敌人，必须虚留缺口使它抱有一线希望，从而使得敌人实力逐渐削弱，直到最后即使节省粮食也没有饭可吃。敌军夜间敲打器物，这是惊恐不安的表现；敌军官兵躲避公差，这是离心离德的表现；坐等他人的救援，临战局促不安，这都是信心消失士气沮丧的表现。士气沮丧就会导致军队溃败，谋略错误就会导致国家灭亡。

注释

1 战国:相互敌对并彼此互相攻伐的国家。

2 两:古代军队的编制单位,一般以二十五人为一两。

3 师:古代军队的编制单位。《周礼·小司徒》:“五人为伍,五伍为两,四两为卒,五卒为旅,五旅为师。”通常以二千五百人为一师,也有人认为应该是以一万人为一师。

4 率:通常,一般。　俾:使,使得。

5 老:疲敝、衰弱。指军队士气低落,斗志缺乏。

6 轻:轻佻,不稳重。

7 卑:卑下,低矮,防御能力很弱。

8 众动:指军心动摇,喧哗骚动。

9 凡围,必开其小利:指围城时,一定要给被围之敌留有缺口,保留一线生机,以瓦解对手死战到底的决心和斗志。《孙子·军争篇》云“围师必阙”,也是这个意思。

10 夷弱:消耗、削弱的意思。

11 节吝:节俭,节省,节约。

12 蹙:局促不安。

13 曲谋:错误的谋划和决策。

兵令上第二十三

导读

兵令，按字面的理解，应该是阐述军事法令。但本篇的重点却是阐述战争的目的以及军事与政治的关系，成为《尉缭子》一书有关战争观念的集中反映。作者认为："兵者，凶器也；战者，逆德也。争者，事之末也。"尽管如此，却不宜修文偃武，废除兵备。因为战争也同样可以"伐暴乱，本仁义焉。战国则以立威、抗敌、相图，而不能废兵也"。这与《司马法·仁本》所说的"故国虽大，好战必亡；天下虽安，忘战必危"，实有异曲同工之妙。所以应倡导"义战"而反对"不义"之战。

作者在本篇中还探讨了战争与政治的关系，朴素地认识到战争是政治的继续这一本质，指出所谓战争，乃是"以武为植，以文为种；武为表，文为里"，从而揭示了政治即文，是内在本质，军事即武，是外在表象，政治与军事同为一体，有主有次，互为表里的主属关系，并且深刻阐明了"能审此二者，知胜败矣"。在本篇中，作者还从兵形势家"轻疾制敌"的用兵特征出发，论述了作战指挥的一些基本原则，如集中兵力，"专一则胜，离散则败"；奇正相生，出奇制胜，"善御敌者，正兵先合，而后扼之，此必胜之术也"。此外，作者在本篇中还详细论述了各种阵势的布列方法。可谓内容富赡，论析精辟，新义迭出，异彩纷呈。

原文

兵者，凶器也；战者，逆德也；[1]（事必有本）〔争者，事之末也〕。故王者伐暴乱，本仁义焉。战国则以立威、抗敌、相图[2]，而不能废兵也。

兵者，以武为植[3]，以文为种[4]；武为表，文为里。能审[5]此二者，知胜败矣。文所以视利害，辨安危；武所以犯强敌，力攻守也。

专一[6]则胜，离散[7]则败。陈以密则固，锋以疏则达[8]。卒畏将甚于敌者胜，卒畏敌甚于将者败。所以知胜败者，称[9]将于敌也。敌与将，犹权衡[10]焉。安静[11]则治，暴疾[12]则乱。

译文

军队，是杀人的凶器；战争，是违背道德的行为；争夺，是可鄙的事情。本来王者兴兵讨伐暴乱，是出于伸张仁义的宗旨。现在交战的各诸侯国只是单纯用它来树立权威，互相抗衡，彼此算计，因而就无法消除战争了。

战争，是以军事为骨干，以政治为根基；军事是表象，政治是实质。能够弄清楚这二者之间的关系，就可以预知胜败了。政治是用来明察利害，辨别安危的；而军事则是用来打击强敌，应付攻守的。

军队意志统一就能胜利，离心离德就会失败。布阵队形密集的就牢固，前锋部署疏散的就灵活。士兵畏惧自己将领超过畏惧敌人的作战就胜利，士兵畏惧敌人超过畏惧自己将领的作战就失败。所以要预知战争双方的胜败，就在于衡量将领和敌人究竟谁对士兵的威慑力来得大，敌人与将领双方的关系就好比秤砣和秤杆一样。将领沉着镇静，军队就井然有序；将领急躁轻率，军队就混乱不堪。

注释

1 兵者，凶器也；战者，逆德也：此句又见于同书《武议》。

2 相图:彼此算计,彼此较量。
3 植:枝节,意谓次要的末节。
4 种:种子,引申为根基,根本。
5 审:弄清楚,了解,懂得。
6 专一:意志统一,同心协力。
7 离散:意谓离心离德,三心二意。
8 锋:军阵中的前锋。 疏:稀疏。 达:通达顺畅,引申为灵活机动,积极主动。
9 称:权衡,比较,估量。
10 权:秤砣。 衡:秤杆。
11 安静:镇定,稳重。
12 暴疾:心浮气躁,冲动轻率。

原文

出卒陈兵有常令[1],行伍疏数有常法,先后之次有适宜。常令者,非追北袭邑攸用也[2]。前后不次[3]则失也,乱先后斩之。常陈皆向敌[4],有内向[5],有外向[6];有立陈[7],有坐陈[8]。夫内向所以顾中[9]也,外向所以备

译文

出兵列阵有一般的法则,队形疏密有通常的标准,前后次序有适当的规定。固定的条令,却不是追歼逃敌或奔袭敌城所适用的。前后没有次序就会导致作战失利,因此对扰乱先后次序的人要予以斩首。通常布阵都是面向敌人的,但有的向内部收缩集中,有的则向外部扩张展开;有的摆立阵,有的摆坐阵。阵势向内收缩,这是为了保卫中军的安全;阵势向外扩展,这是为了防备外部敌军的进攻。立阵是为了行军进攻,坐阵是为了驻扎防御。立阵、坐阵,交替变换,相辅相成,军队有进有止,主将

外[10]也;立陈所以行也,坐陈所以止也。立坐之陈,相参[11]进止,将在其中。坐之兵剑斧,立之兵戟弩,将亦居中。善御敌者,正兵先合[12],而后扼[13]之,此必胜之术也。

居中进行指挥。坐阵使用的兵器是剑斧,立阵使用的兵器是戟弩,主将也是居中实施指挥。善于克敌制胜的将领,通常先动用正面部队与敌交战,而后动用机动部队给敌人以致命的打击,这是必能取胜的战术。

陈之斧钺,饰之旗章,有功必赏,犯令必死,存亡死生,在枹之端。虽天下有善兵者,莫能御此矣。

陈列执法的斧钺,配置各色旗帜和徽章,立有战功必定予以赏赐,违犯军令必定会被处死。国家的存亡,将士的生死,全都取决于将帅的指挥是否得当。这样,即使天下有会用兵的人,也不能抵御得了正确高明指挥的军队。

矢射未交,(长)〔兵〕刃未接,前噪[14]者谓之虚,后噪者谓之实,不噪者谓之秘[15]。虚、实、〔秘〕者,兵之体[16]也。

当弓箭还没有对射,兵器还没有交接之时,先行大声呼噪的属于虚张声势,后来再大声呼噪的表明力量充实,没有喧哗呼噪的是有秘密的图谋。虚、实、秘三种情况,都是军队对阵交锋的不同形态。

注释

1 常令:明确规定的条令。

2 追北:追击逃敌。 袭邑:袭击敌方城邑。 攸:所。

3 不次:不按次序,没有次序,混乱失序。

4 向敌:指军队正面朝向敌方。

5 内向:指军阵中部分士兵面向阵内。

6 外向：指军阵中部分士卒面向阵外。
7 立陈：指军阵中部分士兵呈站立姿势。陈，通“阵”。
8 坐陈：意谓军阵中部分士兵呈跪坐姿势。
9 顾中：保卫中军。
10 备外：防备外敌。
11 相参：相互配合，彼此策应。
12 合：交合，交战。
13 扼：抑制。此处引申为消灭，歼灭。
14 噪：大声喊叫。
15 秘：隐蔽，掩盖，秘而不宣的意思。
16 体：形式、状态的意思。

兵令下第二十四

导读

本篇是上篇的进一步申论，主要论述战场纪律在对敌作战中的作用与地位。作为法家思想的坚定拥护者与贯彻者，《尉缭子》的作者主张用严法重刑、连保连坐、株连家族等各种严酷的手段，来防止士卒逃亡，迫使他们不折不扣、毫无保留地服从命令，死不旋踵，奋勇作战。作者指出，“聚卒为军，有空名而无实，外不足以御敌，内不足以守国，此军之所以不给，将之所以夺威也”。作者认为，战场取胜需具备三个基本条件，一是“以法止逃归，禁亡军”；二是“什伍相联，及战斗则卒吏相救”；三是“将能立威，卒能节制，号令明信，攻守皆得”。作者还主张实行精兵政策。指出保持和赡养一支数目庞大的军队，会造成“国内空虚，自竭民岁，曷以免奔北之祸乎”。同时，“百万之众不用命，不如万人之斗也”。因此，只要能建立一支人数不多但是却精干有效率的军队，就可以“威加海内”，无敌于天下。

原文

诸去大军为前御之备者，边县列候[1]，各相去三五里。闻大军为前

译文

各个离开主力部队到前沿担任警戒的部队，在边境线上设立侦察哨所，各个哨所之间相距三五里路。听到主

御之备，战则皆禁行[2]，所以安内也。

内卒出戍[3]，令将吏授[4]旗鼓戈甲。发日，后[5]将吏及出县封界者，以坐后戍法[6]。兵戍边一岁遂亡，不候代者，法比[7]亡军。父母妻子知之，与同罪；弗知，赦之。卒后将吏而至大将所一日，父母妻子尽同罪。卒逃归至家一日，父母妻子弗捕执及不言，亦同罪。

力部队出动的消息，即做好前沿地区的防御准备，战争一爆发就禁止通行，其目的是保障内部的安全。

内地士兵到边疆戍守时，应让将吏发给他们旗鼓兵器衣甲。出发之时，如果士兵在将吏之后才走出县境的，即依照违犯出戍法的条令治罪。士兵守卫边疆一年就逃离戍所，而不等待接替的人到来，应比照处理逃兵的规定予以惩处。其父母妻子知情的，与犯者同罪；不知情，免于追究。士兵比将吏晚一天到大将处报到的，他的父母妻子也全都有罪。士兵逃跑回家哪怕只有一天时间，他的父母妻子不把他扭送官府又不及时报告的，也与他同罪。

注释

1 候：通“堠”。土堡，此指边境上用于警戒和侦察敌情的哨所一类的军事设施。

2 禁行：禁止通行。

3 内卒：内地的士卒。 出戍：奔赴边疆执行戍边任务。

4 授：授予、发放的意思。

5 后：落后于，迟于。

6 后戍法：制裁逾期未至戍地者的法令。

7 比：比照。

原文

诸战而亡[1]其将吏者,及将吏弃卒独北者,尽斩之。前吏弃其卒而北,后吏能斩之而夺其卒者赏。军无功者,戍[2]三岁。三军大战,若大将死,而从吏[3]五百人已上不能死敌者斩;大将左右近卒在陈中者皆斩;余士卒有军功者[4]夺一级,无军功者戍三岁。战亡伍人[5],及伍人战死不得其尸,同伍尽夺其功;得其尸,罪皆赦。

译文

在战斗中,士兵擅自脱离将吏的,以及将吏抛弃所统领的士卒而独自逃跑的,全部都要斩首。前面的将吏抛弃士兵逃跑,后面的将吏能把他杀掉,并把他的部队收归自己手下的,给予奖赏。在战斗中,士兵没有立功的,要被罚戍守边疆三年。三军大战,倘若大将军战死,而跟随他的军吏,凡是率领五百人以上又没有与敌死战的,要斩首。凡是当时在阵中的大将军左右警卫亲兵,一律斩首。其余的士兵凡有军功的普降一级爵位,没有军功的判罚戍守边疆三年。战斗中一伍之内有人逃亡,以及伍内有人战死而不能将战死者的尸体夺回来,同伍其他的人,一概都要被剥夺军功;如能夺回战死者的尸体,其罪一律赦免。

注释

1 亡:逃亡,离弃。

2 戍:谪戍,因犯罪而远戍边疆的刑罚。

3 从吏:从属大将的军官吏员。

4 有军功者:以军功而被授予爵位者。

5 伍人:同伍之人。

原文

军之利害,在国之名实[1]。今名在官而实在家。官不得其实,家不得其名。聚卒为军,有空名而无实,外不足以御敌,内不足以守国,此军之所以不给[2],将之所以夺威[3]也。臣以谓卒逃归者,同舍伍人及吏罚入粮为饶[4],名为军实[5]。是有一军之名,而有二实之出[6]。国内空虚,自竭民岁[7],曷以免奔北之祸乎!

译文

军队的利害所系,在于国家兵员的编制名额与实际人数是否相符。现在不少士兵的名籍在军队而本人却在自己的家中,军队其实没有这个人,而家里又没有他的户口。国家征集士兵组编军队,只有空头名额而无实际兵员,对外便不足以抵御强敌,对内也不足以守卫国家。这就是军队战斗力不强,将帅丧失威望的缘故。臣下我认为士卒逃亡回家,就对同伍的五家人和有关主管官吏罚以缴纳粮食,充实仓库,名义上作为军需物资的收入,这实际上是只有一支军队之名,而民众却有供养两支军队的负担之实,它导致国内府库空虚,民众收入枯竭,怎么能避免军队失败的祸患呢?

注释

1 名实:名义与实际。此处指军队名册上的登记人数与实际在岗在编人员。

2 不给:不足,不能满足的意思。

3 夺威:意谓将帅丧失权威,缺乏威重。

4 罚入粮为饶:意谓以缴纳粮食、充实仓库的方式来作为惩罚。

5 军实:粮草、辎重、委积等军需物资。

6 二实之出:意谓缴纳两份军粮,供养两支军队。

7 岁:这里是指农民的一年收成。

原文

今以法止逃归，禁亡军，是兵之一胜也；什伍相联[1]，及战斗则卒吏相救，是兵之二胜也；将能立威，卒能节制，号令明信，攻守皆得，是兵之三胜也。

臣闻古之善用兵者，能杀[2]卒之半，其次杀其十三[3]，其下杀其十一。能杀其半者，威加[4]海内；杀十三者，力加诸侯；杀十一者，令行士卒。故曰：百万之众不用命，不如万人之斗也；万人之斗〔不用命〕，不如百人之奋也。赏如日月[5]，信如四时，令如斧钺，制如干将，士卒不用命者，未之有也。

译文

如今能用法令制止士兵的逃亡，杜绝士兵脱离军队的现象，这是用兵取胜的第一个条件；平时什伍互相联保，作战时将士就会互相救助，这是用兵取胜的第二个条件；将帅能树立威信，士兵能遵守制度，号令明确坚定，攻守运用得当，这是用兵取胜的第三个条件。

臣下我听说，古代善于用兵打仗的人，是能使所属的士卒的一半拼死在战场，其次一等的能使所属士卒的十分之三拼死在战场，其最下一等的，能使所属士卒的十分之一拼死在战场。能使士卒的一半拼死在战场的，威势可以凌驾天下；能使士卒的十分之三拼死在战场的，武力可以凌驾诸侯；能使士卒的十分之一拼死在战场的，号令可以在全军畅通无阻。所以说：百万之众不拼死战斗，还不如一万人齐心协力杀敌；一万人的部队不用命效力，还不如一百人拼死奋战。奖赏能像日月那样昭明显赫，信用如同四季交替那样确定无疑，号令犹如斧钺那样森然严厉，决断恰似宝剑干将那样锐利无比，在这样的情况下，士兵还不用力效命的，是从来没有过的。

注释

1 什伍相联:同什同伍的士卒之间相互联保连坐,即连坐制。

2 杀:诛杀。此处意谓激励士卒的斗志,使他们能够为国捐躯,自觉自愿血洒疆场,献身战斗!一说:“杀”,乃裁减的意思,为尉缭子所倡导的裁军精兵原则。(参见徐勇《尉缭子浅说》)

3 十三:即十分之三。

4 加:凌驾,压倒。

5 赏如日月:赏赐的标准及执行要做到明确鲜明,如有日月之明,人人得以望见。

唐太宗李卫公问对

序言

《唐太宗李卫公问对》,又称《李卫公问对》《唐李问对》《李靖问对》,或简称《问对》。是中国古代的一部著名兵书,内容为唐太宗和李靖关于军事问题的问答。全书共分上、中、下三卷;其中上卷四十问答,中卷三十三问答,下卷二十五问答,凡九十八次问答,约一万余字。在宋代神宗元丰年间被列入《武经七书》。

关于《唐太宗李卫公问对》的作者与成书年代,历史上学术界意见多有分歧,除了传说是唐代名将李靖所著的看法外,主要的观点大体有以下几种:

(一)宋人阮逸伪托之作。这一看法首先由北宋陈师道提出,此说一出,后人多有信从者,这包括陈氏入室弟子何薳以及晁公武、陈振孙、邵博、吴曾等著名学者,他们均对此书进行了考证,结论都认为其系阮逸托名之作,是阮氏所撰多种伪作中的一部。(参见《后山集》《春渚纪闻》《郡斋读书志》《直斋书录解题》《能改斋漫录》《邵氏闻见后录》等著述有关记载)到了近现代,由于疑古之风大盛,所谓“阮逸摹仿杜佑《通典》所载卫公李靖兵法而作”的说法更为广泛流传,如张心澂《伪书通考》、黄云眉《古今伪书考补正》就持这样的看法。

(二)其书为宋神宗熙宁年间所辑录的《卫公兵法》。历史上“阮逸伪托说”虽占据主导地位,但也有少数学者对此提出了质疑。如元代马端临在其《文献通考·经籍考》中就指出:“神宗诏王震等校正之说既明见于国史,则非阮逸之假托也。”他根据《四朝国史·兵志》中关于神宗熙宁间对枢密院诏令内容的记载,认为王震等人所校正及分类解释的李靖军事著作,“岂即此《问答》三卷耶”,“则似即此书”。换言之,今本《问对》就是北宋神宗熙宁年间所辑录的《卫公兵法》。

(三)唐太宗与李靖君臣之间多次讨论军事问题的言论辑录。当代一些学者认为“阮逸伪托说”不足据信,其书当是太宗与李靖之间探讨军事问题的言辞汇编辑要。时间当从贞观十八年(公元644年)唐军第一次进攻高丽前夕至贞观二十三年(公元649年)李靖病逝之前,它比较集中地反映了唐太宗李世民与卫国公李靖的兵学思想。由于其书涉及当时不少的高层机密,因此在唐代未能公诸于世,也不见于公私著录。宋代神宗熙宁、元丰之际,朝廷下诏校定李靖兵法,故《问对》终于被辗转发现,并由官方刊刻流布,成为武学经典之一。(参见吴如嵩、王显臣《李卫公问对浅说》)

(四)唐末宋初无名氏伪作。历史上还有少数人以其书“浅陋猥俗”为理由,认为它既非李靖所著,亦非阮逸伪托,而是唐末宋初俚儒村学缀拾贞观君臣遗事编写而成。这一观点的主要代表是胡应麟,他在其《四部正讹》“卷中”中指出:“其词旨浅陋猥俗,兵家最亡足采者,而宋人以列‘七经’,殊可笑。旧咸以阮逸伪撰,谓老苏尝见其草本。案逸所撰《中说序》及《关朗传》等文各可观,不应鄙野至是。此书不特非卫公,亦非阮逸,当是唐末宋初俚儒村学缀拾贞观君臣遗事、杜佑《通典》原文,傅以闾阎耳口。武人不知书,悦其俚近,故多读之。”姚际恒《古今伪书考》的意见与此相似,他也认定此书乃伪作,但不一定出于阮逸之手:“今世传者当是神宗时所定本,因神宗有‘武人将佐不能通晓’之诏,故特多为鄙俚之辞。若阮逸所撰,当不尔。意或逸见此书未慊其志,又别撰之。而世已行此书,彼书不行欤?然总之为伪书矣……”

以上诸说,都有其一定的道理,但是都不能做到完全自圆其说,距离该书成书时代与著者的真实面貌均尚有一定的距离。相对而言，第四种观点比较可信一些(然其以“浅陋猥俗”之由为论据，仍嫌武断勉强)。总而言之，今天探讨《问对》作者及其成书年代，有几点可以明确：

第一，李靖自著之说可以排除。按《旧唐书·经籍志》《新唐书·艺文志》都仅著录有《李靖六军镜》三卷，而没有《问对》。《宋史·艺文志》著录有李靖兵书多种，包括《阴符机》一卷、《韬钤秘术》一卷、《韬钤总要》一卷、《弓诀》一卷、《六军镜》三卷、《卫国公手记》一卷、《兵钤新书》一卷，亦未曾涉及《问对》。且这些兵书早在宋神宗时就已“世无全书”了。清代汪宗沂从《通典》等政书、类书中辑录李靖兵书内容，成《卫公兵法辑本》一书，今细观其书，可知它与《问对》之间虽有一定联系，但总体上两者差别比较显著，这表明《问对》为李靖自著说是难以成立的。对此，俞正燮《癸巳存稿》曾明确指出：“不得谓卫公自著耳。”其列举的理由是：“太宗谓太子不能控御李勣，靖曰：为陛下计，莫若黜勣，令太子复用之，则必感恩图报，于理无损。太宗曰：善，朕无疑矣。又曰勿泄也，朕徐思其处置。又曰：靖再拜出，尽传其书与李勣。使卫公自著，有此事乎？”应该说，俞氏这一看法是有道理的，且已得到大多数学者的认同。

第二，当今一些学者论定《问对》一书为唐太宗与李靖两人论兵言辞之辑录，从现象上看似能成立，但细考其书内容，可知其说并未真正惬当。这主要表现为其书不少内容显然为后人所附益，于逻辑或史实均不宜出于太宗与李靖当时之口。例如，《问对》“卷上”言：“置松漠、饶乐二都督，统于安北都护。”按，据《唐会要·安北都护府条》，安北都护府之名始于总章二年(公元669年)，时太宗、李靖均早已谢世，怎么能在对话中出现“安北都护”字眼。其实安北都护府的前身是贞观二十一年(公元647年)所置的燕然都护府，龙朔三年(公元663年)曾改名为瀚海都护府。若《问对》确系太宗、李靖论兵言辞记录，则当依史实称为“燕然都护府”，其言“安北都护府”，则作伪之痕迹昭然若揭。又如，《问对》“卷中”

载:"置瑶池都督以隶安西都护。"按,据《通鉴》等史书记载,瑶池都督的设置是在贞观二十三年(公元649年)二月,是年五月,唐太宗逝世,而李靖之死尚在太宗之前。当其生命垂危之时,唐太宗曾亲往其宅慰问,流着泪说:"公乃朕生平故人,于国有劳。今疾如此,为公忧之。"(《新唐书》卷九十三《李靖李勣列传》)在这种背景下,两人是不可能议论刚刚所置的瑶池都督一事的得失利弊的。今本《问对》作者不曾考虑到这层关系,就瑶池都督设置一事大发议论,这恰好印证其书非太宗、李靖对话实录。再如,《问对》"卷下"载太宗就长孙无忌掌国政一事向李靖征求意见,李靖发表一通对长孙无忌很不利的看法,太宗听后表示同意,说什么"朕徐思其处置"。这显然也于情于理不合。长孙无忌是太宗的妻舅,最为心腹,李靖自不会对他作如此刻薄的评价,以致冒犯太宗。即便退一万步说,太宗就是采纳了李靖的意见,真的"徐思其处置",为何对长孙无忌始终恩眷不减,并把他作为最主要的顾命大臣?可见《问对》作者乃是依据日后长孙无忌因阻谏高宗立武则天为后而遭贬逐,不得善终的史实,而编排了这一段问答。然而这样一来,恰好透露了其作伪的信息。所以我们认为,将《问对》简单定性为太宗与李靖君臣论兵言辞之辑录,是值得进一步讨论的。

第三,阮逸伪托之说也有不能自圆其说之处。吴如嵩、王显臣先生关于《问对》系唐太宗和李靖君臣论兵言辞辑录的说法固然尚可继续探讨,但他们对阮逸伪托之说的驳斥却很有力,值得重视。在辨伪古书风气很盛行的宋代,即使阮逸善于作伪,似乎也难以骗过官方的核查,逃脱当时一些鸿儒的慧眼。再说倘若阮逸确曾以伪作《问对》草稿送给苏老泉看过,那么,当神宗皇帝要将这部伪托之作列为"武经"之时,作为知情人的苏老泉之子苏轼又岂敢隐瞒情况,而不怕招致欺君之罪、杀身之祸?更为重要的是,从《春渚纪闻》所载阮逸拟作的时间来看,又"晚于《武经七书》的正式颁布近十年左右"。另外,其实早在《武经七书》颁布之前,就有一个名叫麻皓年的官员为《问对》作过注。又据《太平御览·经史图书纲目》记载,宋初就有"兵法七书",可见在《武经七书》前已有《孙子兵法》等七部兵书的合刻本,换言之,即《武经七书》似当源于"兵法七书",而"兵法七书"中或许就包括《问对》一书在内。(参阅吴如嵩、王显臣《李卫公问对校注》《李卫公问对浅说》)从这个意义上说,《问对》的作者的确"不特非卫公,亦非阮逸"。

第四,《问对》与清代汪宗沂所辑《卫公兵法辑本》虽是两部各自独立的兵书,内容明显有差异,其中《问对》更偏重于军事理论阐发,而《卫公兵法》基本侧重于实战操作问题,但是两书之间也并非毫无联系。其言军队编制、军阵以及军事训练,不无相通或相近之处。如《问对》卷上言"阵法"时有言:"陈间容陈,队间容队;以后为前,以前为后;进无速奔,退无遽走。"《卫公兵法》卷中"部伍营阵"则记载为:"阵间容阵,队间容队,曲间容曲。以长参短,以短参长。四军转阵,以后为前,以前为后;进无奔进,退无趋走。"两者观点与用词基本一致。又如《问对》卷中言"用间"问题时有言:"若束发事君,当朝正色,忠以尽节,信以竭诚,虽有善间,安可用乎?"这在《卫公兵法》卷上"将务兵谋"之中,就是:"若束发事主,当朝正色,忠以尽节,信以竭诚,不诡伏以自容,不权宜以为利,虽有善间,其可用乎?"两者的一致性也同样显而易见。这表明《问对》的作者在构思和撰著其书时,的确大量参照了《通典》所载的资料,并或多或少将其征引入自己的著述,为阐发《问对》的基本观点服务。所以,那种完全割裂《问对》与《卫公兵法》两书之间的一定联系的做法,无疑是错误的。

综上所述,《唐太宗李卫公问对》一书当是无名氏所作,其成书年代大致应在唐代晚期以至五代时期。当时战争频繁,有识之士有感于此,于是潜心于探讨军事学术问题,以期满足于战争实践的需要。到了宋代,鉴于李靖的诸多兵书皆已散佚,"世无全书",而神宗熙宁年间对李靖兵法校正、分类、解释的工作似又未取得十分理想的结果，因此，当元丰年间最终编定《武经七书》时，朝廷遂决定根据“兵法七书”已收录《问对》的固有情况，仍将《问对》收入《武经七书》之中，列为将校必读的武学经典之一。从这层意义上说，清朝姚际恒《古今伪书考》中的观点，“若阮逸所撰，当不尔。意或逸见此书未慊其志，又别撰之。而世已行此书，彼书（指阮逸所作）不行欤”，是有一定的道理的。

《唐太宗李卫公问对》现存宋、明、清以来《武经七书》系统诸本数十种。其中较好的版本有南宋刻《武经七书》本、《续古逸丛书》影宋《武经七书》本以及清《四库全书》抄本等。较重要的注本则有宋施子美《武经七书讲义》本、明刘寅《武经七书直解》本、清朱墉《武经七书汇解》本。当代较有学术价值的著述有吴如嵩、王显臣的《李卫公问对校注》《李卫公问对浅说》以及骈宇骞的《唐太宗李卫公问对译注》等。

《唐太宗李卫公问对》是一部用问答体形式写成的兵书。其论题广泛，内容充实，见解深刻，在中国古代军事思想发展史上占有重要的地位。清代永瑢等人编纂的《四库全书总目提要》曾对其主要内容及特色作过较精辟的概括，称“其书分别奇正，指画攻守，变易主客，于兵家微意时有所得”。这一概括提纲挈领，要言不烦，基本上符合该书的思想要旨。从全书情况来看，它的确立足于“奇正”“虚实”“攻守”“主客”等重要兵学范畴，据此生发议论，着重探讨争取作战主动权问题，认为古代兵法“千章万句，不出乎‘致人而不致于人’而已”。同时，对阵法的起源和内容、古代军制的演变、兵学源流及其嬗变、教阅与实战的关系诸问题，都提出了自己独到的见解，丰富和发展了古代兵学理论。其中特别值得引起重视的，大致有下列几个方面：

第一，初步完成古典兵书由单纯“舍事言理”向“事理并重”方向的转变。收入《武经七书》的各部兵书，均系内容丰富、价值显著、地位重要之作，并各有其鲜明的特色。其中《孙子兵法》的理论体系最为博大精深，代表了中国古典兵学的最高水平，无愧于“兵经”的称号。《司马法》的主要价值，在于它反映了春秋中叶以前兵学思想的主体内容和基本特征。《尉缭子》的重要性，表现为它既是现存“兵形势家”的唯一著述，又在很大程度上反映了法家思想对战国兵书的渗透和影响，保存了大量弥足珍贵的战国军事制度资料。《六韬》的价值，在于其是先秦兵学理论的集大成之作，凸显了战国后期学术思潮融会贯通趋势在兵书撰著上所打下的烙印。《吴子》一书的理论特色相对单薄，但仍不失为一部有价值的兵学著作，尤其是关于战争观、治军理论的阐述，其中不无独到与深刻之处。《黄石公三略》具有鲜明的黄老新道家思想特征，它在某种意义上更像是一部政治学著作，它的出现和流传，表明军事从属于政治，军事学政治伦理本位化趋势的强化已成为不可逆转的事实。不过以上这六部兵书却有一个共同的特点，即侧重于哲学推理，形成了“舍事而言理”、词约而义丰的文化传统。

《唐太宗李卫公问对》一书的情况却稍稍有所不同，它虽然没有从总体上背离以哲理谈兵的历史文化传统，但是却在结合战例阐述兵学哲理，使之深化方面，比前人取得了更大的成绩，并构成其不同于《孙子兵法》的自有特色。具体地说，就是《问对》的作者继承和发展了《左传》用具体战例来阐述和探讨战略战术原则的方法，把军事学术的研究方法，从单纯的哲学推理发展到理论与实际密切结合的新境界，在认真总结战争经验的基础上丰富和深化战略战术原则，使其更科学化。这对于古典兵学理论研究来说，乃是一个显著的贡献。同时，《问对》的研究视角以及由此而形成的特色，也显示出古典兵学的重点正开始由战略的层次向战役战术的层次转移，这说明，随着战争实践的日益丰富，人们的军事理性认识也趋于多元、复杂、缜密和深化了。

第二，深入探讨“奇正”问题。奇正，既是古代一个军事命题，又是一个哲学问题。它作为范畴，最早出自于《老子》，即所谓“以正治国，以奇用兵”。但真正把奇正用于军事领域并作系统阐发的,却是《孙子兵法》,即“凡战者,以正合,以奇胜”;“战势不过奇正,奇正之变,不可胜穷也”。奇正的含义,显然是指兵力的使用(用正兵当敌,用奇兵取胜)和战术的变换(奇正相生、奇正相变)。自孙子确立“奇正”这一范畴后,后世兵家无不奉为圭臬,广为沿用和阐述。如《孙膑兵法·下编》说:“形以应形,正也;无形而制形,奇也。”《尉缭子》说:“正兵贵先,奇兵贵后。”曹操《孙子注》说:“正兵当敌,奇兵从傍击不备也。”其中第一例是孙子“奇正”第二层意思的表述;后两例则是孙子“奇正”第一层意思的阐说。

然而到了《唐太宗李卫公问对》这里,“奇正”范畴则有了新的发展。它的作者用了大量的篇幅,对这一问题进行了系统、全面、透彻的分析和阐述。其认为奇正起源于方阵本身的队形变换,是在五军阵向八阵演变过程中产生的。同时,它又从政治战略、军事战略、战役战斗和战术等各个不同的层次、不同的方面,探讨了奇正的范围和特点。《唐太宗李卫公问对》对奇正探讨的重点是奇正的变化和运用。认为奇正可以互变,并以霍邑之战等著名战例为例证,对奇正的变化作了具体而辩证的说明。提出了“吾之正,使敌视以为奇;吾之奇,使敌视以为正”“以奇为正,以正为奇,变化莫测”“善用兵者,无不正,无不奇,使敌莫测。故正亦胜,奇亦胜”等一系列重要论断,极大地丰富和发展了《孙子兵法》的“奇正”理论。在此基础上,《问对》的作者强调把奇正与虚实、示形、分合等结合起来加以阐述。指出奇正相变的核心是“示形”:“故形之者,以奇示敌,非吾正也;胜之者,以正击敌,非吾奇也。此谓奇正相变。”奇正相变的目的是致敌虚实,“奇正者,所以致敌之虚实也。敌实,则我必以正;敌虚,则我必以奇”,从而“使敌势常虚,我势常实”,牢牢地掌握作战主动权;奇正相变的运用在于分合适宜,“有分有聚,各贵适宜”,“兵散,则以合为奇;合,则以散为奇”。

第三,精辟阐述“主客”“攻守”问题。主客、攻守是中国古代兵学中的两个重要范畴。其中主客主要是指军队所处的地位问题,一般地说,进攻一方为客,防御一方为主;处于主动有利地位的一方为主,处于被动不利地位的一方为客。攻守则是指作战的基本形式。由于部队所处的地位往往是由所采取的攻守形式来决定的,所以主客与攻守二者之间既有区别又有内在的联系。

《唐太宗李卫公问对》在这些问题上也提出了自己精辟的见解,即所谓"指画攻守,变易主客"。它的有关论述没有简单地停留在"贵主不贵客"的一般阐说上,而是透彻地分析了攻与守、主与客之间的相互依存、相互转化关系,提出了"攻是守之机,守是攻之策,同归乎胜而已矣"等重要论断,认为"攻守一法,敌与我分为二事。若我事得,则敌事败;敌事得,则我事败。得失成败,彼我之事分焉。攻守者一而已矣,得一者百战百胜"。指出进攻和防御既对立统一又相互转化,强调攻守成败的关键是掌握主动权,倘若"攻不知守,守不知攻",那么即使能够把孙、吴兵法背诵得滚瓜烂熟,也是无法在战争中赢得主动,夺取胜利的。在此基础上,它进而分析和阐说"主客"问题,认为主客关系及其优劣也不能僵化看待,"故兵不拘主客迟速,惟发必中节,所以为宜",明确提出"较量主客之势,则有变客为主,变主为客之术"。高明的战争指导者应该积极致力于使敌人"变主为客",而使自己"变客为主"。并以春秋时吴越笠泽之战与十六国时期后赵石勒击破姬澹之役为例证,进一步从理论与实践相结合的高度,论证了变客为主、变劳为逸的辩证关系。《问对》的这些论述,较之于《孙子兵法》《吴子》等兵书的认识更为深刻、更为全面,弥足珍贵,即使在今天,也仍值得我们引以为鉴。

第四,高度重视对部队的管理教育和军事训练。《唐太宗李卫公问对》所论述的重点并不在于治军。然而,这并不意味着它忽略这一问题。其书谈到治军处不在少数,而比较有新意的是它关于部队的管理教育和军事训练问题的论述。

《问对》对教育训练的论述，主要是把握了两个基点。首先是主张提高部队的政治素质，它认为治军的核心问题是要加强军队内部的团结，搞好官兵关系。其原则就是“爱设于先，威设于后，不可反是也”。这就是说，恩威并施、赏罚俱用的封建地主阶级的治军原则中，恩是威的前提，必须以爱兵为上。只有将帅与士卒“心一”，意愿相同，士卒亲附，才能真正立威，才能真正明罚。反之，“若爱未加而独用峻法，鲜克济矣”，是难以达到治军目的的。这一思想其实就是对孙子“卒未亲附而罚之则不服，不服则难用也”（《孙子·行军篇》）论点的继承和发展。

其次，《问对》也十分注重提高部队的军事素质。它强调身为将帅者必须深晓训练方法。指出：“教得其道，则士乐为用；教不得法，虽朝督暮责，无益于事矣。”而要真正做到“教得其道”，就必须遵循三阶段循序渐进训练方法：“臣（指李靖）尝教士，分为三等：必先结伍法，伍法既成，授之军校，此一等也；军校之法，以一为十，以十为百，此一等也；授之裨将，裨将乃总诸校之队，聚为阵图，此一等也。大将军察此三等之教，于是大阅，稽考制度，分别奇正，誓众行罚。”这个“三等之教”的训练方法，就是分为三个阶段的训练方法。其由少及多、由简单到复杂的训练过程，有些类似于今天那种由单兵到多兵，由小分队到大部队，由分练到合练（包括实战演习），由浅入深，循序渐进的训练方法。

《问对》还注意到，训练应该根据部队的不同特点，区别对待，扬长避短。如针对少数民族士兵长于骑射，汉族士兵擅长于弩战的特点，提出“汉戍宜自为一法，蕃落宜自为一法，教习各异，勿使混同”的主张。这些有关军事训练的论述，对于我们来说，无疑是有其一定的启示意义的。

第五，稽考阵法奥秘，揭示兵学源流。八阵是古代一种具有代表性的阵法，由于阵图的失传，后世学者捕风捉影，穿凿附会，遂产生了许多猜测和误解。隋唐以降，这种风气尤为盛行。《唐太宗李卫公问对》一书却坚持实事求是的态度，反对一切玄虚之词，从理论上和实践上澄清迷雾，廓清异说。它经过翔实缜密的考辨，指出八阵是一个阵法的名称，是由五阵推演而成，其队形变换的基本形态主要是根据战场地形分别为方、圆、曲、直、锐五种。而这五种阵名基本符合1972年山东临沂银雀山汉墓出土的竹简佚名兵书《十阵》的提法，这表明作者对古兵法的确有深刻的研究，其得出的结论是可以信从的。

至于中国古典兵学的源流，《问对》也进行了深入的考察，提出了自己独到的观点。它认为中国古代兵学可划分为《六韬》《三略》和司马穰苴、《孙子兵法》两大流派；并指出古代兵学在分类上"大体不出三门四种"，从而为后人研究古代兵学思想史提供了重要的线索。另外，值得充分肯定的是，《问对》坚持朴素唯物主义的立场，与迷信说法划清了界限。众所周知，自战国以来，阴阳五行之说盛行，军事学术领域自然深受其影响，这在《孙膑兵法》《六韬》等书中均有所反映，如《六韬》之《兵征》《五音》诸篇，其内就有"此五行之符，佐胜之征，成败之机"等语。而在兵学流派中则形成了"兵阴阳家"的派别。自西汉董仲舒"天人合一"之说的弥漫，到东汉谶纬之学的风靡，军事学术中，求神问卜，听音望气，灾变吉凶等大量渗入，到唐代李筌《阴符经》《太白阴经》、宋代许洞《虎钤经》等书更是这样。而《问对》的作者却始终坚持比较科学的态度，丝毫不涉及阴阳迷信的说法，这实在是难能可贵的。

总之，《唐太宗李卫公问对》是一部内容丰富、立论新颖、影响较大的古代兵学名著，宋人戴少望在其《将鉴论断》中称道它"兴废得失，事宜情实，兵家术法，灿然毕举，皆可垂范将来"。郑瑗在《井观琐言》中也断言："《问对》之书虽伪，然必出于有学识谋略者之手。"这的确均是合乎实际情况的评价。平心而论，其书多有创见，乃是目前研究我国古代兵学思想颇有参考价值的文献资料。

卷上

导读

本卷的中心是探讨中国古代兵学的最重要范畴之一——"奇正"的辩证关系和灵活运用问题。结合霍邑之战等战例,着重阐发了"无处不用正,无处不用奇""以奇为正,以正为奇,变化莫测""无不正,无不奇,使敌莫测,故正亦胜,奇亦胜""奇正相变,循环无穷"的深刻道理。此外,还兼论了阵法的起源和发展,认为"数起于五,而终于八"。八阵合为一阵,分为八阵,"散而成八,复而为一"。考察了"握机阵""八阵图"、春秋楚国"二广之法"、以及春秋魏舒"毁车以为行"等阵法与战术演变的基本脉络,揭示了古代军阵的真实历史面貌。同时还考镜学术,论说了古代兵法的源流和派别,指出古代兵法大体不出"三门四种"。强调加强平时训练,落实教阅之法。最后还联系当时边防的实际,阐述了奇正的运用以及选擢将帅、训练精兵等问题。

原文

1. 太宗[1]曰:"高丽数侵新罗[2],朕遣使谕[3],不奉诏[4]。将讨之,如何?"

译文

1. 唐太宗问道:"高丽曾多次侵犯新罗,我派遣使臣前去传谕让它罢兵,可它却拒不奉诏。我将派兵靖[5]曰:"探知盖苏文[6]自恃知兵,谓中国[7]无能讨[8],故违命。臣请师三万擒之[9]。"

征讨,你以为如何?"

李靖答道:"据侦探的情报表明,盖苏文自以为通晓军事,认为中原天朝没有能力讨伐他,所以才敢违抗圣旨。臣下我请求统兵三万前去擒拿他。"

注释

1 太宗:即唐太宗李世民(公元 599—649 年),唐朝开国皇帝李渊次子,曾被封为秦王,在创建唐帝国的战争中战功卓著。公元 626 年农历六月初四日,他策划并发动"玄武门之变",杀死其兄长太子李建成和其弟齐王李元吉等,并斩草除根,杀尽建成、元吉的所有儿子,逼迫其父李渊退位,自己登基成为皇帝。李世民在位期间任用贤能,虚心纳谏,发展生产,巩固国防,开创了经济繁荣、政治清明、军事强大的一统局面,史称"贞观之治",成为中国历史上屈指可数建树卓著的皇帝之一。

2 高丽、新罗:均为朝鲜半岛上的古国名。高丽,亦叫高骊、高句骊、高句丽。相传殷末周初时由箕子建立于朝鲜半岛,汉初卫氏继之,后为汉武帝所灭。约在公元 6 世纪初,朝鲜半岛上出现高丽、百济、新罗三国并立争雄的局面。其中高丽所辖相当半岛北部及其附近地区,都平壤,与唐帝国接壤;新罗所辖相当半岛东南部,北邻高丽,西接百济。唐太宗时,发兵灭高丽、百济,其地悉归新罗。

3 朕遣使谕:朕,唐太宗自称。朕,原为古人自称之词,并无贵贱之分,从秦始皇起,才专用为皇帝的自称。谕,一般用于上级对下级,这里特指皇帝的诏令,用如动词,作谕示、晓谕、告晓解。

4 诏:即诏书。上古时指上级给下级的命令文书。秦汉以降,专指皇帝的命令文书。

5 靖:即李靖(公元 571—649 年),唐初著名军事家。本名药师,为隋朝名将韩擒虎之甥,京兆三原(今陕西三原东北)人。原为隋臣,任马邑都丞,入唐后累建战功。高祖时,任行军总管,率军从李存恭征服萧铣,并平定岭南地区,任岭南道抚慰大使。又以副帅身份辅佐李存恭,镇压辅公祏起义军。太宗时,先后出任兵部尚书、尚书右仆射等职,击败东突厥、吐谷浑,因功封卫国公。著有《李靖六军镜》等兵学著作多种,大多已散佚,后人辑有《卫公兵法》等。

6 盖苏文:高丽国的大臣,唐朝贞观十六年(公元642年),他弑杀国王建武后,另立建武之侄臧为王,自封为“莫离支”(官名,相当于唐朝的兵部尚书),独揽朝政,曾联合百济,多次进攻新罗,并与唐王朝相抗衡。

7 中国:泛指今中原地区。上古时,我国华夏族主要活动于黄河流域一带,以为居天下之中,故称为“中国”。而把中原以外的地区称为“四方”或“四裔”,所谓“东夷、南蛮、西戎、北狄”。

8 讨:征讨、征伐的意思。

9 臣:李靖自称。 师:指军队。 之:此处是代词,指盖苏文。

原文

太宗曰:“兵少地遥,以何术[1]临之?”

靖曰:“臣以正兵。”

太宗曰:“平突厥[2]时用奇兵,今言正兵,何也?”[3]

靖曰:“诸葛亮七擒孟获[4],无他道也,正兵而已矣。”

译文

唐太宗问:“兵力寡少,路途遥远,你打算用什么方法对付他?”

李靖说:“臣下我准备使用正兵。”

唐太宗又问:“你平定突厥时用的是奇兵,现在讨伐高丽却准备使用正兵,这是为什么?”

李靖回答说:“当年诸葛亮七擒孟获,没有采用其他的方法,不过是运用正兵罢了。”

注释

1 术:手段、方法的意思。

2 平突厥:突厥,我国古代北方地区民族名。隋朝开皇二年(公元 582 年)分为东突厥与西突厥。文中所指实为东突厥。平突厥,指唐贞观三年(公元 629 年),唐太宗以李靖为定襄道行军大总管,统率李世勣等部征伐东突厥。次年,李靖以骑兵三千出塞,长途奔袭,攻占其根据地定襄城(今山西定襄县),东突厥军大败,其首领颉利可汗只身逃走,退保铁山(今内蒙古自治区阴山以北),李靖乘胜追击,再次击破颉利可汗所部,平定东突厥。在这次军事行动中,李靖指挥高明,战功突出,因而大受唐太宗的褒奖。

3 正兵、奇兵:古代兵学的重要范畴,含义非常宽泛。通常是指军队作战的特殊战法(奇兵)和常用战法(正兵)。具体地说,就兵力部署言,以正面受敌者为正,以机动突击者为奇;就作战方式言,正面进攻为正兵,侧翼包抄偷袭为奇兵;按一般作战原则用兵为正,采用特殊作战原则打仗为奇。正兵与奇兵之间可以互相转化,即所谓"奇正相生""奇正相变"。在本文中,正兵是指正规作战,奇兵是指变化莫测,出奇制胜。

4 诸葛亮七擒孟获:诸葛亮(公元 181—234 年),字孔明,东汉末琅琊郡阳都(今山东沂南南)人。三国时期杰出的政治家、军事家。始隐居于南阳隆中(今湖北襄阳西),以管仲、乐毅自许,留意世事,深富韬略,时人称之为"卧龙"。刘备三顾茅庐,诸葛亮为其筹谋,提出了著名的"隆中对",建议刘备夺取荆、益两州为根据地,东连孙权,北抗曹操,南抚后方少数民族,最后待时机成熟时进伐中原,统一天下。刘备深以为然,并邀诸葛亮出山辅佐自己。后终于建立起蜀汉政权,与魏、吴成鼎足之势。曹丕代汉,刘备称帝于成都,以他为丞相。猇亭一战,蜀汉大败,刘备忧愤交加,病死于白帝城。临终前将国政委托于他和李严，他受命后尽忠于职守，辅佐后主刘禅，以丞相封武乡侯。在任上厉行法治，发展生产，增强军力，平定南中叛乱，六出祁山，进伐中原，终因蜀汉自身实力过于弱小，而未能取得成功。最后积劳成疾，病死于五丈原军中。孟获，三国时蜀汉建宁(今云南曲靖)人，当地彝族首领。刘备死后，他和豪强雍闿起兵反蜀。雍闿败亡之后，他成为叛军最高首领。建兴三年(公元 225 年)，诸葛亮率兵南征，采纳参军马谡“攻心为上”的策略，对他七擒七纵，终于使他心悦诚服，倾心归降，南中地区(今云南、贵州及四川大渡河以南一带)的叛乱由此而得以平定，造就“夷汉粗安，纲纪粗定”的局面，为日后诸葛亮北伐中原创造了条件。孟获本人后出仕蜀汉，官至御史中丞。

原文

太宗曰：“晋马隆讨凉州[1]，亦是依八阵图[2]，作偏箱车[3]。地广，则用鹿角车营[4]；路狭，则为木屋施于车上[5]，且战且前[6]。信乎，正兵古人所重也！”

靖曰：“臣讨突厥，西行数千里。若非正兵，安能致远？偏箱、鹿角，兵之大要[7]：一则治力[8]，一则前拒[9]，一则束部伍[10]，三者迭相

译文

唐太宗说：“晋朝的马隆征讨凉州，也是依照诸葛亮的八阵图布阵，使用偏箱车攻敌。战场地形开阔，就用偏箱车架起刀枪结成鹿角车营；道路狭窄时，便在偏箱车上架设木屋与敌接战，一边战斗一边前进。毫无疑义，运用正兵是古人所最为重视的。”

李靖说：“臣下我讨伐突厥时，向西长途进军数千里。如果不是运用正兵，怎么可能进行远距离的作战呢？使用偏箱车、鹿角车营作战，是用兵上的要则，这样做的优点，第一是能充分发挥自己部队的战斗力，第二是能在前进中抗御敌人的攻击，第三是可以很好地约束自己的部队。这三个方面交相使用，互为

为用[11],斯[12]马隆所得古法深矣。"

补充,由此可见,马隆他对古代兵法的理解是何等的深刻!"

注释

1 马隆讨凉州:马隆,字孝兴,西晋武帝(司马炎)时的著名将领。公元279年,马隆奉命征讨威胁西晋边境安全的鲜卑族首领秃发树机能。在作战中,马隆根据山地作战的特点,依八阵图,结成偏箱车阵以接敌,且战且前,长驱直入,转战千里,最终击杀树机能,平定了凉州,以战功卓著而受封为宣威将军。讨,底本作"计",今据《武经七书讲义》(下简称《讲义》)校改。凉州,古州名,魏晋时期其辖境相当于今甘肃黄河以西地区。

2 八阵图:特指诸葛亮所创制的攻防兼备的作战阵法。有研究者认为,它用纵横排列的六十四个战术单位合成一个大方阵,阵后设二十四队游骑,机动配合大方阵作战。它是我国冷兵器时代最典型的集团方阵。一说:八阵是八种阵形的代称,即方阵、圆阵、牝阵、牡阵、冲阵、轮阵、浮沮阵、雁行阵八阵。(见《文选》李善注引《杂兵书》)

3 偏箱车:又作扁箱车。古代一种可在狭隘地形上行进的小型战车。关于其形制,后人解释多有分歧。一说,即有扁平车箱的战车,其车上设备可因地形宽狭而加以改变。一说,即不同于普通战车有两厢,而只设置一箱的小车。(见《明经世文编·战阵议》)据《明史·兵志四》记载,明景泰元年,曾有人仿制过偏箱车,其特点是既可用以作战,还可以载运兵器粮秣以及遮避风雨。

4 鹿角车营:即以偏箱车首尾相接,围成一圈,架设削尖的树枝以及刀、戟于车上,锋刃向外,以为防御之物,因其形状如同鹿角,故称鹿角车营。它在平旷之地上,能较好地阻遏敌人步、骑的靠近和攻击,是一种防御型的车战阵营。

5 木屋施于车上:意谓架木屋于战车之上,以掩护车中的将士,减少伤亡。

6 且战且前:一面战斗一面推进。且,一边、一面的意思。

7 兵之大要:用兵作战上的最关键环节。要,要务、关键的意思。

8 治力:指掌握和运用军队战斗力的方法。语出《孙子·军争篇》,要云:"以近待远,以佚待劳,以饱待饥,此治力者也。"意谓用自己接近战场的部队对付远道而来的敌人,用自己安逸休整好的部队对付奔走疲劳的敌人,用自己粮足食饱的部队对付饥饿乏粮的敌人。

9 前拒:指在前进中前锋部队抵御阻击敌人的攻击。

10 束部伍:指掌握和驾驭自己的队伍,做到指挥有序,行动一致。先秦兵书《尉缭子》中有《束伍令》篇,专门论述这一问题。

11 三者迭相为用:指"治力""前拒""束部伍"三者结合使用,以更好地发挥偏箱车及鹿角车营的功能。迭,交替、互相。

12 斯:指示代词,这、此的意思。

原文

2. 太宗曰:"朕破宋老生[1],初交锋,义师少却[2]。朕亲以铁骑[3]自南原驰下,横突之[4],老生兵断后[5],大溃,遂擒之。此正兵乎?奇兵乎?"

靖曰:"陛下天纵圣武[6],非学而能[7]。臣案兵法,自黄帝[8]以

译文

2. 太宗问道:"当年我在霍邑人破隋将宋老生的战斗中,两军刚刚交锋,我方的右翼部队就稍向后退,〔隋军乘机出击〕,这时,我亲自统率精锐骑兵从南原急驰而下,从侧后对隋军右翼实施突击,宋老生部队的后路被切断,随即大败溃乱,因而擒杀了宋老生。这是属于正兵呢?还是属于奇兵呢?"

李靖答道:"陛下的英明神武是上天赋予的,而绝不是凭学习可以获得的。根据兵法所说,自从黄帝以来,用兵作战

来，先正而后奇，先仁义而后权谲[9]。且霍邑之战，师以义举者，正也；建成[10]坠马，右军[11]少却者，奇也。”

都是先用正兵，而后讲求出奇制胜；先用仁义，而后运用诡诈权谋。在霍邑之战中，我军以正义出师，这就是正兵；建成在战场上突然落马，右翼部队稍向后退，这就是奇兵。”

注释

1 宋老生：隋炀帝时虎牙郎将。隋大业十三年（公元617年），隋太原留守李渊及其子李建成、李世民等起兵反隋。八月，与宋老生激战于霍邑（今山西霍州市）。宋老生勇而无谋，李渊等人根据这一特点，故意派士卒辱骂宋军，并分头挺进到霍邑城下，显示出要围城的阵势，诱激宋老生出城作战。宋老生果然中计，一怒之下，率军三万从霍邑东南两门分道出击。两军交锋后，位于城东的李渊及其长子建成所部战斗不利，建成落马（后被部下救起），部队稍稍向后退却。宋老生以为有机可乘，率兵进逼唐军。这时，位于城南的李世民发现宋老生军侧后空虚，遂亲率精锐骑兵自南原向北急驰而下，投入战斗，连续突击宋老生军阵后，切断其后路。李渊、李建成也乘势回军反击，终于大破宋老生所部。宋老生本人也在战斗中为唐将刘弘基所擒杀。

2 义师少却：义师，李氏父子打着吊民伐罪的旗号起兵，故称自己的军队为替天行道的“义师”，即为正义而战斗的军队。少，稍稍、略微。却，后却、后退。

3 铁骑：这里指精锐的骑兵。在骑兵中，铁骑是相对于轻骑而言的，即人、马都配置厚重铠甲的重装骑兵。其防护性好、战斗力强大，是骑兵中的主力，缺点是机动性略不如不披甲的轻装骑兵。

4 横突之：拦腰截击宋老生的部队。之，指示代词，指宋老生所部。

5 断后：后路被切断，从而陷于被动。

6 陛下天纵圣武：陛下，古代对帝王的尊称。天纵圣武，意谓上天所赋予的圣明英武，这是李靖对李世民的谀美奉承之词。语出《论语·子罕》："固天纵之将圣，又多能也。"

7 非学而能：不必学习即全知全能。《论语·季氏》："生而知之者上也；学而知之者次也；困而学之，又其次也；困而不学，民斯为下矣。"

8 黄帝：传说中的中华民族的共同祖先，中华文明的奠基者，部落联盟的领袖。姬姓，号轩辕氏，居有熊，故又称有熊氏，少典之子。相传其曾败炎帝于阪泉，诛蚩尤于涿鹿（今河北涿鹿县），并北逐獯鬻，统一黄河流域，"合符釜山"。事见《竹书纪年》与《史记·五帝本纪》。《汉书·艺文志·兵书略》著录有兵学著作《黄帝》十六篇，图三卷，当是战国或秦汉时人所依托，今佚。

9 先仁义而后权谲：仁义，古代含义广泛的道德观念。仁，主要指仁慈爱人；义，主要指合乎礼制的思想或行为。权谲，指权宜机变、诡诈莫测的计谋。《汉书·艺文志·兵学略序》云："下及汤武受命，以师克乱而济百姓，动之以仁义，行之以礼让，《司马法》是其遗事也。"又云："自春秋至于战国，出奇设伏，变诈之兵并作。"可以为"先仁义而后权谲"作一注脚。

10 建成：李建成，唐高祖李渊之长子。随父起兵反隋，封陇西郡公。在灭隋及随后的平定群雄之战中，攻城略地，多有战功。唐武德元年（公元618年），被立为皇太子。后因与其弟李世民争夺皇位继承权，在公元626年发生的"玄武门（长安太极宫北面正门）之变"中，为蓄意夺嫡，预有准备的李世民所残杀。

11 右军：右翼部队，时由李建成所指挥。

原文

太宗曰："彼时少却，几败大事，曷[1]谓奇邪？"

译文

唐太宗又问："当时右翼部队稍向后退，几乎败坏了大事，怎么能说

靖曰："凡兵以前向为正，后却为奇。且右军不却，则老生安[2]致之来哉？《法》曰：'利而诱之，乱而取之。'[3]老生不知兵，恃勇急进，不意断后，见[4]擒于陛下。此所谓以奇为正也。"

太宗曰："霍去病暗与孙、吴合[5]，诚有是夫！当右军[6]之却也，高祖失色[7]，及朕奋击，反为我利，孙、吴暗合，卿[8]实知言。"

是奇兵呢？"

李靖答道："凡是用兵打仗，通常都是以前进攻击为正兵，向后退却为奇兵。如果右翼部队不退却，怎么能诱使宋老生贸然全力出击呢？《孙子兵法》上说：'敌人贪利，就用小利引诱他；敌人混乱，就乘机攻取他。'宋老生不懂得用兵的道理，依恃匹夫之勇贸然出击，不料被切断后路，为陛下您所擒杀。这就是所谓变奇兵为正兵了。"

唐太宗说："汉代霍去病用兵经常与孙、吴兵法原理不谋而合，看来是真有其事。当右翼部队后退时，先父高祖皇帝大惊失色，等到我从敌人侧后实袭得手后，形势反而变得对我们十分有利了，这也是同孙、吴兵法不谋而合的，你的分析实在是精辟极了。"

注释

1 曷：疑问词，为什么、为何、何故的意思。

2 安：怎么、怎能、怎会的意思。

3 利而诱之，乱而取之：语出《孙子·计篇》，是孙子"诡道十二法"的内容。意谓：敌人贪利，就用小利引诱它，伺机予以打击；敌人发生混乱，就乘机攻取消灭它。

4 见：助动词，表示被动。被、为的意思。

5 霍去病暗与孙、吴合：霍去病（公元前140—前117年），西汉武帝时杰出将领，河东平阳（今山西临汾西南）人。官至骠骑将军，封冠军侯。他曾六次统兵出击匈奴,屡建战功,为武帝时反击匈奴之战的胜利做出了重大的贡献。他文化水平不高,汉武帝曾让他学习孙武、吴起兵法,但他却表示“顾方略何如耳,不至学古兵法”。然而从他的用兵实践来看,他善于灵活机动指挥作战,往往能出奇制胜,实与《孙子》《吴子》的基本原则相吻合。孙,指孙武。春秋时伟大的军事家,不朽兵书《孙子兵法》的撰著者,齐国人,后仕于吴国,曾辅佐吴王阖闾、夫差“西破强楚,南服越人,北威齐、晋”。其卓越的军事思想主要反映在《孙子兵法》十三篇中。吴起,战国时杰出的政治家、军事家。卫国左氏人。富有政治远见,善于用兵,先后在鲁、魏等国任将,屡建战功,并任魏西河守。后到楚国,辅佐楚悼王实行变法,促进了楚国的富强。悼王死后,旧贵族势力反扑,吴起遭杀害,变法失败。《汉书·艺文志》著录有《吴子》四十八篇,今本《吴子》共六篇,与《孙子兵法》等一起,被收入《武经七书》之中,成为中国古代兵书的代表。

6 右军:底本作“石军”,疑误,今从《汇解》校改。

7 高祖失色:高祖,即唐高祖李渊(公元 566—635 年),唐王朝的创立者。失色,惊恐失措,神色因紧张而失去常态。

8 卿:封建时代皇帝对亲近大臣的一种带尊敬的爱称。

原文

3. 太宗曰:“凡兵却,皆谓之奇乎?”

靖曰:“不然[1]。夫兵却,旗参差[2]而不齐,鼓大小而不应,令喧嚣而不一,此真败却[3]也,非奇也;若

译文

3. 唐太宗问道:“凡是军队向后退却,都可以说是用奇兵吗?”

李靖回答说:“不是这样的。当军队退却之时,如果旗帜参差不齐、东倒西歪,鼓声有大有小而又不能互相呼应,号令喧嚣而不统一,这是真正的败退之兵,而不是奇兵;如果

旗齐鼓应，号令如一，纷纷纭纭[4]，虽退走，非败也，必有奇也。《法》曰：'佯北勿追。'[5]又曰：'能而示之不能。'[6]皆奇之谓也。"

太宗曰："霍邑之战，右军少却，其天[7]乎？老生被擒，其人乎？"

靖曰："若非正兵变为奇，奇兵变为正，则安能胜哉？故善用兵者，奇正在人而已。变而神之[8]，所以推乎天也。"

太宗俛首[9]。

退却时旗帜整齐，鼓声呼应，号令统一，虽然表面上显得纷纭杂乱，向后败退，但却不是真正的败退，其中必定有奇。《孙子兵法》上说：'当敌人假装败退时不要去跟踪追击。'又说：'能打，却装作不能打。'这些都是关于使用奇兵以克敌制胜的论述。"

唐太宗又问道："在霍邑之战中，右翼部队稍向后退，这是出于天意吗？宋老生兵败被擒，这又是人力所为吗？"

李靖答道："倘若不是使正兵变化成为奇兵，奇兵变化成为正兵，那么又怎么能够克敌制胜呢？所以善于用兵打仗的人，用奇用正全在于人的指挥运用而已。因为奇正变化达到了神妙莫测的境界，所以人们常常把它归结为天意。"

唐太宗点头表示赞同。

注释

1 不然：不是这样。然，如此，这样。

2 参差：高低不一貌。

3 却：清《四库全书》抄本、明刘寅《直解》本作"者"。

4 纷纷纭纭：纷纷，盛多的样子。纭纭，繁多而混乱的样子。纷纷纭纭意谓人马纷纭，似乱非乱。《孙子·势篇》："纷纷纭纭，斗乱而不可乱。"

5 佯北勿追：语出《孙子·军争篇》，原文为"佯北勿从"，为"用兵八法"之一。意谓当敌人假装败退之时，不要实施追击，以防中敌人之计。

佯，假装，伪装。北，败北，败退。从，跟踪追击。

6 能而示之不能：语出《孙子·计篇》，为“诡道十二法”之一。意思是能打，却故意装作不能打，以欺骗迷惑敌人。

7 天：天意。古人认为天是有意志的神，为万物之主宰，故将战争的胜负成败归结于天意使然。

8 变而神之：指灵活机变进入出神入化的境界。神，这里用如动词，即奇正变化神奇莫测，不可捉摸。

9 俛首：即俯首、低头。此处表示敬佩和赞同之意。

原文

4. 太宗曰：“奇正素[1]分之欤？临时制之欤？”

靖曰：“案《曹公新书》[2]曰：‘己二而敌一，则一术为正，一术为奇；己五而敌一，则三术为正，二术为奇。’[3]此言大略[4]耳。唯孙武云：‘战势不过奇正，奇正之变，不可胜穷。奇正相生，如循环之无端，孰能穷之。’[5]斯得之[6]矣，安有素分之邪？若士卒未习吾法，偏裨[7]未熟吾令，则必为之二术。教战[8]时，各认旗

译文

4. 唐太宗问道：“奇兵和正兵是平时早就先行分开的呢？还是根据情况的需要而在战场上临时决定的呢？”

李靖回答说：“按照《曹公新书》上的说法：‘当我方的兵力两倍于敌人时，我就以一部为正兵，一部为奇兵；当我方的兵力五倍于敌时，就以五分之三的兵力作正兵，五分之二的兵力作奇兵。’这其实只是一个大概的说法。唯独孙武他说：‘作战的方法不过奇、正两种，可是奇、正上的变化，却永远未能穷尽。奇、正之间的相互转化，就像是顺着圆环旋绕似的，无始无终，又有谁能够穷尽它的奥妙呢。’这话才是真正说透了运用奇正的道理。哪有平时就对奇正

鼓，迭相分合[9]，故曰分合为变[10]，此教战之术尔。教阅[11]既成，众知吾法，然后如驱群羊[12]，由将所指，孰分奇正之别哉？孙武所谓'形人而我无形'[13]，此乃奇正之极致[14]。是以素分者，教阅也；临时制变者，不可胜穷也。"

太宗曰："深乎，深乎！曹公必知之矣。但[15]《新书》所以授诸将而已，非奇正本法[16]。"

加以区分的呢？如果士兵还不熟悉我的战法，部将还不熟悉我的号令，那么首先就必须区分为奇正两个部分来训练他们。在训练过程中，要让各个部队识别指挥的旗帜和鼓音，反复进行分散和集中的演练，所以说奇正的区分和分散与集中的奇正变化，只是平时训练部队学习和掌握奇正的方法。训练和校阅完成后，部将士兵都掌握了我的战法，然后就能像驱赶羊群一样，任凭将帅得心应手加以指挥，谁还能分得清奇正的区别呢？孙武所说的'要使敌人显露真情而我军不露痕迹'，这正是运用奇正已进入了最高的境界。所以说，平时区分奇正，那只是为了便于训练，而在战场上根据情况变化灵活运用奇正，这才是深富奥妙不可穷尽的啊！"

唐太宗说："真是深奥啊！深奥啊！曹操一定是知道这层奥秘的。但《新书》仅仅是用来教授诸将一些基本方法而已，并不是论述奇正的根本法则。"

注释

1 素：平时、平素的意思。

2《曹公新书》：曹操所撰著的军事著作。今已失传。凡《问对》中所征引《新书》之文句，多见于曹操《孙子注》。两书是否原即一种，今已不得其详。曹公，即曹操，东汉末年著名政治家、军事家。他以镇压黄巾起义起家,在随后的军阀混战中,"挟天子以令诸侯",削平吕布、袁绍、袁术、马腾等割据势力,统一了北方地区,对历史的发展做出了一定的贡献。

3 "己二而敌一"等六句:语出曹操《孙子·谋攻篇》注,意谓如果敌我兵力为一比二的话,我便分兵为二,一部分为正兵,一部分为奇兵;若敌我兵力为一比五,我即以五分之三的兵力为正,五分之二的兵力为奇。术,本义是古代城邑中的道路,此处引申为部分兵力。

4 大略:大概,大致,概略。

5 "战势不过奇正"等六句:语出《孙子·势篇》。意谓战术不过是奇正两种,然而奇正的变化,却是无穷无尽。奇正之间相互转化,就像顺着圆环旋转一样,无始无终,有谁能够穷尽它呢?战势,指兵力部署和作战方式。无端,没有尽头,无始无终。孰,谁,哪一个。

6 得之:得其要领,得其真谛。

7 偏裨:指偏将与裨校,古时军队中将佐的通称。

8 教战:指军事训练和实兵演习。《六韬·犬韬》有《教战》篇。

9 迭相分合:轮流进行分散和集中兵力的操演。迭,更替、轮流的意思。

10 分合为变:语出《孙子·军争篇》。意谓兵力的分散或集中必须根据战场情势而灵活加以处置。

11 教阅:对部队训练的情况进行检阅考核。

12 如驱群羊:语出《孙子·九地篇》。意谓愚弄士卒,像驱赶羊群一样驱使他们去战斗,以实现统治者的政治、军事目的。

13 形人而我无形:语出《孙子·虚实篇》。意谓要设法使敌人暴露真情而我军不露任何痕迹。

14 极致:指最佳境界、最高造诣。

15 但:只是、仅仅、唯独的意思。

16 本法:指原先的宗旨、根本的原则。法,原则、要旨的意思。

原文

5. 太宗曰："曹公云：'奇兵旁击'[1]，卿谓若何？"

靖曰："臣按曹公注《孙子》曰：'先出合战为正，后出为奇。'[2]此与旁击之说[3]异焉。臣愚[4]谓大众[5]所合为正，将所自出为奇，乌有先后旁击之拘哉[6]。"

太宗曰："吾之正，使敌视以为奇；吾之奇，使敌视以为正，斯所谓'形人者'欤？以奇为正，以正为奇，变化莫测，斯所谓'无形者'欤？"

靖再拜曰："陛下神圣[7]，迥出古人[8]，非臣所及。"

译文

5. 唐太宗问道："曹公讲，'所谓奇兵就是从侧后打击敌人。'您认为这种说法如何？"

李靖回答说："根据曹操注释《孙子》时所说：'率先同敌人交战的部队是正兵，然后再出击的部队为奇兵。'这里说的就同奇兵是从侧后打击敌人的说法不同。我认为主力同敌人正面交战就是正兵，将帅使用机动部队出奇制胜就是奇兵，哪能拘泥于以出击先后或侧击与否来区别奇正呢？"

唐太宗说："我本来使用正兵，却能使敌人误以为我使用奇兵；我本来使用奇兵，却能使敌人误以为我使用正兵，这就是所谓的'形人'吧？以奇兵为正兵，以正兵为奇兵，变化莫测，这就是所谓'无形'吧？"

李靖再拜说："陛下神明圣智，实在远远超过了古人，更不是臣下我所能企及的。"

注释

1 奇兵旁击：语出曹操《孙子·势篇》注。《孙子》曰："凡战者，以正合，以奇胜。"曹操注云："正者当敌，奇兵从傍击不备也。"即正兵从正面实施攻击，而奇兵则从敌侧后出其不意实施攻击。

2 先出合战为正，后出为奇：出处同上。意谓率先同敌人交战的部队为正兵，而后乘机出击的部队为奇兵。合，两军相合，即交锋战斗。

3 说：底本作“拘”，疑误。今依据《讲义》校改。

4 愚：古人自谦之辞。

5 大众：指主力部队。

6 乌有先后旁击之拘哉：此句的大意是说：奇兵正兵的运用，哪能拘泥于出击先后、正击侧击的说法呢？李靖认为以主力同敌人交战为正，而将帅根据具体情况灵活用兵为奇。乌有，没有。拘，拘泥、限制。

7 神圣：圣明，全知全能。

8 迥出古人：远远超越古人。迥，远远、截然不同的意思。

原文

6. 太宗曰：“分合为变者，奇正安在[1]？”

靖曰：“善用兵者，无不正，无不奇[2]，使敌莫测，故正亦胜，奇亦胜。三军之士，止知其胜，莫知其所以胜[3]。非变而能通，安能至是哉？分合所出，惟孙武能之，吴起而下，莫可及焉。”

太宗曰：“吴术[4]

译文

6. 唐太宗问道：“作战中按照分散或集中兵力的方式来变换战术，这时奇正表现在哪里呢？”

李靖回答说：“善于用兵的人，无处不是正，无处不是奇，使得敌人觉得莫测高深。所以，他们用正兵能取胜，用奇兵也能取胜。全军官兵，只知道战斗取得了胜利，但却不知道是如何取胜的。若不是将帅变化奇正灵活运用臻于化境，怎么能有这样好的效果呢？由兵力运用上的分散或集中而产生奇正变化，只有孙武他能够做到，吴起以下没有人能赶得上他的。”

唐太宗又问：“吴起用兵的方法是怎

若何？”

靖曰：“臣请略言之。魏武侯[5]问吴起两军相向[6]。起曰：‘使贱而勇者[7]前击，锋始交而北，北而勿罚。观敌进取，一坐一起[8]，奔北[9]不追，则敌有谋矣。若悉众[10]追北，行止纵横[11]，此敌人不才，击之勿疑。’[12]臣谓吴术大率[13]多此类，非孙武所谓以正合也。”

样的？”

李靖答道：“请允许我概略地说明一下。魏武侯曾经问过吴起：两军对垒之时，〔怎样才能了解敌方将领的用兵才能？〕吴起回答说：‘派遣一位勇敢善战的下级军官率兵向前出击，刚一交锋便假装战败退却，对败退下来的部队不要责怪和处罚，借此观察敌军的种种表现。如果敌人的前进和停止都很有节制，对我败退下来的部队也不穷追不舍，就说明敌方将领很有智谋。如果敌人倾巢出动全力追击我方部队，并且进止不一，队列纵横不齐，秩序混乱，这就说明敌方将领胸无韬略，毫无才能。这时我军应该毫不迟疑地对它发起攻击。’臣下我认为吴起的战法大多是这样的，并不是孙武所说的用正兵同敌人交战的方法。”

注释

1 安在：体现在何处。

2 无不正，无不奇：意谓无处不是正，无处不是奇，奇正浑然一体，不可人为区分。

3 止知其胜，莫知其所以胜：语意近似《孙子·虚实篇》所云：“因形而错胜于众，众不能知；人皆知我所以胜之形，而莫知吾所以制胜之形。”

4 吴术：指吴起的作战指导方法。

5 魏武侯：即魏击，战国时魏国的国君，魏文侯之子。公元前 395—前 370 年在位。

6 两军相向：两军对峙时互相观察，以求掌握对方虚实。见《吴子·论将》。原文为："两军相望，不知其将，我欲相之，其术如何？"

7 贱而勇者：指地位较低而作战勇敢的下级军官。

8 一坐一起：指部队的一举一动都很有条理，井然有序。

9 奔北：战败后拼命地向后奔跑。

10 悉众：出动全部兵力。悉，完全，全部。

11 行止纵横：指军队进退无秩序，队列一片混乱。行止，前进或停止。纵横，指没有秩序，队列混乱。

12 使贱而勇者前击……击之勿疑：此十一句语出《吴子·论将》，两者文字稍有不同。《吴子》原文为："令贱而勇者，将轻锐以尝之，务于北，无务于得。观敌之来，一坐一起，其政以理，其追北佯为不及，其见利佯为不知，如此将者，名为智将，勿与战矣。若其众讙哗，旌旗烦乱，其卒自行自止，其兵或纵或横，其追北恐不及，见利恐不得，此为愚将，虽众可获。"

13 大率：大抵、一般、通常的意思。

原文

7. 太宗曰："卿舅韩擒虎[1]尝言[2]，卿可与论孙、吴，亦奇正之谓乎？"

靖曰："擒虎安知奇正之极，但以奇为奇，以正为正耳。曾[3]未知奇正相变，循环无穷者也。"

太宗曰："古人临阵出奇，攻人不意，斯亦相

译文

7. 唐太宗问道："你的舅舅韩擒虎曾经说过，只有你才能够和他一起讨论孙武和吴起的兵法。你们讨论的也是奇正变化的问题吗？"

李靖回答说："擒虎他哪里懂得奇正变化的奥妙呢？不过是仅仅知道奇兵就是奇兵，正兵就是正兵的区分罢了，从来不了解奇正之间相互变化、循环无穷的道理。"

唐太宗又问："古人在战场上出

变之法乎？”

靖曰：“前代战斗，多是以小术而胜无术，以片善[4]而胜无善，斯安足以论兵法也？若谢玄之破苻坚[5]，非谢玄之善也，盖苻坚之不善也。”

太宗顾侍臣检《谢玄传》[6]，阅之，曰：“苻坚甚处是不善？”

靖曰：“臣观《苻坚载记》[7]曰：‘秦诸军皆溃败，唯慕容垂[8]一军独全。坚以千余骑赴之，垂子宝[9]劝垂杀坚，不果[10]。’此有以见秦师之乱。慕容垂独全，盖坚为垂所陷明矣。夫为人所陷而欲胜敌，不亦难乎？臣故曰无术焉，苻坚之类是也。”

太宗曰：“《孙子》谓‘多算胜少算’[11]，有

奇变化，在敌人意料不到时发起攻击，这也是奇正互相变化的法则吗？”

李靖答道：“古代的战斗，大多数都是稍有一点谋略的人战胜毫无谋略的人，稍懂一点用兵之道的人战胜用兵无方的人，这些人哪里能谈得上真正懂得兵法呢？譬如东晋时的谢玄在淝水之战中大破前秦的苻坚，这并不是因为谢玄善于用兵，而是因为苻坚实在是不会用兵罢了。”

于是唐太宗让左右侍臣找出《谢玄传》，阅完之后问道：“苻坚用兵在哪些地方处理不当呢？”

李靖回答说：“我看《苻坚载记》上说：‘前秦各支部队都溃败了，唯独慕容垂一支部队完整无损。苻坚率领残军千余骑前去投奔他，慕容垂的儿子慕容宝却劝他乘机杀掉苻坚，这事后来虽然没有做成。’由此可以看出前秦军队的内部是何等混乱。慕容垂一军独自得以保全，这说明苻坚为慕容垂所陷害乃是明显的事实。受到自己人的陷害，而还想在战场上打败敌人，这不就是难乎其难了吗？所以我说，用兵而无谋略的，就是苻坚这一类人。”

唐太宗说：“《孙子》认为，谋划周密的就能够打败谋划不周的，由此可知，

以知少算胜无算,凡事皆然。”	稍有谋划的就能战胜毫无成算的。一切事情大概都是这个道理。”

注释

1 韩擒虎:隋代大将,生于公元538年,卒于公元592年,李靖舅父,河南东垣(今河南新安东)人。隋文帝时任庐州总管,有文武之才。开皇九年(公元589年)正月,隋发动灭陈之战,他统率轻骑五百为先锋,乘夜自采石矶渡江,从南路进攻陈都城建康(今江苏南京),在隋北路军统帅贺若弼的策应配合下,率先攻入建康城,迫使陈军投降,俘获陈后主陈叔宝,灭亡了陈国。韩擒虎因战功卓著封上柱国,别封寿光县公,终老于凉州总管任上。

2 尝言:曾经说过。

3 曾:竟、根本的意思。

4 片善:即小善,小的优点,小的长处。片,小、局部的意思。

5 谢玄之破苻坚:指东晋太元八年(公元383年)谢玄率兵在淝水击败前秦苻坚大军的战役。是年八月,前秦统治者苻坚率军近一百万,分三路南下进攻东晋,企图一举灭晋,统一中国。晋宰相谢安派谢玄、谢石等率北府兵八万迎战。两军隔淝水对阵,形成对峙局面。谢玄派人对苻坚说,希望秦军能稍稍后移,以便晋军渡河决战。苻坚以为可以乘晋军半渡而击之,遂应允晋军要求,命令军队后移,结果引起极大混乱,溃散而不可制止。谢玄乘势挥师猛攻,大破秦军,赢得淝水之战的胜利。谢玄,东晋名将,谢安之侄,淝水之战中的晋军统帅。苻坚,氐族人,初为东海王,后杀苻生自立为前秦皇帝,在谋臣王猛辅佐下,先后攻灭前燕、前凉、代国,初步统一了北方大部分地区。王猛去世后,他一意孤行发动伐晋之役,结果惨败于淝水,使北方再度陷入分裂局面,后为羌族首领姚苌所杀,前秦灭亡。

6 顾：回视、回看。侍臣，侍奉皇帝饮食起居的贴身近臣。《谢玄传》，见《晋书》卷七十九《谢安传》所附。

7《苻坚载记》：苻坚的史传，见于《晋书》卷一一三、一一四。按，《晋书》等旧史为曾立名号而非正统者所作的传记称“载记”，以区别于本纪、列传。

8 慕容垂（公元326—396年）：十六国时期后燕的建立者。鲜卑族。前燕时封为吴王，曾大破过东晋桓温的军队，后在内部倾轧中失势，投奔前秦，甚得苻坚器重。前秦在淝水之战失败后，他乘机恢复燕国，定都中山。初称燕王，后称帝，是谓后燕。后在从事攻伐北魏的军事行动时病死于军中。

9 宝：即慕容宝。慕容垂的第四个儿子。慕容垂去世后，他嗣位登基。公元396—398年间在位。

10 不果：没有成为预期的事实。凡事与预期相合者称为“果”，不合的称为“不果”。

11 多算胜少算、少算胜无算：语意出自《孙子·计篇》，意谓计算周密、胜利条件充分的一方，能够战胜计算疏漏、取胜条件不足的一方。按，《孙子》原文作：“夫未战而庙算胜者，得算多也；未战而庙算不胜者，得算少也。多算胜，少算不胜，而况于无算乎？”

原文

8. 太宗曰：“黄帝兵法，世传《握奇文》，或谓为《握机文》[1]，何谓也？”

靖曰：“‘奇’音‘机’，故或传为‘机’，其义则一。考其词云：‘四为

译文

8. 唐太宗问道：“黄帝的兵法，后世传说为《握奇文》，或者称作为《握机文》，这怎么讲？”

李靖回答说：“奇，读音为‘机’，所以也将‘奇’传为‘机’，它们的意思是一样的。按《握奇文》上说：‘四方为正兵，四隅为奇兵，中央的余奇之

正，四为奇，余奇为握机。'[2]奇，余零[3]也，因此音机。臣愚谓兵无不是机，安在乎握而言？当为余奇则是。夫正兵受之于君，奇兵将所自出。《法》曰：'令素行以教其民者则民服[4]'，此受之于君者也。又曰：'兵不豫言，君命有所不受。'[5]此将所自出者也。凡将，正而无奇，则守将[6]也；奇而无正，则斗将[7]也；奇正皆得，国之辅也。是故握机、握奇，本无二法，在学者兼通[8]而已。"

兵即是由主将所掌握的机动部队。'所谓'奇'，就是剩余的意思，因此，'奇'读音为'机'。臣下我以为在战场上战机无处不在，哪有什么可以专门掌握的战机呢？应当理解为掌握机动力量，并用来随机应变才是正确的。正兵通常是用以执行国君的总的战略意图的部队，奇兵则是将领按照战场情况灵活使用的兵力。《孙子兵法》说：'平素能严格贯彻命令，管教士卒，士卒就会养成服从的习惯。'这是按照君主的命令行事的正兵。《孙子兵法》又说：'用兵作战的具体方法不能在事先刻板规定，国君有的命令可以拒绝执行。'这是指将帅机断指挥、见机行事而言。大凡将领，只会用正而不知用奇的，那便是墨守成规的将领；只知用奇而不会用正的，那便是浮躁好斗的将领；既会用正又会用奇的，那才是辅佐国家的良将。所以说掌握战机和掌握机动兵力，这两者本来不是可截然分开的方法，关键在于学习者能够融会贯通而已。"

注释

1 《握机文》：又名《握奇文》《握奇经》或《幄机经》。中国古代论述八阵的兵书。一卷，380 余字（一本 360 余字）。旧题黄帝臣风后撰，西周初姜尚为之引申，汉代公孙弘作解。另附《握奇经续图》一卷，旧题晋马隆撰《八阵总述》一卷。其书《宋史·艺文志》始见著录。后人认为当为唐人所依托。由于该书文字过于简略,后人对其理解与诠释不尽一致,其概要是论述八阵,揭说布阵用兵,要根据“天文气象向背、山川利害”和兵力多寡等情况而灵活处置的道理。

2 “四为正,四为奇,余奇为握机”:这三句话是《握机文》的原文和主干。历来对其解释多有分歧。一说释为:天、地、风、云为四正,龙、虎、鸟、蛇为四奇。八阵为一整体,而每阵又有其独立性。故合而为一,离而为八。每阵八队,八阵共六十四队。八阵之外,另有少部分兵力为游军,称为“余奇”或称“握机”,即机动兵力,由主将直接调遣。另一说释为:八阵为天、地、风、云、龙、虎、鸟、蛇等八个以不同旗幡服饰作标志的小方阵组合而成的一个大方阵。四方为四正,四隅为四奇。即部署在前、后、左、右四方之各小方阵为正兵,而当四方正兵向四隅隙地机动时便是奇兵。所以四正为体,四奇为用。“余奇”为主将居中掌控的机动兵力,掌握此奇零之兵又称为“握奇”。

3 余零:即余奇,指八阵中由主将亲自掌握和调度运用的机动兵力。

4 令素行以教其民者则民服:语出《孙子·行军篇》。意谓平素能严格贯彻命令、管教士卒,那么战时士卒就能服从指挥,勇敢杀敌。

5 兵不豫言,君命有所不受:今本《孙子》无“兵不豫言”四字。君命有所不受,语出《孙子·九变篇》。全句主旨是强调将帅应拥有作战中的机断指挥权限,即战阵之事当相机便宜从事,事前不能刻板规定。即使是国君的命令,如果不适应战场形势的需要,也应该有所变通,不宜机械执行,甚至可以不接受。豫,通预,事先、提前的意思。

6 守将:墨守成规,缺乏机动变宜能力的将领。

7 斗将:只知道勇敢拼杀,而不善于持重待机的将领。

8 兼通:智勇兼备,刚柔并济,融会贯通。

原文

9. 太宗曰："陈数有九，中心零者，大将握之，[1]四面八向[2]，皆取准[3]焉。陈间容陈，队间容队；[4]以前为后，以后为前；进无速奔，退无遽走[5]；四头八尾[6]，触处为首；敌冲其中，两头皆救；数起于五[7]，而终于八[8]。此何谓也？"

靖曰："诸葛亮以石纵横布为八行[9]，方陈之法即此图也。臣尝教阅，必先此陈。世所传《握机文》，盖得其粗[10]也。"

译文

9. 唐太宗说："一般的军阵区分为九个小的方阵，中央的一阵为余零之兵，由大将自己亲自掌握，四方四隅各阵都向中阵看齐取准，大阵之中包容许多小阵，大队之中包容许多小队。前阵可以做后阵，后阵也可以做前阵。前进时不快跑，后退时不急走。整个方阵四头八尾，哪部分受到攻击，哪部分就立即变为阵首迎击敌人。如果敌人拦腰冲击方阵，那么方阵的头尾都来救应。布阵的数目最初是五个，后来演变成为八个，这是什么道理呢？"

李靖回答说："诸葛亮曾用石块纵横排列成八行，八阵的布阵方法，就如同上述黄帝九阵一样。我过去教练部队阵法，总是先教会此阵。现在世上所流传的《握机文》，不过是说明一些梗概罢了。"

注释

1 陈数有九，中心零者，大将握之：这仍是对握机阵的描述。握机阵，外有四正四奇，内有中军，合在一起其数共有九阵（九军）。宋代沈括《梦溪笔谈 · 补笔谈》曰："风后八阵，大将握奇，处于中军，则并中军为九军也。"又明刘寅《直解》："阵数有九，外有四正四奇，中心零者，大将握之。"

2 四面八向：四面，指四方正兵；八向，四方正兵加上四隅奇兵。

3 准：准则、准绳。

4 陈间容陈，队间容队：大阵之中包容有小阵，大队之中包容有小队。

5 遽走：仓促奔跑。遽(jù)，急匆匆、仓促。走，奔跑。

6 四头八尾：四头，是指握机阵四奇或四正小方阵之中，任何一阵被敌攻击时即作为头部。八尾，即指握机阵中有一阵被敌攻击时，其余八个小方阵作为尾部。

7 五：指东、西、南、北和中央五阵。

8 八：指东、西、南、北及东北、东南、西南、西北八阵。这是由五阵之前后左右四个方阵演变而来的八个方阵。按：自“陈数有九”至“而终于八”，见于今本《握奇经》，这段文字主要阐述了古代方阵在作战中阵形变化的基本原理。所谓“数起于五”，是指前后左右中五个方阵。所谓“终于八”，是指由五阵经过兵力机动而使八个方向都布满兵力。再加上“大将握之”的“中心零(余奇，机动兵力)者”，正好是九个小的方阵组成一个互相协同、互为掎角之势的大方阵，所以又可以说是“阵数有九”。

9 诸葛亮以石纵横布为八行：八行，即诸葛亮八阵图。相传诸葛亮曾聚石布成八阵图形。据《水经·沔水注》《汉中府志》《太平寰宇记》《明一统志》等史籍记载，八阵图遗迹共有三处：一在陕西勉县东南诸葛亮墓东；一在重庆奉节县南江边；一在四川金堂县弥牟镇。

10 粗：粗略情况、概略内容。

原文

10. 太宗曰：“天、地、风、云、龙、虎、鸟、蛇[1]，斯八陈何义也？”

靖曰：“传之者误也。

译文

10. 唐太宗问道：“天、地、风、云、龙、虎、鸟、蛇，作为八阵的名称，它们的含义是什么？”

李靖回答说：“这是后人在传授中发生的错误。古人为了保守

古人秘藏此法，故诡设[2]八名尔。八陈本一也，分为八焉。若天、地者，本乎旗号；风、云者，本乎幡[3]名；龙、虎、鸟、蛇者，本乎队伍之别。后世误传，诡设物象[4]，何止八而已乎？”

这一阵法的秘密，便故意给它安上八个神秘的名称。其实八阵乃是一个整体，具体分为八个部分罢了。比如天、地和风、云，原本是几种旌旗的名称；而龙、虎、鸟、蛇，则不过是各个部队的序列之别。后人辗转相传发生错误，给各个大阵小阵都以各种物象命名，其实又何止上述那八种呢？”

注释

1 天、地、风、云、龙、虎、鸟、蛇：此八阵名称始见于李筌《太白阴经》。这乃是对古代八阵的一种穿凿附会之说。

2 诡设：诈设、假设的意思。

3 幡：也称“旛”，长方而下垂的旗帜，如长幡。也是旗帜的统称。

4 物象：指天、地、风、云、龙、虎、鸟、蛇一类的自然现象和动(植)物。

原文

太宗曰：“数起于五而终于八，则非设象，实古制也。卿试陈[1]之。”

靖曰：“臣按黄帝始立丘井之法[2]，因以制兵[3]。故井分四道，八家处之，其形井字，

译文

唐太宗说：“布阵的数目初始是五个，到最终推演成八个，这并非是由于假设物象的缘故，而是一种古代的传统制度。你可以详细谈一谈这一问题。”

李靖说：“从历史上看，黄帝最早创立丘井之法，并根据井田之法确立军事制度。一‘井’共有四条相互交叉的道路，八家居民共处一‘井’，它的形状就像一个‘井’字，正好将土地分成九个方块。

开方九焉。五为陈法,四为闲地[4],此所谓数起于五也。虚其中,大将居之,环其四面,诸部连绕,此所谓终于八也。及乎变化制敌,则纷纷纭纭,斗乱而法不乱;浑浑沌沌[5],形圆而势不散,[6]而此谓散而成八,复而为一者也。”

以井田与八阵相类比,那么前后左中右即为五块阵地,余下的东南、西南、西北、东北四块角落则为闲地。这就是所谓布阵之数开始于五阵的由来。空出中央阵地,由大将居中指挥,以前后左右加上四个角落环绕相连列阵,便成了八阵,这就是所谓阵数最后演变为八个的由来。等到交换队形打击敌人的时候,则部队频繁机动,旌旗招展,虽然阵地上纷乱厮杀,看似混乱但阵法却不错乱。部队行动有如江河奔流,浑浑沌沌,迷迷蒙蒙,阵形浑圆而阵势不散。这就是所谓分散开来成为八阵,而组合起来就是一个大阵。”

注释

1 陈:陈说、陈述的意思。

2 丘井之法:丘、井都是古代划分土地、区域的基本单位。丘井之法即指古代划分土地、区域的一种制度。相传殷周时代国家将土地按井字形划为九区,一井九百亩,共九区,每区百亩,中央百亩为公田,其他八区由八家分受耕种,八家还须助耕公田。八家同井,四井为邑,四邑为丘,故称丘井之法。李靖借此喻指五阵向八阵的转化。唯其云丘井之法系黄帝创立,则是依托,不足为据。

3 制兵:管理军队,即确立军事制度。制,控制,引申为管理、处置。

4 闲地:隙地。

5 浑浑沌沌:混乱迷蒙不清的样子。

6 纷纷纭纭……形圆而势不散:语意出自《孙子·势篇》。原文为“纷纷纭纭，斗乱而不可乱也；浑浑沌沌，形圆而不可败也”。意谓战旗纷乱，人马杂纭，在混乱之中作战做到军队整齐不乱。浑浑沌沌，迷迷蒙蒙，要布阵周密，保持态势而不致失败。

原文

太宗曰：“深乎，黄帝之制兵也！后世虽有天智神略，莫能出其阃阈[1]，降此[2]孰有继之者乎？”

靖曰：“周[3]之始兴，则太公[4]实缮[5]其法：始于岐都[6]，以建井亩；戎车三百辆，虎贲三千人[7]，以立军制；六步七步，六伐七伐，[8]以教战法。陈师牧野[9]，太公以百夫致师[10]，以成武功，以四万五千人胜纣七十万众[11]。周《司马法》[12]，本太公者也。太公既没，齐人得其遗法。至桓公[13]霸天下，任管仲[14]，复修太公法，谓之节制之师[15]，诸侯毕[16]服。”

译文

唐太宗说：“黄帝所创立的兵制，含意真是深奥啊！后人虽然有高超的智慧，深远的谋略，但谁也没有能够超越他的思想。自黄帝之后，又有谁继承了他的兵法呢？”

李靖回答说：“西周刚刚兴起之时，姜太公就曾整理修订过黄帝兵法，开始在岐都建立井田制度，拥有战车三百辆，虎贲三千人，创建了周朝的军事制度；确立了六步七步、六伐七伐的作战方法。于是，牧野一战，姜太公以百名勇士组成的前锋冲击敌阵，成就了武功，取得以四万五千人战胜商纣七十万大军的辉煌胜利。周代的兵书《司马法》，就是根据太公兵法而写成的。姜太公去世之后，齐国人得到了他遗传下来的兵法。到了齐桓公称霸天下时，任用管仲为宰相，重新整理太公兵法，齐国的军队被称作为纪律严明、训练有素的军队，使得当时各诸侯国全都畏服归附。”

注释

1 阃阈(kǔn yù):门槛,此处引申为范围、界限之义。阃,底本作“閫”,疑误,今据《讲义》校改。

2 降此:从此以后,自此而下的意思。

3 周:朝代名。公元前11世纪周武王伐纣灭商后建立,都于镐京(在今陕西西安市沣水东岸)。又以公元前8世纪中叶平王东迁洛邑(今河南洛阳市)为标志,分为西周与东周两个阶段。它是中国历史上古代贵族分封制的全盛时代。

4 太公:即吕尚,姓姜,字子牙,俗称姜太公,又称太公望。西周初官至“太师”,故也称师尚父。他曾辅佐文王、武王翦灭殷商王朝,因功分封于齐,为齐国的始祖。

5 缮:修补、修理、整理的意思。

6 岐都:古都邑之名。在今陕西省岐山县东北。周族首领古公亶父因受戎狄威逼,将统治中心由豳地迁徙到岐山下的周原,在那里筑城郭,建居室,并开始从事翦灭商朝的大业。

7 虎贲三千人:虎贲,古代勇士的代称,形容其雄壮勇猛如同猛虎奔走逐兽。三千人,底本作“三百人”,疑误,据《史记·周本纪》《四库全书》抄本校改。

8 六步七步,六伐七伐:这是周武王在牧野誓师中对周军将士所颁布的作战要领。见于《尚书·牧誓》和《史记·周本纪》的记载。其中《尚书》原文为:“今日之事,不愆于六步七步,乃止,齐焉。夫子勖哉!不愆于四伐五伐,六伐七伐,乃止,齐焉。勖哉夫子!”意谓在今天的这场战斗中,部队每前进六步七步以后,就要暂停一下,以保持阵形整齐;在刺杀时,每击刺四次五次,最多六次七次,就要暂停一下,以整顿战斗队形。这反映了当时步兵大方阵平面推进作战的基本特点。

9 牧野:古地名,在今河南省淇县西南一带。周武王率军在此歼灭殷商军队的主力,从而攻克殷都朝歌(今河南淇县),建立周朝。

10 致师：用少量精锐的部队，对敌人军阵进行挑战。

11 胜纣七十万众：纣，即商纣王，亦称帝辛，殷商王朝的最后一个君主。传说他嗜酒好色，横征暴敛，严刑酷法，导致百姓怨恨，诸侯多叛。他又穷兵黩武，连年对东夷用兵。西方属国周国，乘机出兵征伐，大破殷商军队。纣王见大势尽去，登鹿台自焚身死，殷商灭亡。七十万众，见于《史记·周本纪》记载，但疑当为十七万众（参见陈子龙《史记测义》及《太平御览·皇王部八》）。

12 《司马法》：我国古代的一部重要兵书。其主要内容来源于西周时期的供武官学习和遵循的法典型兵学著作。司马迁说："自古王者而有《司马法》，穰苴能申明之。"但这类兵书到战国时已经散佚。现在我们所能见到的《司马法》一书，大约编成于战国时期。据《史记·司马穰苴列传》记载："齐威王使大夫追论古者司马兵法，而附穰苴于其中，因号曰《司马穰苴兵法》。"这表明该书既包含了大量古代王者司马兵法的内容，也有司马穰苴的军事著述，同时还有稷下大夫的某些论兵之作，是一部综述古今的混合型兵书。《司马法》在《汉书·艺文志》中著录有一百五十五篇，入《六艺略·礼部》，名为《军礼司马法》。《隋书·经籍志》以下，历代史书《经籍志》《艺文志》和公私目录书均将其列入子部兵家类。北宋神宗元丰年间，《司马法》被列为《武经七书》之一，颁行武学，成为将校必读之书。其书历代散佚严重，到北宋时即仅存残本五篇。这就是我们今天所见到的今本《司马法》。五篇的篇名是《仁本》《天子之义》《定爵》《严位》《用众》。另外还有一定数量佚文，散见于《文选》李善注和《太平御览》《通典》等典籍。《司马法》具有重要的军事学术价值，它是我国现存兵书中，反映商、周、春秋以前兵学思想、作战特点、军事制度实际情况最为充分的兵学典籍。

13 桓公：即齐桓公，春秋初期齐国的国君，姜姓，名小白，公元前685—前643年在位。曾任用管仲、鲍叔等贤能之士，实行改革，"作内政以寄军令”,并以“尊王攘夷”为旗帜,北抗戎狄,救燕,迁邢,存卫,南扼强楚,多次举行诸侯盟会,成为春秋历史上第一位霸主。

14 管仲:字夷吾,颍上(今安徽颍水之滨)人,春秋时期著名政治家。曾辅佐齐桓公,改革政治,发展生产,扩充军备,使齐国从此国力大振,称霸中原,被尊称为仲父。

15 节制之师:指纪律严明、训练有素、战斗力强大的军队。《荀子·议兵》:“秦之锐士,不可以当桓、文之节制。”

16 毕:全部,都,完全。

原文

太宗曰:“儒者多言管仲霸臣[1]而已,殊不知兵法乃本于王制[2]也。诸葛亮王佐之才,自比管、乐[3],以此知管仲亦王佐也。但周衰时,王不能用,故假齐兴师尔。”

靖再拜曰:“陛下神圣,知人如此,老臣虽死,无愧昔贤也。臣请言管仲制齐之法:三分齐国,以为三军;[4]五家为轨[5],故五人为伍[6];十轨为里[7],故五十人为小戎[8];四里为连[9],故二百

译文

唐太宗说:“儒家人物大多认为,管仲不过是一个以霸道治天下的谋臣而已,殊不知他的兵法实际上却是立足于王道之治的。诸葛亮是辅佐帝王的贤才,当年他常将自己比作为管仲和乐毅,由此可知管仲也是辅佐帝王的贤才。只不过当时周王室已经衰微,周王不能任用管仲,所以他只好转而凭借齐国的力量兴师以匡正天下。”

李靖再拜说:“陛下神武圣明,知人如此透彻,我即使现在就死去也觉得无愧于先贤了。请允许臣下我说一说管仲治理齐国的方法:他把齐国的民众划分为三个部分,建立三军。具体地说:行政上五家组成一轨,每家出兵一人,所以军制上相应的以五人组成一伍;行政上十轨组成一里,所以军

人为卒[10];十连为乡[11],故二千人为旅[12];五乡一师[13],故万人为军[14]。亦犹[15]《司马法》'一师五旅[16],一旅五卒'之义焉。其实皆得太公之遗法。"

制上以五十人组成一个小戎;行政上四里为一连,所以军制上二百人组成一卒;行政上十连为一乡,所以军制上以二千人组成一旅;行政上五乡为一师,所以军制上一万人组成一军。这就如同《司马法》中所规定的军制一样,一师下分五个旅,一旅下分五个卒。其实,这都是来源于姜太公的遗法。"

注释

1 儒者多言管仲霸臣:儒家讲求王道,故管仲辅佐齐桓公成就霸业,在他们看来并非最理想的历史人物。如《荀子·仲尼》即云:"仲尼之门,五尺之竖子,言羞称乎五伯。"

2 王制:先王的制度。《礼记》《荀子》皆有《王制》篇。孔颖达《礼记·王制》疏云:"王制者,以其记先王班爵、授禄、祭祀、养老之法度。"

3 管、乐:管仲、乐毅。管仲见前注。乐毅,战国时期著名军事家。中山国灵寿(今河北平山东北)人。少怀大志,才能卓荦,精通兵法。曾仕于赵、魏,后闻燕昭王贤明,入燕为亚卿,后任上将军,曾率燕、赵、韩、魏、秦五国联军伐齐,大破之,下齐七十余城,被封为昌国君。燕惠王即位后,中齐人反间之计,改用骑劫为将,乐毅因惧祸出奔赵国,被封于观津(今河北武邑东南),号望诸君。最后老死于赵国。

4 三分齐国,以为三军:《国语·齐语》等史籍称管仲辅佐齐桓公改革军制,建立三军。其中设士乡十五,五乡为一军,齐桓公直接统率中军,上卿国子、高子分领其他两军。

5 五家为轨:古代民户的一级编制单位。《国语·齐语》云:"五家为轨,故五人为伍,轨长帅之。"韦昭注云:"居则为轨,出则为伍。"

6 伍:古代军队的最小编制单位,五人为一伍,立伍长率之。

7 里:古代民户的一级编制单位,后来也成为一级基层行政机构。按《国语·齐语》,齐国以五十家为一里。

8 小戎:齐国以兵车成员为计算单位的军队一级编制。小戎,原义为一种兵车,齐以五十人为一乘,多于西周定制三十人,少于春秋晚期一乘七十五人制。体现出兵车步兵成员由少增多的历史趋势。

9 连:古代民户的一级编制单位。《国语·齐语》云:"四里为连,故二百人为卒,连长帅之。"可见齐国以二百家为一连。

10 卒:古代军队的一级编制单位。通常以一百人为一卒,但齐国以二百人为一卒。

11 乡:古代行政区域的名称,指靠近都城的近郊地区。所辖范围、面积不同时期、不同国家有所区别。周室有六乡,鲁有三乡。齐国有二十一乡。按《国语·齐语》,齐国以二千家为一乡。

12 旅:古代军队的一级编制单位。通常以五百人为一旅,但齐国以二千人为一旅。

13 师:古代军事或行政区域的名称。齐国以一万家为一师。按,师,底本作"帅",疑误。今据《讲义》及《四库全书》抄本校改。

14 军:原意为屯,指军队屯驻。后引申为古代军队的最高编制单位。齐国以一万人为一军。按,商、周时期,军队的最高编制单位为师,进入春秋后,军队人数增加,军遂取代师成为军队的最高编制单位。

15 犹:底本作"由",疑误,今据《四库全书》抄本校改。

16 一师五旅:底本"师"作"帅",疑误,今从《四库全书》抄本校改。

原文

11. 太宗曰:"《司马法》人言穰苴[1]所述,是欤?否也?"

译文

11. 唐太宗问道:"人们都说《司马法》一书是司马穰苴所著,这种说法是对还是不对呢?"

靖曰："案《史记·穰苴传》，齐景公[2]时，穰苴善用兵，败燕、晋之师，景公尊为司马[3]之官，由是称司马穰苴，子孙号司马氏。至齐威王[4]追论古《司马法》，又述穰苴所学，遂有《司马穰苴书》数十篇。今世所传兵家者流[5]，又分权谋[6]、形势[7]、阴阳[8]、技巧[9]四种，皆出《司马法》也。"

李靖回答说："根据《史记·司马穰苴列传》记载，齐景公时，田穰苴善于用兵，曾击败过燕国和晋国的军队，因战功卓著被齐景公加封司马之官，由于这个原因，人们称他为司马穰苴，他的子孙也号称司马氏。到了齐威王时，研讨古代的《司马兵法》，并整理穰苴的有关军事论述，于是就产生了《司马穰苴书》数十篇。现在流传下来的兵学流派，又区分为兵权谋、兵形势、兵阴阳、兵技巧等四种，其实它们都源出于古代的《司马法》。"

注释

1 穰苴：即司马穰苴，本姓田，名穰苴，为田完的后裔。春秋时期齐国大夫，精通兵法。齐景公时，燕、晋两国发兵攻打齐国，齐军不敌败退。晏婴举荐他为将军，称道他"文能附众，武能威敌"。受命后，他不负众望，率军驱逐了入侵的燕、晋之师。齐景公因此封他为大司马，所以又称司马穰苴。战国中叶，齐威王命大夫整理古代《司马兵法》，并把他的有关军事著述也附在其中，定名《司马穰苴兵法》，又简称《司马法》。可参见前"《司马法》"注。

2 齐景公：名杵臼，春秋晚期齐国国君。公元前 547—前 490 年在位。

3 司马：官名，西周时期设置。其大司马为六卿之一。西周晚期地位上升，与司徒、司空合称为"三有司"。其下尚有军司马、旅司马、两司马等。主要掌管军政、军赋及军法事宜。春秋战国时沿用。

4 齐威王：田氏，名因齐（一作婴齐），战国中期齐国国君。公元前356—前320年在位。期间他任用邹忌为相，田忌为将，孙膑为军师，改革政治，发展经济，增强军备，使国力渐强，曾先后在桂陵、马陵之战中大破魏军，结束了魏国在战国前期的称霸局面，迫使魏惠王与之互尊为王。同时，他还广设稷下学宫，招揽学者，发展文化事业。

5 兵家者流：兵家，中国古代专门研究军事问题用以指导战争实践的学派。底本无“者”字，今据《讲义》诸本增补。流，流派。

6 权谋：《汉书·艺文志》将兵家区分为四大类，居于首位的就是“兵权谋家”。其基本特点是：“以正守国，以奇用兵，先计而后战，兼形势，包阴阳，用技巧者也。”即讲求权变谋略。《孙子》《吴子》《孙膑兵法》等均属这一类。

7 形势：即兵形势家。其主要特色，按照《汉书·艺文志》的概括，是“雷动风举，后发而先至，离合背乡，变化无常，以轻疾制敌者也”。即善于实施战场机动。一说，现存世的“兵形势家”军事著作之代表作为《尉缭子》。

8 阴阳：即兵阴阳家。其特征为“顺时而发，推刑德，随斗击，因五胜，假鬼神而为助者也”。这说明这部分兵家善因天时气象用兵，有一定的辩证思想，又杂糅着鬼神迷信的糟粕。

9 技巧：即兵技巧家。其侧重于军事技术和战术运用，即所谓“习手足，便器械，积机关，以立攻守之胜者也”。

原文

太宗曰：“汉张良[1]、韩信[2]序次兵法，凡百八十二家，删取要用，定著三十五家。[3]今失其传，何也？”

译文

唐太宗又问：“汉代张良、韩信整理和编次当时存世的各种兵法，一共得到一百八十二家。经过筛选取舍，最后定为三十五家。现在这些兵书大多已经失传，这是什么缘故？”

靖曰："张良所学，太公《六韬》[4]《三略》[5]是也；韩信所学，穰苴、孙武是也。然大体不出三门四种而已。"

太宗曰："何谓'三门'？"

靖曰："臣案《太公·谋》[6]八十一篇，所谓阴谋[7]，不可以言穷[8]；《太公·言》七十一篇，不可以兵穷；《太公·兵》八十五篇，不可以财穷。此三门也。"

太宗曰："何谓'四种'？"

靖曰："汉任宏[9]所论是也。凡兵家者[10]流，权谋为一种，形势为一种，及阴阳、技巧二种，此四种也。"

李靖答道："其实张良所学习的就是太公的《六韬》以及《三略》，韩信所学的便是司马穰苴和孙武的军事学说。而这些古代兵书，就其类别而言，大体不外乎三门四种。"

唐太宗问："什么叫'三门'？"

李靖回答说："我认为是：《太公·谋》八十一篇为第一门，上面所讲的诡秘的计谋，不可以言尽其意；《太公·言》七十一篇为第二门，上面所讲的深奥玄理，不可以兵穷其妙；《太公·兵》八十五篇为第三门，上面所说的用兵之道，不可以才穷其术。这就是古代兵书中的三门。"

唐太宗接着问："什么又叫'四种'呢？"

李靖回答："这就是汉代任宏所论述的兵学分类法。所有的兵家学派可以划分为四种：权谋为一种，形势为一种，再加上阴阳和技巧两种，这就是所说的四种。"

注释

1 张良：汉初著名政治家、谋略家，字子房。传说为城父（今安徽亳州市东南）人。其先世为韩国贵族。秦灭韩后，为替韩国报仇，他曾用重金收买刺客谋刺秦始皇。事败后，更名隐居于下邳（今江苏邳州市），因遇黄石公得《太公兵法》。秦末农民战争中,张良聚众投效刘邦,成为其重要谋士,为之运筹帷幄,建树卓著。刘邦称帝后受封为留侯,卒于公元前186年。

2 韩信:汉初杰出的军事家,淮阴(今江苏淮安市)人。秦末农民起义爆发后,他投效项梁、项羽军中,曾任郎中,多次献策而未得重用。于是转而弃楚投汉,在萧何的举荐下,被刘邦任命为大将,他辅佐刘邦还定三秦,率偏师开辟北方战场,擒魏豹,灭代亡赵,降燕平齐,屡建功勋,因受封为齐王,尔后又南下攻占项羽老巢彭城,与刘邦会师,垓下一战,以"五军阵"与项羽交锋,指挥汉军聚歼楚军,击灭项羽。汉朝建立后,改封为楚王。后受诬陷,被降为淮阴侯。公元前196年,为蓄意诛灭功臣的刘邦、吕后等人所杀害。《汉书·艺文志》著录有"韩信(兵法)"三篇,今已亡佚。

3 "汉张良、韩信序次兵法"四句:语出《汉书·艺文志·兵书略》。西汉初年,因多年战乱,更有秦始皇焚书之劫,天下图书损失殆尽,西汉政府曾多次组织官员搜集整理图书,其中张良、韩信是最早奉命整理兵书的人。他们共搜集到一百八十二种兵书,经过汰选取舍,择其精要适用的,最后定出三十五种。至于这三十五种兵书的具体目录,现已难以稽考。

4 《六韬》:先秦时期著名兵书,《武经七书》之一。相传为西周姜太公所撰著,经考证,实不足信。一般认为其大约成书于战国后期。《六韬》全书共六卷六十篇,由《文韬》《武韬》《龙韬》《虎韬》《豹韬》《犬韬》六个部分组成。它通过周文王、周武王与姜太公对话的形式,阐述治国治军的基本方略和指导战争的理论及原则,内容丰富,论述详赡,思想深刻,体系完备,堪称先秦兵学著作中的集大成之作。

5 《三略》:中国古代著名兵书,《武经七书》之一。又名《黄石公三略》。传说此书也为姜太公所作,后经黄石公推演授予西汉张良,故旧题黄石公撰。《汉书·艺文志》未尝著录。东汉末陈琳《武军赋》始有"三略六韬之术”一说。曹魏时李康《运命论》复称“张良受黄石公之符，诵《三略》”。《隋书·经籍志》始著录《黄石公三略》三卷。可见其成书当在东汉末至魏晋间。《三略》全书，共分上略、中略、下略三卷，近四千言。书中杂采儒家的仁、义、礼，法家的权、术、势，墨家的尚贤以及道家的贵柔守雌诸学说，比较全面深刻地阐述了统军驭将的政治谋略。

6 《太公·谋》:《汉书·艺文志·诸子略·道家》著录有《太公》二百三十七篇，分谋、言、兵三部分，其书已佚。据史籍所征引的零散内容来看，其书不外乎阐述政治、外交、军事诸问题。

7 阴谋：与现在“阴谋”一词多含贬义有所不同，古人所说“阴谋”，主要是指隐秘筹划军事方略，机密灵活地用兵以达到克敌制胜的目的。故《史记·齐太公世家》云：“(西伯)与吕尚阴谋修德以倾商政，其事多兵权与奇计，故后世之言兵及周之阴权，皆宗太公为本谋。”对此充满赞赏之意。

8 穷：尽其奥妙。

9 任宏：汉成帝时人，曾任步兵校尉，受命校理兵书，对古代兵书的整理和流传，做出过相当大的贡献。

10 者：底本无此字，今据《四库全书》抄本增补。

原文

12. 太宗曰：“《司马法》首序蒐狩[1]，何也？”

靖曰：“顺其时而要[2]之以神，重其事也。《周礼》[3]最为大政：成有岐阳之蒐[4]，康有酆宫之

译文

12. 唐太宗问道：“《司马法》首先论述春冬时节的田猎问题，这是为什么？”

李靖答道：“利用农闲季节进行田猎、训练军队，同时祭祀宗庙求神庇佑，这是表示对武备的重视。《周礼》一书将田猎列为最重要的制度。周成王曾有在岐山南面进行田猎的壮举，

朝[5],穆有涂山之会[6],此天子之事也。及周衰,齐桓有召陵之师[7],晋文有践土之盟[8],此诸侯奉行天子之事也。其实用九伐之法[9]以威不恪[10]。假之以朝会[11],因之以巡狩[12],训之以甲兵,言无事兵不妄举,必于农隙[13],不忘武备也[14]。故首序蒐狩,不其深乎!”

周康王曾有在酆宫接受诸侯朝觐的盛况,周穆王也曾有在涂山举行大会的典礼,这都是天子分内的事情。待到周王室衰微之后,齐桓公曾与诸侯会师于召陵,晋文公曾和诸侯结盟于践土,这都是诸侯假天子之命所做的事情。其目的在于用'九伐之法'来威慑那些不听从王命的诸侯,只是借用了朝会的名义,利用巡猎的机会,进行军事训练,旨在强调天下太平无事不要轻易大兴兵戈。而田猎之所以一定要在农闲之时进行,这又体现了和平时期不忘战备的意思。所以说,《司马法》首先叙述田猎问题,其用意不正是十分深远的吗?”

注释

1 蒐狩:指古人通过田猎活动训练军队,进行实兵演习。春猎为蒐,冬猎为狩。《左传·隐公五年》云:“故春蒐、夏苗、秋狝、冬狩,皆于农隙以讲事也。”至春秋中后期,“蒐”演变为较单纯的检阅练兵。《左传·宣公十四年》载:“告于诸侯,蒐焉而还。”杜预注云:“蒐,检阅车马。”又《左传·成公十六年》云:“蒐乘补卒,秣马利兵。”至战国时期,蒐狝式的军事演习为正规、经常性的军事训练所取代。

2 要:通“邀”,求。

3《周礼》:书名,又称《周官》,儒家经典之一。今本有四十二卷。其内容是搜集周王室官制和春秋战国时期各国制度,添附儒家的政治理想,增减排比而成的汇编。古文学家认为是周文王之子、杰出政治家周公旦所著,今文学家认为出自战国,也有人以为系西汉末年刘歆等人所伪造。现在学术界通行的观点,认为它是战国时代的作品,但也多少保留了一些西周和春秋时的制度及史料。《周礼》全书共有《天官冢宰》《地官司徒》《春官宗伯》《夏官司马》《秋官司寇》《冬官司空》等六篇。其中《冬官司空》早已散佚,汉时补以《考工记》。

4 成有岐阳之蒐:成,周成王,周武王之子,在周公、召公等人辅佐下,他平定叛乱,稳定内部,发展经济,为西周走向全盛奠定了基础。岐,今陕西岐山;阳,山的南面。岐阳之蒐,指周成王在岐山南面进行的以田猎为方式的军事演练。

5 康有酆宫之朝:康,周康王,成王之子,继位后继承乃祖乃父传统,励精图治,与其父成王一起造就著名的"成康之治"。酆宫,在今陕西省西安市鄠邑区。周文王曾在此建都,武王迁都镐京后,酆宫地位不改,仍为全国政治文化中心之一。朝,朝觐。酆宫之朝,指周康王曾在酆宫一带田猎以朝会诸侯。

6 穆有涂山之会:穆,周穆王。涂山,相传是在安徽省怀远县东南之淮河北岸。涂山之会,指周穆王曾在涂山一带进行田猎演练,会见诸侯。

7 召陵之师:据《左传·僖公四年》记载,是年(公元前656年),为抑阻楚国咄咄逼人的北上势头,当时的霸主齐桓公会合鲁、陈、卫、郑、许、曹等诸侯国的军队南下侵蔡伐楚,楚国派遣大夫屈完与诸侯交涉,经过一番外交斗争后,楚国稍示屈服,于是双方结盟于召陵。尔后,齐军与诸侯之师乃撤退。召陵,古邑名,春秋时属楚,在今河南偃师东南。

8 晋文有践土之盟:晋文,即春秋时晋国著名国君晋文公,春秋五霸之一。曾因晋国内骊姬之乱而出奔避祸,在外颠沛流离多年,后借助秦国的支持返国即位。在位期间任用贤能,革新政治,发展军力,并经城濮之战击败楚军,取威定霸,使晋国成为中原地区的第一强国。践土之盟,指鲁僖公二十八年(公元前632年),晋文公借助宋抗楚为由,高举尊王攘夷的旗帜,在城濮战胜不可一世的楚军。周襄王亲自犒劳晋师,晋文公于是在践土(今河南原阳西南)修建王宫,迎接襄王,并与诸侯会盟。它标志着晋文公从此继齐桓公而成为诸侯盟主。

9 九伐之法:指周天子征伐不臣诸侯的九条基本原则。作为用以威慑、控制诸侯的一种制度,它规定在九种情况下,周天子应该会同诸侯对违犯王命者予以征伐,"以九伐之法正邦国"。其具体内容见于《周礼·夏官·大司马》:"凭弱犯寡则眚之,贼贤害民则伐之,暴内陵外则坛之,野荒民散则削之,负固不服则侵之,贼杀其亲则正之,放弑其君则残之,犯令陵政则杜之,外内乱鸟兽行则灭之。"按,"九伐之法"的内容亦见于《司马法·仁本》的记载。

10 威不恪:以武力威慑、弹压不恭敬、不驯服的行为。不恪,不恭顺、不驯服。

11 朝会:指诸侯或臣属朝见晋谒君主。按礼家的解释,春见曰朝,时见曰会。

12 巡狩:古代君主在一定时间里,出巡诸侯领地,考察其治绩得失,并据此予以赏罚。这是王室控御地方的一种重要手段。《孟子·梁惠王下》云:"巡狩者,巡所守也。"

13 农隙:即农闲时分,古代统治者为了表示不侵夺农时的初衷,通常在农隙时进行军事演练。

14 不忘武备也:既反对穷兵黩武,又主张加强战备,以防不测,这是古代兵家的共同立场。《问对》也不例外。同样的意思亦见于《司马法·仁本》:"春蒐秋狝,诸侯春振旅,秋治兵,所以不忘战也。"

原文

13. 太宗曰:"春秋楚子[1]二广之法[2]云:'百官象物而动,军政不戒而

译文

13. 唐太宗问道:"春秋时期楚庄王的二广之法说:'各级军官按照旌旗的指令而行动,全军上下不待

备。'[3] 此亦得周制欤?"

靖曰:"案左氏[4]说,楚子乘广三十乘[5],广有一卒[6],卒偏之两[7],军行,右辕,[8] 以辕为法,故挟辕而战[9]。皆周制也。臣谓百人曰卒,五十人曰两[10],此是每车一乘,用士百五十人,比[11] 周制差多尔。周一乘步卒七十二人,甲士三人。[12] 以二十五人为一甲,凡三甲,共七十五人。楚山泽之国[13],车少而人多[14],分为三队,则与周制同矣。"

命令即做好战斗准备。'这也来源于周朝的军制吗?"

李靖回答说:"根据《左传》的记载,楚庄王的战车一广三十辆,共有左右两广,每广为一卒,每卒分为两偏。军队行进之时,步兵在战车右辕一侧展开,进退左右都以右辕为准,所以称作为围绕战车右辕而进行战斗,这是周朝的制度。我认为配属步兵一百人为一卒,五十人为一两。这样每辆战车即为一乘,共一百五十人。比周朝战车编制的人数要稍稍增多了。周朝兵制的规定是,一乘战车配属徒兵七十二人,甲士三人。以二十五人为一甲,总共三甲,合计七十五人。楚国是一个多山林沼泽地带的国家,战车少人数多,但是它仍采用卒、偏、乘的三队编制,其军队编制的基本方法还是与周朝的制度相同的。"

注释

1 楚子:即楚庄王(?—前 591 年),芈姓,名旅(又作侣、吕),春秋时楚国国君,楚穆王之子。在位期间,曾任用贤能,发展经济,扩充军力,对内平定若敖氏之叛乱,对外率军先后灭庸,伐宋,伐陈,围郑,伐陆浑之戎,败晋师于邲地,观兵周疆,问九鼎之轻重,使楚国势力达至极盛,成为春秋五霸之一。因楚为子爵,"王"乃其所自称,故凡坚持正统观的人,总是称其为"楚子"。

2 二广之法：广，春秋时楚军车制的名称。楚兵制，兵车十五辆为一广。二广之法，《左传·宣公十二年》云："其君之戎，分为两广，广有一卒，卒偏之两。"即楚庄王的亲兵战车部队分为左右两队。推而广之，楚军兵车队形分作左右两队，亦即左广、右广，相当于中原各国的左偏和右偏。每乘兵车有士兵一百五十人。

3 百官象物而动，军政不戒而备：语出《左传·宣公十二年》。意谓各级军官按照旌旗的指令而行动，军队不待约束号令即能做好准备。百官，泛指在军中有职务者。物，古代军队中的杂色旗帜，用以标识各级军官的地位与职司。戒，通"诫"，指敕令，诫令。

4 左氏：指《春秋左氏传》，相传为鲁太史左丘明所撰，故得名，又称《左氏春秋》。中国古代第一部成熟的编年体史书，是今天研究春秋史的主要史籍。按：关于《左传》的作者和成书年代，学术界历来意见纷纭，但是不少说法均缺乏强有力的根据。从《左传》记事的下限、书法以及思想倾向来看，今天所见《左传》一书的写定，并非出于一世之时，一人之手。众家之说中比较接近历史事实的，当是徐中舒的观点：《左传》是在春秋末期瞽史传颂的基础上，写定于战国前期的第一部编年体史书。（见《左传的作者及其成书年代》，中华书局1963年版《左传选》）

5 乘广三十乘：乘广，战车。按，战车按乘为计算单位。三十乘，指左、右广各十五乘，合为一个战术单位，有兵车三十乘。

6 广有一卒：意谓每广之战车有一卒三十辆。一说，楚国军队战车一广（乘）配备徒兵一卒（一百人），比当时中原各国多二十五人（一两）。

7 卒偏之两：意谓每卒又分为左右两偏。偏，春秋战国时战车的基本编队单位，可大可小，有以九乘为小偏，十五乘为大偏，也有以二十五乘为一偏。两，古代军队的编制单位，通常五伍为两，即一两二十五人。下言五十人为两，当是楚国独有的编制。

8 军行，右辕：指军队行进时，配属每乘战车的徒兵（步兵），在各自战车的右侧展开。

9 挟辕而战：紧挨战车右辕一侧展开战斗，即步兵随车战斗。

10 五十人曰两：这是楚国军制中“两”级编制的人数，比中原二十五人两制多一倍。

11 比：底本作“此”，疑误，今据《讲义》校改。

12 一乘步卒七十二人，甲士三人：这是春秋中后期每乘战车的编制人数（七十五人制）。按，西周和春秋前期每乘战车的编制人数当为三十人，即《周礼·小司徒》郑玄注引《司马法》：“革车一乘，士十人，徒二十人。”春秋中期起，随着“国”“野”畛域的逐渐打破，“野人”大量涌入军队，徒兵人数增多，故一车三十人制遂向一车七十五人制过渡，成为当时军制变革中的重要现象之一。

13 山泽之国：多山峦丘陵和江河湖泽的地区。

14 车少而兵多：楚国（也包括吴、越诸国）地处南方，受丘陵多、湖泽广等特殊地形条件的制约，所以战车与步兵的比例要较中原地区的诸侯国为高。

原文

14. 太宗曰：“春秋荀吴伐狄，毁车为行，[1]亦正兵欤？奇兵欤？”

靖曰：“荀吴用车法耳，虽舍车而法在其中焉。一为左角，一为右角，[2]一为前拒[3]，分为三队，此一乘法也，

译文

14. 唐太宗问：“春秋时期晋国荀吴征伐狄人，舍弃战车改用步兵作战，这是正兵还是奇兵？”

李靖回答道：“荀吴用的仍是车战的方法，虽然他舍弃战车而改用步卒作战，但使用的仍是车战的基本方法。当时他以一队为左翼，一队为右翼，一队为前卫，共分三队，这正是一乘战车的战斗队形。就是千乘万乘，其战斗队形

千万乘皆然。臣按《曹公新书》云:‘攻车[4]七十五人,前拒一队,左右角二队;守车[5]一队,炊子[6]十人,守装[7]五人,厩养[8]五人,樵汲[9]五人,共二十五人。’攻守二乘,凡百人。兴兵十万,用车千乘,轻重二千[10],此大率荀吴之旧法也。

也都是依次类推的。根据《曹公新书》的说法,攻车一乘共计七十五人,其中有前卫一队,左右翼各一队;守车一乘,配属有炊事人员十人,守护武器装备的五人,饲养人员五人,负责砍柴的人五人,共计二十五人。这样,攻守两车,恰好有士卒一百人。因此,出兵十万就需要动用战车千辆,辎重车千辆,也就是一共需要轻重战车两千辆,这就是荀吴旧式车战编制的大概情况。

注释

1 荀吴伐狄,毁车为行:事见《左传·昭公元年》。荀吴,春秋时晋国大臣,军事家,晋中军元帅荀林父之孙,荀偃之子,三世为中军元帅。公元前541年,荀吴率军伐狄(古代北方少数民族)于大卤(今山西太原市),在山地作战中,因地形险厄,不便车战,遂采纳部将魏舒的建议,舍弃战车,改用步兵以对付狄人的步兵部队,提高了部队的机动性,因而大败狄军,成为中国古代战争史上由车战全盛向步战复归的转折点。毁,舍弃,弃而不用。行,行列,此处指步兵。毁车为行,即临时改车阵交锋为徒兵作战。

2 左角、右角:指左、右翼进攻性的小方阵。《左传·昭公元年》:“五乘为三伍……两于前,伍于后,专为右角,参为左角,偏为前拒,以诱之。”

3 前拒:充当前锋的战斗小方阵。

4 攻车:用于战场机动作战的兵车,也称轻车、驰车。

5 守车:用于后勤保障的辎重车辆,也称作重车、革车。

6 炊子：军队中的炊事兵，负责为部队烧菜煮饭。

7 守装：指保管甲胄服装和看守辎重车的有关人员。

8 厩养：负责饲养军中牛、马等牲畜的人员。

9 樵汲：指军队中从事打柴割草和取水的人员。樵，砍柴割草；汲，汲水供将士饮用。

10 用车千乘，轻重二千：每乘均由一攻车一守车搭配而成，故轻车（攻车）、重车（守车）合计为两千辆。一说轻车为轻型战车，重车为重型战车，误。《孙子·作战篇》云："凡用兵之法，驰车千驷，革车千乘，带甲十万。"可与"轻重二千"相印证。

"又观汉、魏之间军制：五车为队，仆射[1]一人；十车为师，率长[2]一人；凡车千乘，将吏[3]二人。多多仿此。臣以今法参用[4]之，则跳荡[5]，骑兵也；战锋队[6]，步骑相半也；驻队[7]，兼车乘[8]而出也。臣西讨突厥，越险数千里，此制未尝敢易[9]。盖古法节制，信可重也[10]。"

"再考察汉、魏时期的军队编制：通常以五车为一队，设仆射一人；十车为一师，设率长一人；凡一千乘战车，设将吏两人。如再增加战车，则依次类推。我用今天的编制来参照古法，那么跳荡就是骑兵部队，战锋队就是由步兵和骑兵各半混合编组的部队，驻队就是由步兵和车兵混合编组而成的部队。当年我西进讨伐突厥时，翻越险阻转战千里，也不敢轻易改变这种编制方法。这是因为古代军制完整谨严，富有功效，确实值得推重啊！"

注释

1 仆射：官名，此处指统率一队的军官。按，仆射作为官名，起于秦代，其名由仆人、射人合成，本为君主左右之小臣。自秦代起，凡侍中、尚书、博士、谒者、郎等官，都有仆射，根据所领职事作称号，意即其中的首长。但从东汉起，仆射官职权逐渐加重，到了唐代，仆射一度成为尚书省(与中书省、门下省合称为三省)长官。

2 率长：即师长，统帅一师的军官。

3 将吏：统帅整支部队的高级军官。按，《六韬·犬韬·均兵》言："置车之吏数，五车一长，十车一吏，五十车为一率，百车一将。"可与《问对》所言"汉、魏军制"参看。

4 参用：参酌、比照的意思。

5 跳荡：指用以出奇制胜的精锐突击队。《新唐书·百官志一》："矢石未交，陷坚突众，敌因而败者，曰跳荡。"

6 战锋队：指作战中骁勇善战的前锋部队。

7 驻队：指暂时持重待机、不马上投入战斗的那部分兵力。这相当于现代战争中的预备队。

8 兼车乘：是由步兵和车兵混合编组而成的部队。

9 易：变更、改变、更换的意思。

10 信可重也：信，的确、确实、果真的意思；重，看重、重视。

原文

15. 太宗幸[1]灵州[2]回，召靖，赐坐。曰："朕命道宗[3]及阿史那社尔[4]等讨薛延陀[5]，而铁勒[6]诸部乞置汉官，朕皆从[7]其请。延陀西走，恐为

译文

15. 唐太宗巡幸灵州后回到京城，召见李靖并赐座，然后说："我命令李道宗和阿史那社尔等将领率兵讨伐薛延陀，而铁勒各部落请求派置汉人官吏前去管理，我已满足了他们的请求。延陀部族向西逃窜而去，日后恐怕会成为我们的后患，所以我又派李勣率兵去讨伐他们。如今北部荒漠地区都已平定，然而各个

后患,故遣李勣[8]讨之。今北荒[9]悉平,然诸部蕃汉杂处[10],以何道经久,使得两全安之?"

部落里少数民族和汉人混杂居住在一起,应该用什么方法使得双方做到长期友好相处,保持该地区的长治久安?"

注释

1 幸:巡幸,封建时代称帝王亲临为幸。

2 灵州:唐代州名,治所在今宁夏灵武西南,其辖境相当今宁夏中卫、中宁以北地区,为唐朔方节度使治所。按,唐太宗巡幸灵州事在贞观二十年(公元 646 年)秋。

3 道宗:即李道宗,字承范,唐朝宗室,17 岁即从太宗征战,为唐初著名将领,在攻灭刘武周一役中战功卓著。太宗登基后,曾随李靖攻东突厥,俘颉利可汗,又在攻打高丽的战事中,与李勣为前锋,大破敌军。历任灵州总管、鄂州刺史、刑部尚书、礼部尚书,受封江夏王,后改封任城王。唐高宗永徽初年,为长孙无忌所诬陷,流象州,病卒于道上。

4 阿史那社尔:唐初大将。突厥族,东突厥处罗可汗之次子。曾乘西突厥内讧之机,袭取其半之地,自号都布可汗。后为薛延陀所败,又惧西突厥反攻,于贞观十年(公元636年)率众归唐,受封左骁骑大将军,后历任交河道行军总管、昆山道行军总管、鸿胪卿等职,封华国公。高宗即位,迁右卫大将军。

5 薛延陀:古族名与国名,为匈奴别种,铁勒之一部。由薛部与延陀部合并而成。初属西突厥,贞观三年(公元 629 年)其首领夷男建牙帐于都督军山(今蒙古国杭爱山),并向唐称臣,太宗封夷男为真珠毗加可汗。贞观二十年(公元 646 年)薛延陀发生内乱,反叛唐朝,为唐军讨平。次年,唐在其地设府州,隶属燕然都护府管辖。

6 铁勒:我国古代北方少数民族名。或译狄历、赤勒,实为丁零之音变。

又因该部族所用车轮子高大，故亦称高车。早期游牧于今图拉河（蒙古乌兰巴托附近）以北、里海以东地区。公元5世纪时，北魏太武帝迁徙东部铁勒数十万于漠南，渐习农耕。突厥兴起，铁勒分属于东西突厥。其散居在漠北的有十五部之多。其中以薛延陀、回纥诸部为最著。

7 皆从：一概答应，全部同意。从，答应、允诺、同意的意思。

8 李勣：唐初著名将领。本姓徐，名世勣，字懋公。曹州离孤（今山东菏泽西北）人。隋末农民战争中，参加瓦岗军，初从翟让，继事李密，因功封东海郡公。瓦岗军失败后降唐，任右武侯大将军，封曹国公。赐姓李，因避太宗讳，改单名为勣。他多次统兵征战，功勋卓著，拜太常卿，同中书门下三品，复为太子詹事，改封英国公，曾驻守并州（今山西太原）十六年。在唐初，他是与李靖齐名的名将。

9 北荒：北部边远地区。荒，荒凉的远方。

10 蕃汉杂处：指汉人与边远地区少数民族杂居一起。蕃，通“番”，古时对汉族以外少数民族带一定歧视性的通称。

靖曰：“陛下敕[1]自突厥至回纥[2]部落，凡置驿[3]六十六处，以通斥候[4]，斯已得策矣。然臣愚以谓，汉戍[5]宜自为一法，蕃落[6]宜自为一法，教习各异，勿使混同。或遇寇至，则密敕主将临时变号易服，出奇击之。”

李靖回答说：“陛下曾下令从突厥到回纥的各个部落里，共设置驿站六十六处，以便利于斥候往来传递情报，这已是一个很好的办法了。但是我还认为，戍边的汉族部队应该自有一套管理和训练的办法，少数民族部队也应该有一套特殊的管理和训练的办法，他们的训练方法必须有区别，一定不能混同起来。倘若遇到敌寇的侵扰，就秘密地给主将下达命令，使汉兵和少数民族士兵临时变换旗号，换穿服装，出其不意地打击敌人。”

注释

1 敕：自上命下之词。魏晋南北朝以后，特指皇帝的诏书和命令。

2 回纥：古族名和国名。其先匈奴，早年称袁纥部落，为东部铁勒之一支，隋时称韦纥。散居漠北，以游牧为生。大业元年（公元605年），因反抗突厥贵族的压迫，与仆固、同罗、拔野古等建立联盟，总称回纥。后逐渐趋于强大。其与唐王朝一直保持着较友好和从属的关系，并曾在唐王朝平定安史之乱的斗争中提供过一定的帮助。

3 驿：驿站，古代供过往官员和传递政府文书的人中途换马或休息、暂住的地方。唐制凡三十里一驿，驿设有驿长。

4 斥候：指瞭望观察敌情的哨所，也指用于侦察敌情的士兵。斥，远。候，侦察。

5 戍：卫戍、防守。这里用作名词，指驻守边境的士卒。

6 蕃落：指西部边境各族，古时各少数民族亦通称蕃。

原文

太宗曰："何道也？"

靖曰："此所谓'多方以误之'之术[1]也。蕃而示之汉，汉而示之蕃，彼不知蕃汉之别，则莫能测我攻守之计矣。善用兵者，先为不可测，则敌'乖其所之'[2]也。"

太宗曰："正合朕意，卿可密教边将。只以

译文

唐太宗又问："这是什么道理呢？"

李靖回答："这就是古人所说的'采用各种手段来迷惑欺骗敌人'的方法。少数民族兵装作是汉兵，汉兵装作是少数民族兵，敌寇分不清这两者之间的区别，那么就不能正确地判断我方的攻守方略了。善于用兵打仗的人，首先要使作战意图变得莫测高深，这样，就能够使敌人在行动时发生失误。"

唐太宗说："你说的办法正合我的心意，你可用它秘密地教授守边将领。

此，蕃汉便见奇正之法矣。”

靖再拜[3]曰：“圣虑天纵，闻一知十，臣安能极其说[4]哉！”

只凭这套办法，蕃汉部队就能够表现出奇正的变化之道。”

李靖跪拜称颂道：“圣上的英明是天赋的，闻一而知十，我哪里能透彻地阐述其中的无穷奥妙呢？”

注释

1 “多方以误之”之术：语出《左传·昭公三十年》载伍子胥语，是其“疲楚误楚”策略方针的重要内容，意谓采取各种办法迷惑敌人，促使敌人犯错误，尔后乘机击破之。

2 乖其所之：语出《孙子·虚实篇》。意谓通过各种方法，诱使敌人改变其进攻的方向。乖，相背，不一致。

3 再拜：底本作“拜舞”，今从《讲义》校改。

4 极其说：透彻地阐述其中的无穷奥妙。极，淋漓尽致、透彻、深刻。

原文

16. 太宗曰：“诸葛亮言：‘有制之兵，无能之将，不可败也；无制之兵，有能之将，不可胜也’。[1]朕疑此谈非极致之论[2]。”

靖曰：“武侯[3]有所激云尔。臣案《孙子》曰：‘教道不明，吏卒无常，

译文

16. 唐太宗说：“诸葛亮曾经讲过：‘训练有素、军纪严明的军队，即使将领无能，也是无法被打败的；缺乏训练、军纪松弛的军队，即使将领有才能，也是不可能打胜仗的。’我怀疑这种说法并不是正确的观点。”

李靖说：“诸葛亮说这番话是有感而发。《孙子兵法》上说：‘训练教育没有章法，官兵关系混乱紧张，列兵布阵杂乱无序，因此而致败的，叫做乱。’自

陈兵纵横，曰乱’。[4]自古乱军引胜，不可胜纪。[5]夫教道不明者，言教阅无古法也；吏卒无常者，言将臣权任无久职[6]也；乱军引胜者，言己自溃败，非敌胜之也。是以武侯言：兵卒有制，虽庸将未败；若兵卒自乱，虽贤将危之，又何疑焉？”

太宗曰：“教阅之法，信不可忽[7]。”

靖曰：“教得其道，则士乐为用；教不得法，虽朝督暮责[8]，无益于事矣。臣所以区区[9]古制皆纂[10]以图者，庶[11]乎成有制之兵也。”

太宗曰：“卿为我择古陈法，悉图[12]以上。”

古以来，自乱其军，自取覆亡的事例，真是不可胜数。所谓管理教育不严明，说的是军队训练没有遵循古代良好的做法；所谓官兵关系混乱紧张，说的是军官的职务和责权经常变动，〔不能树立威信〕。所谓乱军引胜，说的是自己先自溃败，而不是敌人打胜的。因此诸葛亮说：军队训练有素，纪律严明，虽然是庸将指挥，也不会打败仗；如果自己不战自乱，即使是贤将带兵，也难免发生危险，这又有什么可怀疑的呢？”

唐太宗说：“看来教育和训练是否得法，确实是不可忽视的。”

李靖答道：“教习方法得当，士卒就会乐于听从命令；教习方法不当，即使是早晚不停地督促责备，也必定无济于事。臣下我之所以专心一致地把古人练兵制度一条条编纂成阵图，就是希望通过这些将部队训练成节制之师。”

唐太宗说：“那么就请你为我选择古代阵法，并全部绘成阵图，然后呈送上来。”

注释

1 “有制之兵”六句：语出诸葛亮《兵要》。原文是：“有制之兵，无能之将，不可以败；无制之兵，有能之将，不可以胜。”意谓纪律严明、训练有素的军队,即便是由庸将来指挥,也不会打败仗;反之,无严明纪律、训练又差的军队,即使由贤明之将指挥,也不可能打胜仗。

2 极致之论:最正确的观点,最合理的见解。

3 武侯:即三国时蜀汉杰出政治家、军事家诸葛亮。据《三国志·蜀书·诸葛亮传》记载,建兴元年(公元223年),诸葛亮受封为武乡侯,故后人习惯称其为武侯。

4 “教道不明”四句:见《孙子·地形篇》。意谓军事训练和指挥没有章法,官兵关系混乱失序,布阵杂乱无章,叫做“乱”。教道,指对军队的教育训练和指挥。无常,指没有法纪、常规。

5 乱军引胜,不可胜纪:乱军引胜,扰乱军队,自去其胜。引,去、却、失的意思。《礼记·玉藻》“引而去”,郑玄笺:“引,却也。”引胜,即却胜。一说“引”为引导、导致之意,引胜即导致敌人胜利。不可胜纪,即不可尽纪,不胜枚举。

6 权任无久职:指将帅在一个职位上任职时间不长,这容易造成兵不知将,将不知兵,将帅难以树立个人威信的不良后果,影响军队战斗力的提高。

7 忽:忽略、忽视。

8 朝督暮责:早上督察晚上责罚。喻指严格管理军队而不敢有丝毫的松懈。

9 区区:小、少。一说“区区”犹“拳拳”,忠诚专一的意思。

10 纂:编纂,汇纂的意思。

11 庶:将近、几乎、差不多。文天祥《绝命辞》云:“孔子求仁,孟子取义,唯有仁至,方可义尽。读圣贤书,所学何事,自今而后,庶几无愧。”

12 悉图:全部绘制成图。图,绘图,此处是名词作动词用。

原文

17. 太宗曰:“蕃兵唯[1]

译文

17. 唐太宗问:“蕃兵作战经常

劲马奔冲，此奇兵欤？汉兵唯强弩[2]犄角[3]，此正兵欤？”

靖曰：“案《孙子》云：‘善用兵者，求之于势，不责[4]于人，故能择人而任势’。[5]夫所谓择人者，各随蕃汉所长而战也。蕃长于马，马利乎速斗[6]；汉长于弩，弩利乎缓战。此自然各任其势也，然非奇正所分。臣前曾述[7]蕃汉必变号易服者，奇正相生之法也。马亦有正，弩亦有奇，何常之有哉！”

太宗曰：“卿更细言其术。”

靖曰：“先形之，使敌从之，是其术也。”

太宗曰：“朕悟之矣！《孙子》曰：‘形兵之极，至于无形’；[8]又曰：‘因形而措胜于众，

依仗骁勇的战马奔突冲杀，这是所谓的奇兵吗？汉兵作战则常常依仗强弓劲弩夹击敌人，这是所谓的正兵吗？”

李靖回答说：“据《孙子》说：‘善于用兵打仗的人，总是努力创造有利的态势，而不对部属求全责备，所以他能够选择人才去利用和创造有利的态势。’这里所说的选择人才，就是让藩汉士兵都能在战场上充分发挥自己的特长进行战斗。蕃兵擅长骑射，而骑兵适宜于快速解决战斗；汉兵擅长于强弓劲弩，而弓弩适合于稳重作战，这就是顺其自然发挥他们各自的优势，然而这并不是奇正的区分。我在前面曾讲过蕃汉士兵变换旗号和服装，那才是奇正相互变化的方法。骑战有正也有奇，弩战有奇也有正，哪里会有一成不变的道理呢？”

唐太宗说：“你就再详细谈谈这种方法。”

李靖说：“先做出假象迷惑敌人，使敌人听从我的调动，就是这种方法。”

唐太宗说：“我已经领悟了！《孙子》说：‘佯动示形进入最高的境界，就再也看不出任何痕迹。’它又说：‘根据敌情变化而灵活运用战术，即使把胜利摆放在众人面前，众人仍然不能看出其

众不能知'[9],其[10]此之谓乎?"

靖再拜曰:"深乎!陛下圣虑,已思过半矣[11]。"

中的奥妙。'说的就是这种情况吧?"

李靖说:"兵法中的道理是多么深奥啊!陛下天赋圣明,对此早已领悟过半了!"

注释

1 唯:最显著的特点,最突出的方面。

2 强弩:力量很大的弓弩。弩,是装置有金属或木制发射机的改进型的弓,是古代冷兵器作战中一种很具威力的武器。汉代许慎《说文解字》解释为"弩,弓有臂者"。其最大的特点,就是既可加大弓力,又能从容瞄准,使弓的威力大大增强。据学者考证,弩早在殷商时期就被用于战争,但其真正大量用于作战并发挥重要作用,则当在春秋战国时期。汉魏以降,弩的使用更为普遍,一直是步兵的主要射远兵器。弩的种类很多,有用脚踏开弓的,也有臂张的,还有数矢并发者称为连弩。

3 犄角:或作掎角。《左传·襄公十四年》云:"譬如捕鹿,晋人角之,诸戎犄之。"角,即是指抓住角;犄,是指拉住后腿。后因而以犄角喻指分兵牵制或前后夹击敌人。

4 责:底本作"贵",疑误。今据《汇解》及《四库全书》抄本校改。

5 "善用兵者"四句:见《孙子·势篇》。意谓善于用兵作战的人,总是设法造成有利的态势,而不是苛求责全于部属,因而他能够选择人才去创造和利用有利的态势。责,求、苛求。《说文解字》:"责,求也。"成语有"求全责备"。择,选择。一说,"择"当理解为"释",放手,撒手。任,任用、利用、掌握驾驭的意思。

6 马利乎速斗:此句概括骑兵作战的特点以及优势。古代兵家都指出骑兵作战的特点是"急疾捷先""驰骤便捷,利于邀击奔趋,而不宜于正守老顿”,可与《问对》此语参证。

7 述:底本作“部”,今从《讲义》校改。

8 “形兵之极,至于无形”:语见《孙子·虚实篇》。意谓伪装佯动的运用进入绝妙的境界,就可不显示出任何的形迹。形兵,指军队部署过程中的伪装佯动。

9 “因形而措胜于众,众不能知”:语见《孙子·虚实篇》。意谓根据敌情变化而灵活运用战术,即便把胜利摆放在众人面前,大家仍然不能看出其中的奥妙。因,由、通过、依靠。措,放置、安置之意。“而”,底本作“以”,今据宋本《孙子》校改。

10 其:疑问副词,大概、大约的意思。

11 思过半:指对深刻精奥的道理已经基本领悟。

原文

18. 太宗曰:“近契丹[1]、奚[2]皆内属[3],置松漠、饶乐二都督[4],统于安北都护[5]。朕用薛万彻[6],如何?”

靖曰:“万彻不如阿史那社尔及执失思力[7]、契苾何力[8],此皆蕃臣之知兵者也。臣常[9]与之言松漠、饶乐山川道路,蕃情逆顺,远至于西域[10]部落十数种,历历可信。臣教之以阵法,无不点头服义。望

译文

18. 唐太宗说:“最近契丹和奚两个部落都归顺我大唐天朝。朝廷已设置了松漠、饶乐两个都督府,统属安北都护府管辖。我想起用薛万彻担任都护,你觉得如何?”

李靖回答说:“薛万彻不如阿史那社尔、执失思力和契苾何力等人,这几位都是少数民族官员中熟语军事的人。我曾经同他们谈论过松漠、饶乐地区的山川道路,当地少数民族的人心向背,甚至远在西域的十多个部落的情况,他们都能说得一清二楚,令人信服。臣下我向他们传授用兵阵法,他们也无不点头佩

陛下任之勿疑。若万彻，则勇而无谋，难以独任。”

太宗笑曰：“蕃人皆为卿役使！古人云：以蛮夷攻蛮夷，中国之势也。[11]卿得之矣。”

服。所以我希望陛下您放心任用他们，不要有任何疑虑。至于说薛万彻，则是有勇而无谋，难以独自担当重任。”

唐太宗笑着说道：“少数民族的官员都能为你使用了。古人说：利用蛮夷来制服蛮夷，这是由中国的情势所决定的。看来你已经懂得这个道理了。”

注释

1 契丹：我国古民族与国名。源出东胡，游牧于今辽河上游。北魏时自号契丹，分属八部。唐时在其地置松漠都督府，并任契丹首领为都督。唐五代之际，其著名首领耶律阿保机统一各部，于公元 916 年建契丹国，自称皇帝，国号“辽”。

2 奚：中国古民族名，源出东胡。原居辽水上游，柳城西北。汉时为匈奴所破，因居乌丸山，故称乌桓。南北朝时称“库莫奚”。分布于饶乐水(今内蒙古西拉木伦河)流域。唐时内附，唐王朝在其地置饶乐都督府，并以其首领为都督。

3 内属：即内附、归属，向唐王朝称臣。

4 松漠、饶乐二都督：均为唐代羁縻都督府名。松漠都督府，贞观二十二年(公元 648 年)为契丹族部落而设置，领峭落、无逢、羽陵、白连、徒河、匹黎、赤山、万丹等八州。其辖境相当今内蒙古西拉木伦河流域及其支流老哈河中下游一带。饶乐都督府，唐贞观二十二年建立于奚族所居地区，治所在今内蒙古宁城西，其辖境约相当于今内蒙古老哈河上游及河北滦河中上游一带。

5 安北都护：唐代都护府名，统领碛北铁勒诸部族府州。其辖境约为今蒙古及俄罗斯西伯利亚南部一带。始称燕然都护府，继称瀚海都护府，其正式改名为安北都护已是在总章二年（公元669年）。按，唐朝曾先后设立安东、安西、安南、安北、单于、北庭等六大都护府，以统抚周边少数民族。

6 薛万彻：唐朝将领，敦煌人，隋涿郡太守薛世雄之子。后与其兄薛万钧共归唐，曾随从李靖讨东突厥，因战功授统军，进爵武安郡公。历任右卫将军，蒲州刺史，后迁代州都督，右武卫大将军。贞观二十二年正月以青丘行军总管率军由海道进攻高丽国。

7 执失思力：唐初少数民族将领，原为突厥族酋长。贞观年间，护送隋萧太后入朝，被授予左领军将军之职。后以战功，尚九江公主，拜驸马都尉，封安国公。

8 契苾何力：唐初少数民族将领。铁勒部落契苾族首领哥楞之侄。贞观六年（公元632年）十一月与其母率部众千余人投唐。在唐征伐吐谷浑、薛延陀、龟兹、西突厥的战争中屡立军功。太宗时，历任葱山道副大总管、辽东道行军大总管，封郕国公。高宗时，为镇军大将军、左卫大将军，封凉国公。“苾”，底本作“奸”，疑误。今据《新唐书·诸夷蕃将列传》以及《讲义》校改。

9 常：即“尝”，曾经。

10 西域：自汉代起对玉门关（今甘肃敦煌西北）以西广大地区的总称。始见于《汉书·西域传》。唐朝时期，曾在西域设置安西、北庭两大都护府。

11 以蛮夷攻蛮夷，中国之势也：语意出自《管子·霸言》：“以负海攻负海，中国之形也。”“蛮夷”，是古代中原王朝统治者对各少数民族侮蔑性的称呼。以蛮夷攻蛮夷，即所谓“以夷制夷”，这是中原王朝统治者驾驭、控制少数民族的重要手段，是古代民族政策的显著特点。其影响一直延续至近代中国。

战例

诸葛亮七擒孟获

战争，既是军事力量的较量，更是人心向背和智慧的竞争。恃强逞暴，穷兵黩武，往往自取败亡；而深谋远虑，先计后战，攻心为上，则常常能以较小的代价，夺取较大的胜利。因此，“攻人以谋不以力，用兵斗智不斗多”，是中国古代高明的军事统帅所追求的一种最高境界。三国时期蜀汉诸葛亮七擒孟获、平定南中之战，称得上是这方面的一个典范。对此，《唐太宗李卫公问对》也有很高的评价，认为“诸葛亮七擒孟获，无他道也，正兵，而已矣”。而“正兵，古人所重也”。

蜀汉的南中地区，包括越嶲、益州、永昌、牂牁等四郡，所辖地域为今四川南部、云南东北部和贵州西北部一带。这里除了居住有汉族之外，还聚居着众多少数民族，统称“西南夷”。秦汉以来，由于各种原因，南中地区的民族矛盾一直比较尖锐，曾多次发生动乱。刘备占据益州后，为了稳定蜀汉政权，曾根据诸葛亮“隆中对”中提出的“南抚夷越”的方针，采取过一些安抚措施。但南中的豪强地主和一些少数民族的上层首领，却常常利用民族矛盾发动武装叛乱，以求自己能长期割据一方，称王称霸。

蜀汉后主建兴元年(公元223年)，益州郡(今云南昆明市晋宁区)大姓雍闿起兵叛乱，残杀太守正昂，又缚送继任太守张裔至东吴，以换取东吴的支持。孙权即任命雍闿为永昌太守，声援叛乱。雍闿还利诱永昌郡少数民族首领孟获，让他出面煽动当地各族群众叛蜀。紧接着，越嶲郡(今四川西昌)的夷族首领高定，牂牁郡(辖境约当今贵州大部、广西西北部和云南东部)郡丞(一说太守)朱褒，也纷纷响应雍闿，相继投入叛蜀的动乱。

南中的叛乱，对新建立的蜀汉政权构成了巨大的威胁。当时蜀汉刚在猇亭之战中遭到惨败，刘备因战败而忧愤攻心，病死白帝城，后主刘禅新立,政权尚不稳固;加上孙权、曹魏威胁在外,形势十分危急。但辅佐后主的诸葛亮深谋远虑,他没有采取仓促起兵平乱的措施,而决定暂时"抚而不讨",传令各地闭关严守,休养生息,恢复生产,整顿吏治,修明纲纪;同时,设法与东吴孙权媾和修好,重建了吴、蜀联盟,从而减轻了外部压力,也孤立了叛乱分子,为当时的蜀汉政权赢得了恢复巩固的时机。待形势稳定后,诸葛亮开始了平定南中叛乱的军事行动。

建兴三年(公元225年)春,诸葛亮在招降雍闿遭拒绝、用和平手段解决矛盾无望的情况下,亲率大军南征。临行前夕,参军马谡向他献计献策:用兵打仗的原则,是攻心为上策,攻城为下策,争取内心归附为高明,依赖硬打强攻为平庸。建议诸葛亮以政治攻心为主、军事镇压为辅的方针指导平定南中的叛乱。诸葛亮非常欣赏这一意见,并在平叛军事实践中坚持了这一方针。

蜀军兵分三路,南下进击各地叛军。由于战前做了充分准备,蜀军训练有素,士气高昂,战事展开相当顺利。诸葛亮的西路主力部队,顺岷江至安上(今四川屏山),旋即西向进入越嶲地区。这时夷族首领高定已分别在旄牛(今四川汉源)、定窄(今四川盐源)、卑水(今四川昭觉附近)一带部署军队,修筑营垒,对抗蜀军。为了围歼叛军,诸葛亮在卑水驻军等待时机。高定见蜀军已到,忙把属下叛军从各处调集汇合起来,准备同蜀军决战。诸葛亮乘叛军尚未完全调集部署的时候,迅速进兵,发起突袭,一举歼灭叛军,诛杀高定,收复了越嶲郡。

与此同地,蜀军东路马忠部和中路李恢部,也先后击破叛军朱褒等部,攻占了牂牁等郡。他们与诸葛亮亲率的西路蜀军互相策应,使南中平叛的军事行动一步步走向胜利。在扫清叛军外围的基础上,诸葛亮随即指挥大军继续南下,直指叛军的最后据点益州郡。

这年五月,蜀军冒着酷暑炎热,穿过人烟稀少、烟瘴弥漫的荒山野岭,渡过泸水(金沙江),进入南中腹地,逼近益州郡。这时,叛军内部已经起了变化,叛军总头目雍闿在内讧中被高定的部下杀死,当地彝族首领孟获继位统率雍闿余部，指挥叛军对抗蜀军。

孟获是当地少数民族中的一位酋长，在当地民众中有很高的声望和号召力。他为人豪迈豁达，作战剽悍勇敢，然而缺乏政治头脑，仇视汉人，以致为少数民族中别有用心的分裂分子所利用，成为民族动乱的一面旗帜。对于这样一位人物，如果单纯予以武装镇压，效果不会太理想，反而会更激化汉族与少数民族之间的矛盾；同时，孟获也同雍闿有区别，对他存在着进行争取、团结的可能。分析了这些情况后，诸葛亮便对孟获采取了“攻心为上”的政策，军事打击和政治招抚双管齐下，以求一劳永逸地解决西南地区的民族问题，消除蜀汉将来北伐曹魏的后顾之忧。

在这一战略方针指导下，诸葛亮指挥蜀军迅速挺进，兵临益州郡城之下。孟获对蜀军的大举进攻，倒也并不怎么畏惧，而是积极准备，守城应战。在两军交锋之前，诸葛亮特地下令只许生擒孟获，不许伤害其性命。双方开战时，蜀国设置埋伏，诱使孟获贸然出击。孟获不知是计，进入蜀军预设的埋伏圈，结果战败就擒。蜀军将士将孟获缚至诸葛亮帐前，诸葛亮问他还有何话可讲。孟获双眼一瞪，吼道：我这番被擒，是中了你们的诡计，心里根本不服。若两军光明正大厮杀一场，蜀军未必会赢。诸葛亮听了淡淡一笑，表示既然不服输，那就放你回去，再交手一次如何。他在让孟获观看了蜀军阵容后，即予以释放。孟获回营之后，立即厉兵秣马，再次与蜀军交锋，结果一样惨遭败绩，再次被擒。诸葛亮胸有成竹，又一次释放了他。这样再战再擒，一捉一放，前后共达七次。孟获终于对诸葛亮彻底心悦诚服，说七擒七纵，古来未有，丞相之威德，无人可及。他表示永远不再叛乱了。南中叛乱，本是当地豪强大族和少数民族上层人物挑起的不义之战，没有群众基础，得不到人民的真正支持；而诸葛亮的平叛措施得当，注意政治攻心，因此平叛行动进展顺利，春天出兵，秋天即告胜利，讨平了叛乱势力。《唐太宗李卫公问对》有言：“夫攻者，不止攻其城击其陈而已，必有攻其心之术焉。”诸葛亮七擒孟获，平定南中叛乱，堪称“攻其心”而胜的成功范例。

平叛之后,诸葛亮即实施"和夷"政策,这是他攻心战略的继续。他首先是撤军。叛乱一平定,诸葛亮就从南中地区撤出军队,不留兵镇守,从而缓解了与当地少数民族的矛盾,使得"纲纪粗定""夷汉粗安"。其次是拉拢和起用当地有影响的人物,如任命孟获当御史中丞。通过他们来加强蜀汉在南中的统治,巩固中央对地方的权威。其三是帮助南中进行经济开发,从内地引进比较先进的生产技术,提高这一地区的农业生产力。诸葛亮推行这一系列"攻心为上"的方针,密切了民族关系,解除了蜀汉政权的后顾之忧,并从中得到大量的物力、人力的支持,确保他可以专心致志对付曹魏,为以后六出祁山、北伐中原的战争活动创造了有利的条件。

马隆讨平树机能

《唐太宗李卫公问对》对"奇正"这一古代兵法重要范畴有非常精辟的阐述,丰富和发展了古代军事思想。为了更好地说明其观点,书中征引了历史上许多成功的战例。其中西晋马隆用偏箱车讨平鲜卑秃发树机能一役,就是该书作者备加推崇的以正兵克敌制胜方面的一个典型例子。

马隆,字孝兴,生卒年月不详,西晋东平郡平陆(今山东汶上北)人。史称其"少而智勇,好立名节"(《晋书·马隆传》),后成为西晋靖边名将和兵器革新家。

公元 263 年,魏权臣司马炎灭亡蜀汉之后仅两年,即通过"禅让"的方式,废黜魏元帝曹奂,自立为帝,改国号为晋,建都洛阳,史称西晋。他登基之后,积极从事灭吴的战争准备,为此广揽优秀军事人才,曾下诏普告州郡:"吴会未平,宜得猛士以济武功……有壮勇秀异才力杰出者,皆以名闻,将简其尤异,擢而用之。苟有其人,勿限所取。"(《晋书·马隆传》)在这样的历史背景之下,马隆走上了将帅之路,建功立业,名垂青史。

就在西晋王朝积极准备灭吴之时,北方鲜卑族贵族率兵攻打西晋西北边畿凉州等地。为了消除后顾之忧,避免陷入两线作战的被动处境,西晋朝廷决定先用兵北方。马隆挺身而出,主动请缨杀敌。晋武帝司马炎十分赞赏他的胆识,并允许他自行招募精兵三千人。

马隆深知自己肩负责任的重大,受命后即认真进行战前的准备。为了在即将来临的作战中争取主动,击败敌手,他重视部队的武器装备配置,认为这是提高战斗力的重要保障。所以,在招兵就绪后,“因请自至武库选杖”。在挑选兵器过程中,他同武库令发生争执,因而遭御史中丞的奏劾。马隆向晋武帝申辩道:“臣当亡命战场,以报所受,武库令乃以魏时朽杖见给,不可复用,非陛下使臣灭贼意也。”(《晋书·马隆传》)晋武帝听后,即传谕武库令,任由马隆自行选取精良兵器。这段小插曲,即充分反映了马隆治军精于良器的思想特色,也是马隆用兵稳重求全的基本特点在战前准备上的一个体现。

西晋咸宁五年(公元 279 年)十一月,马隆率兵西渡温水,与鲜卑秃发树机能交战。秃发树机能拥有部众数万人,见马隆军前来进攻,即分兵迎敌。他依托有利地形,以逸待劳,以静制动,“或乘险以遏隆前,或设伏以截隆后”,企图置马隆所部于死地。马隆根据战场距离遥远,作战行动无隐蔽突然性可言的特点,制定了正面攻击、按常规战法用兵的“正兵”作战指导方针,并针对山路崎岖不易前进的客观条件,创造性地将“正兵”战法与兵器使用结合起来:“依八阵图作偏箱车,地广则鹿角车营,路狭则为木屋施于车上。”(《晋书·马隆传》)即下令部众依八阵图布列阵势,制造偏箱战车(车箱扁小,可行于狭窄道路)。遇到道路广阔之处,则连车为营,四面排设鹿角(砍削树枝尖如鹿角状)相随并趋。进入狭路,就把木屋覆置车上。这样一来,战车就有点类似于现代的坦克,做到了进攻与防御的有机统一,大大减少了士卒的伤亡。依靠这一办法,马隆统军一边战斗一边开进,行动顺利。晋军发射箭矢,所到之处,树机能的官兵纷纷中箭倒地,死伤惨重,而敌军的箭矢则无法穿透偏箱车,不能给晋军以什么杀伤。

“奇正”相生,本是用兵取得成功的重要条件。用奇兵必须以正兵为保障,同样用正兵也离不开奇兵作条件。马隆对这种奇正相辅相成关系有深刻的理解,所以他在运用正兵接敌的同时,也不放弃用“奇”的一手。当其行军作战过程中,马隆他还“奇谋间发,出敌不意”,居然想出了这样的怪招:在道路两侧置放大磁石,鲜卑树机能的兵士都身穿铁制的铠甲,在大磁场的作用之下,自然是所负沉重,行动不便。反之,马隆的部下却都穿着犀牛皮制作的铠甲,丝毫不受磁场作用的影响,结果是奋勇杀敌,长驱直进,搞得对手稀里糊涂,不知所然,都以为是遇上了神兵。就这样马隆军奋勇进击,转战千里,所向披靡,杀得树机能的部众人仰马翻,丢盔弃甲,尸横遍野。及至同年十二月,终于完全击溃了敌人,斩杀了秃发树机能,平定了凉州。为西晋王朝尔后集中力量大举南下,一举灭吴清除了侧后的威胁,创造了有利的条件。马隆本人也因战功卓著而获得了朝廷的厚赏。

马隆之所以能有这样优异的作为,在军事史上有相当高的建树,就在于他善于将古兵法与兵器革新巧妙结合并应用于战争实践,就在于他能够坚持以正兵为主、以奇兵为辅,灵活机动、因敌制胜的正确作战指导。正是在这个意义上,马隆在讨平秃发树机能过程中的战术运用,受到了历代军事家的重视,《问对》称“斯马隆所得古法深也”,实为恰当的评价。

正奇兼备的旷世名将韩信

《唐太宗李卫公问对》“卷上”中认为:“凡将,正而无奇,则守将也;奇而无正,则斗将也;奇正皆得,国之辅也。”在漫长的战争史上,能够兼备“正”“奇”两者的将领寥若晨星,而韩信则是其中最为杰出的一位。

在中国历史上,秦汉之际的韩信是一位家喻户晓的旷世名将。一出《萧何月下追韩信》的戏剧和一句“韩信将兵,多多益善”的成语,就反映了韩信作为名将的地位和特点。

人们推崇韩信绝不是偶然的。我们知道,古今中外军事家中,有的长于运筹帷幄,谋划大计;有的长于披坚执锐,搴旗斩将。但能够二者兼备、能文能武的,却为数寥寥。然而韩信却正是身兼二长的将星。韩信(?—公元前196年),淮阴(今属江苏淮安市)人。他集谋臣与统帅于一身,辅佐汉高祖刘邦筹划方略,横扫六合,为西汉王朝的建立立下了卓越的功勋,堪称身系楚汉战争胜负的关键人物。

其实韩信起初效力的对象不是刘邦,而是楚霸王项羽。但项羽刚愎自用,不能发现和重用这位优秀将才。韩信不甘心埋没自己的军事才能,就投奔到刘邦的麾下。刘邦开始时也没有重用韩信,韩信感到失望,一气之下,也从刘邦那里不辞而别。刘邦的主要助手萧何对韩信非常赏识。他认为刘邦要战胜项羽,夺取天下,绝对离不开韩信的辅佐。所以他一听说韩信出走,就星夜追赶,终于把韩信挽留下来,并说服刘邦拜韩信为大将。为了郑重其事,萧何还要刘邦举行了隆重的拜将仪式。

历史证明,刘邦重用韩信是英明之举,这是他在与项羽争夺天下的战争中摆脱被动,转弱为强,走向胜利的转折点。韩信登坛拜将后,即提出著名的《汉中对》,为刘邦制定了争取主动、统一天下的宏图大计:即在比较和分析楚汉双方政治条件、军事实力的基础上,选择关中地区为战略发展方向,把握时机,迅速兵出汉中,还定三秦,然后以关中为基地,引兵东向,同项羽争夺天下。刘邦采纳了韩信这一战略计划,不到一个月就实现了第一步战略目标,基本上平定了关中地区,为日后发展奠定了基础。

当然,项羽集团实力雄厚,项羽本人又骁勇善战,汉军要最终夺取胜利,还有漫长的道路要走。在这个过程中,韩信继续起着决定性的作用。当楚汉战争进入战略相持阶段后,韩信又为刘邦制定了下一步的战略方针:由刘邦指挥主力坚守荥阳(今属河南)一线,与楚军正面相持。韩信统率偏师,横扫楚军侧后,完成对楚军的战略包围。接着挥师南下,占领楚军后方,切断楚军粮道。最后引兵西进,与刘邦会师,聚歼楚军主力。

刘邦完全采纳了这一战略方针,并让韩信负责具体实施。在实施过程中韩信先后败魏、灭代、破赵、降燕、定齐,从根本上改变了楚汉之间的力量对比,最后与刘邦会师垓下(今安徽灵壁),全歼楚军,迫使曾不可一世的西楚霸王项羽自刎乌江(今安徽和县),在腥风血雨中建立起西汉政权。

除了战略决策高明外,韩信的作战指挥艺术也是非常杰出的。首先这表现为韩信擅长用奇兵取胜,即活用兵法,灵活机宜,因敌变化,出奇制胜,乃是韩信作战指挥的最大特色。他善于结合当时当地的敌情、地形、天候,巧妙利用敌人的弱点,发挥自己的特长,屡用奇兵,出敌不意,变幻莫测,以达到以寡胜众,以弱克强的目的。像灭魏时,木罂渡河,调动魏师痛加聚歼;破赵之役中,背水布阵,消灭赵军;平定齐地之战中,半渡而击,大败齐主力于潍水,都是以奇制胜方面的杰出典范。其共性是奇正并用,以奇为主,夺取主动,转换双方优劣态势。

这中间尤以背水布阵击灭赵军的战例,千百年来一直脍炙人口。公元前204年秋冬,韩信统兵数万攻打依附项羽的赵国。赵国君臣集结二十万大军据守入赵的必由之路——井陉口,以逸待劳,准备消灭韩信所部。当时众寡悬殊,攻守异势,韩信的处境相当不利。但韩信却胸有成竹。他针对赵军主帅陈余“不用诈谋奇计”这种迂腐用兵的特点,并根据己方兵力寡少、军心不固以及深入对方重地等情况,决定背水列阵,出奇制胜。

决战开始后,韩信很快就率主力佯败退入背水阵中。赵军见状即倾全力猛攻此阵。汉军前有强敌,后有水阻,于是人人死战,个个拼命,抑制住了赵军的攻势。这时预先埋伏的两千名汉军轻骑便乘虚攻占赵军大营。正在激战中的赵军见大本营丢失,顿时惊恐大乱。这时韩信率主力乘势反击,大获全胜,一举灭赵,实现了断楚之右臂的战略目的。

其次,韩信高明指挥艺术还表现为他在一定条件下善于用正兵,同样收到克敌制胜的最佳效果。垓下会战就是这方面的典范。

楚汉战争经过四年多的战略相持,双方优劣态势完成了根本性的转变。汉军占据了战争的主动地位,楚军则由强转弱,陷于被动。刘邦君臣乘机发动战略反攻,趁项羽东撤之际实施追击,揭开了垓下决战的帷幕。当时汉军云集于垓下,兵力达七八十万之众,而项羽则只有十万兵马,就在这样的背景下,双方展开了鱼死网破的会战。

韩信是汉军在会战中的统帅。他虽一向以出奇制胜闻名,但这一次有所不同。韩信针对项羽善于正面突破的作战特点,又根据自己拥有绝对优势兵力的条件,决定以正兵接敌,以奇兵辅战,部署了一个堂堂正正的五军阵。这仍然是"以正合,以奇胜"的战术,但把"奇"隐藏在"正"之中,亦即正中有奇的稳妥战法。其具体的部署是:韩信自率三十万部队为前阵,将军孔熙率军一部为左阵,将军陈贺率军一部为右阵,刘邦统领其大军为中阵,将军周勃和柴武统军一部为后阵。此外,还有英布与彭越的部队,没有被列入五军阵中,而是被部署到楚军的侧后,以牵制楚军的行动,作为机动力量。这一五军阵部署的显著特点是:正面坚强,纵深很大,兵力高度集中,两翼能够灵活策应。因此能相当有效地阻止项羽的连续正面突破,并可予以凌厉的反击。其中,前阵、中阵、后阵为正兵,左阵、右阵为奇兵,以正兵为主,以奇兵为辅,奇正结合,寓奇于正。

项羽仍然和往常一样,使出了他破釜沉舟、正面突破的拿手本领。战斗一开始,楚军即发起凶猛的攻击,韩信率先应战。由于楚军战斗力极强,善于冲击,汉军抵挡不住,韩信遂稍稍引军后撤。项羽挥师追击,殊不料汉军的左、右两阵突然杀出,猛攻楚军的左右侧翼;韩信立即引兵杀回,遂将楚军三面包围。楚军左冲右突,终无法逾越汉军筑起的"铜墙铁壁"。双方浴血激战一整日,楚军终于全线崩溃,惨遭失败,大部就歼。项羽率残部退回营中,韩信指挥汉军当即将楚营团团包围。项羽大势尽去,遂演出一场"霸王别姬"的悲剧,梦断乌江,遗恨千古。

《问对》有言:"善用兵者,无不正,无不奇,使敌莫测。故正亦胜,奇亦胜。"这在名将韩信的身上,有着最切实的验证。他以自己卓越的军事指挥实践,证明自己不愧为"奇正皆得,国之辅也"的旷世军事天才,他的战争指挥造诣也是永垂千古的。

战太原魏舒“毁车以为行”

《唐太宗李卫公问对》一书曾以相当多的篇幅，论述了中国古代军队编制的变革，阵法的起源和发展，以及作战方式的递嬗，提供了弥足珍贵的军事史资料，这正是其书具有重大军事学术价值的一种体现。其中“卷上”和“卷中”两处说到春秋时晋国荀吴伐狄时，其部将魏舒“毁车为行”，发展步兵，夺取对所谓“戎狄”作战的胜利。这表明此书作者对这件引起先秦作战方式嬗变事件的高度重视。应该说，这是颇有识见的。现在，就让我们将目光投向悠远的春秋时代，踏着历史的履痕，一起去回顾这场具有深远历史意义的作战方式变革事件。

众所周知，自西周中期至春秋中期，车战是战场上作战的主要形式。春秋后期晋国军事家魏舒在太原之战中“毁车以为行”，对西周以来呆板的车战进行了大胆的改革。由此之后，车战开始衰退，步兵重新逐渐成为军队中的主要兵种，奏响了我国古代由车战全盛向步战复归的序曲。

魏舒（？—公元前 509 年），晋国名臣魏犨、魏绛之后，晋平公时任中军主帅荀吴（即中行穆子）的副帅，具有敏锐的政治头脑和杰出的军事才能。

周景王四年（公元前 541 年），北方山戎无终部落联络多部狄人骚扰晋国，晋国国君派荀吴和魏舒向大原（今山西太原西南）进发，讨伐戎狄。当晋国的战车在步卒的簇拥下到达大原战场时，只见前方地势险隘，道路极其狭窄，车兵方阵根本无法施展，更谈不上驰骋迂回了。晋军作战遇到了很大的困难。

从西周以来，诸侯争雄角逐的战场主要是在中原的开阔平坦地区进行，两军“成列而鼓”，兵车往来厮杀。由于生产力的发展，井田制逐渐遭到破坏，大量私田被开垦，沟渠道路纵横交错，战车的行动受到限制。同时，随着战争规模的扩大，战场的区域也由中原地区伸展到了周边的山地丘陵地带,地形变得高低不平,道路崎岖狭窄,车战的弊端日益明显。进攻戎狄的晋军车队,在大原战场上就遇到了很大的麻烦。

魏舒站在战车上审视着狭险复杂的地形,远处是采取步兵作战的戎狄,他敏锐地意识到车兵在山地作战中的弱点,随即对主帅荀吴建议道:"彼徒我车,所遇又阨,以什共车,必克;困诸阨,又克。请皆卒。"(《左传·昭公元年》)魏舒指出,在如此道路狭窄、地形险要之处,如果仍然坚持以传统的车战方式作战于我军将不利;如果我军改车兵为步卒,以十人当一车之用,便可变被动为主动。如能再抢先困敌于险阨之地,戎狄必败无疑。为此魏舒建议"毁车以为行",把全部甲士变为步卒,以步战与戎狄交锋。主帅荀吴对魏舒的提议表示同意,荀吴和魏舒遂出号令,三军皆卒,甲士全部下车,魏舒等将领带头执行。

"毁车以为行"看起来简单,实行起来却并不容易。商周以来,贵族和平民上层在军队中是披甲胄的乘车武士,所谓"赳赳武夫,公侯干城"、"赳赳武夫,公侯腹心"(《诗经·周南·兔罝》)。而步卒则附属于车兵,由奴隶和庶人组成,身穿布衣短褐,在战场上冲锋在前,撤退在后,受车上甲士的指挥。甲士和步卒体现着不同的等级。魏舒在大原之战前夕临时易制,决定放弃战车战法,改甲士为步卒同戎狄交战,这种变革对于那些惟恐丧失贵族身份的甲士来说,是难以接受的。当时主帅荀吴之嬖人"不肯即卒",就反映出旧势力对改革的抗拒。魏舒为了战争能够获胜,毫不犹豫地将"不肯即卒"者"斩以徇",军前正法,并巡行以示众。三军皆震,"毁车以为行"遂得以推行。

魏舒把战车甲士编组成由两、伍、专、参、偏五个小方阵组成的一个大方阵。由于是临阵整编而成,难免各个小方阵大小不齐,人数多寡不一,但是阵与阵之间却是互相衔接,形成掎角之势。戎狄原来准备以卒击车,但不知为何,只见晋军纷纷从车上跳了下来,弃车为步;又见晋军临时编阵,显得有些凌乱,禁不住笑出声来,嘲哂晋军不懂战术。剽悍的狄兵深信步战是自己的擅长,以步战对步战己方必胜无疑。于是他们不等晋军布好阵势就首先开始发动进攻。魏舒因敌制胜、随机变化,以“偏阵”五十人引诱狄兵,待狄人接近遂发起猛攻,左右两角包抄侧击,结果戎狄不敌,狼狈而逃。

大原之战,在春秋战争史上并不算什么大战,但魏舒将重装的贵族甲士和轻装的庶人步卒混合编阵,“毁车以为行”,取得了用步战打败戎狄的战绩。魏舒以其敏锐的观察力和灵活的统军指挥才能,对以车战为主的传统军制和战法提出了挑战。大原之战的胜利还预示着,以车兵为主的战争形态行将过去,而以步战为主的战争形态正在重新崛起之中。

魏舒指挥的别开生面的大原之战为我们揭示了这样一个道理:作为一名优秀的军事将领,不但要有高强的武艺和勇敢的精神,同时还必须具备敏锐的头脑和统军指挥的才能,善于观察形势的变化,勇于进取创新,跟上时代的发展,能够用最新的战术战法指挥军队。只有这样,才能使自己军队永远保持强大的战斗力而始终处于不败之地。正是在这个意义上,《唐太宗李卫公问对》的作者高度重视“毁车以为行”这一历史事件,把它作为作战方式演进过程中具有里程碑意义的标志来加以征引。

李从珂骄兵不治失天下

军队守纪律,遵规章,是确保战斗力强大,从而夺取战争胜利的基本条件,古今中外,一概如此。诸葛亮甚至还这么说过:“有制之兵,无能之将,不可败也;无制之兵,有能之将,不可胜也。”把纪律严明看成比将帅个人素质更为重要的因素。《唐太宗李卫公问对》卷上对诸葛亮这一观点进行了引申和发挥。指出:“乱军引胜者,言己自溃败,非敌胜之也……兵卒有制,虽庸将难败;若兵卒自乱,虽贤将危之。又何疑焉。”纵观历史,可见这样的说法是有一定道理的,五代时期李从珂骄兵不治,终失天下就是一例。

自唐朝中后期起,形成了藩镇割据的局面,它造成的直接后果之一,就是骄兵悍将不服管束。《新唐书·兵志》对此曾有过深刻的论述："兵骄则逐帅，帅强则叛上，或父死子握其兵而不肯代；或取舍由于士卒，往往自择将吏，号为留后，以邀命于朝……盖姑息由于兵骄，兵骄由于方镇，姑息愈甚，而兵将愈俱骄。"这种情况延续到五代而不改，五代时期有许多国君、将帅就因不治骄兵而身死国灭的，后唐李从珂的遭遇可谓典型。

李从珂，镇州平山人，本姓王，后唐明宗李嗣源的养子，又称废帝。年轻时随从庄宗李存勖及明宗征战后梁，骁勇善战，军功卓著。庄宗本人非常欣赏他的勇敢骁果，说他"不徒与我同年，其敢战亦类我"（《新五代史》卷七《唐本纪第七·废帝》）。可见李从珂算得上是一位"有能之将"。

后唐长兴四年（公元933年），李嗣源病故，儿子宋王李从厚继位，史称闵帝。闵帝幼弱寡断，权臣朱弘昭、冯赟乘机把持了朝政。朱、冯两人为了利于专权，便致力于排斥异己，安插亲信。当时李从珂任凤翔节度使兼侍中，被封为潞王，地位很高，且享有较大的威望，自然成为朱弘昭等人的眼中钉，必欲去之而后快。于是他们就以李从珂不服从调任河东节度使命令为由，派遣西都留守王思同统率大军前去征讨。

征伐大军抵达凤翔城下后，王思同即传令攻城，志在必得。凤翔城城垣低矮，壕堑不深，在王思同督众猛攻之下，李从珂部众死伤累累，形势十分危急。

李从珂眼见城将不保，便登上城楼，高声对城外军士喊道："我年未满二十，从先帝征伐，出生入死，金疮满身，树立得社稷，军士从我登阵者多矣。今朝廷信任贼臣，残害骨肉，且我有何罪。"说罢放声痛哭，声传数里，闻者莫不为之哀痛。羽林指挥使杨思权原就与朝廷权臣有隙，这时便乘机大喊："大相公，吾主也。"当即率领所部人马脱下甲胄，丢掉兵器，进入凤翔城西门向李从珂投降，并献上一张白纸，要求李从珂攻克京师登上帝位后封他为节度使。李从珂便依言写上："思权可任邠宁节度使。"与此同时，严卫都指挥使尹晖也带领所部从凤翔城东门而入，投降依附了李从珂。这样一来，"外军悉溃"，王思同等人眼见大势尽去，只好落荒而逃。

入城的降兵认为有功于李从珂,便纷纷向他求讨封赏。李从珂不敢怠慢,便倾尽城中财物犒赏各将士,“率居民家财以赏军士”(《旧五代史》卷八《末帝纪上》),甚至将釜鼎之类的器具也沽价论赏。军营内酗酒赌钱,喧闹无已。李从珂传令发军东进,并遍告军士,凡攻入京都洛阳者,赏钱百缗。这样骄兵见有重赏,便随从他向洛阳城杀去,一路势如破竹,连下重镇。

李从珂率军东进的消息传来,闵帝及左右个个心惊肉跳,手足无措,惶惶不可终日。大将康义诚见风使舵,企图率领侍卫军投降李从珂以邀大功,于是假意请求领兵往拒李从珂。闵帝不察虚实,欣然同意,并拿出府库钱物进行犒赏。这些人骄横不可一世,随身携带朝廷赏赐钱物“出征”李从珂,一路扬言:“到了凤翔后,再向潞王取一份赏物。”结果他们刚到新安(今属河南),便纷纷丢盔弃甲,成群结伙争先赶往李从珂驻地请降。这样,李从珂就畅通无阻地进入京都洛阳,在冯道等人上表劝进下,登上了皇帝的宝座。

李从珂即位后,立即下诏打开府库犒赏众军士,岂知洛阳府库早已空虚,而犒赏军费却需要五十万缗之多。百官竭尽所能搜刮钱财,害得“京城庶士自绝者相继”(《旧五代史》卷八《末帝纪上》)。然而即便如此,也只搞到二十万缗,尚不及半数。这些赏钱颁赐下去以后,那些骄兵悍将欲壑难填,大为不满。在底下制造流言,说什么“去却生菩萨,扶起一条铁”。李从珂害怕军中有变,于是更加一味迁就这些骄兵悍将。

由于李从珂平素治军不严,纲纪不明,所以当三年后河东节度使石敬瑭卖主求荣,勾结契丹贵族攻打后唐时,手下部众立即分崩离析,不战迎降。走投无路的李从珂本人,也在石敬瑭兵临洛阳城下时,登楼放火自焚,喝下了自己骄兵不治,“教道不明”,以致葬送天下的这一杯苦酒。李从珂的作为以及随之而来的结局,充分说明《问对》中关于“若兵卒自乱,虽贤将危之”的说法是完全成立的。

卷中

导读

本卷对卷上的"奇正"范畴结合"虚实"理论作了进一步的深化阐述，指出"奇正者，所以致敌之虚实"。从而丰富和发展了"奇正"的内涵。并由奇正虚实谈到增强军队战斗力（治力）的方法，将孙子的"治力"三义，引申推衍为九义，丰富了孙子在这方面的观点。作者还以相当多的篇幅，论述了军队的编制、指挥以及训练方法诸问题，其中的重点，是考析和总结包括八阵图、六花阵、方、圆、曲、直、锐等阵在内的各种阵法，以及由伍法开始、分级施教、循序渐进的军队教战之法，给后人留下了丰富而又宝贵的古代阵法战术理论和有关教战方法的资料。此外，本卷还论述了车、步、骑的协同配合与使用，指出"车、步、骑三者一法也，其用在人"。阐发了赏与罚、恩与威的关系，主客地位的转化及其枢机，从而在更深的层次上阐明了虚实与奇正的运用。

原文

1. 太宗曰："朕观诸兵书，无出孙武；[1] 孙武十三篇，无出《虚实》。夫用兵，识虚实[2]

译文

1. 唐太宗说："在我所看过的各种兵书中，没有超过《孙子》的，在《孙子》十三篇中，又没有超过其中的《虚实篇》的。用兵作战，如果能正确认清和把握

之势，则无不胜焉。今诸将中，但能言背实击虚[3]，及其临敌，则鲜[4]识虚实者。盖不能致人[5]，而反为敌所致故也。如何？卿悉为诸将言其要。”

敌我双方的虚实形势，就没有不打胜仗的。现在的将领当中，仅仅是口头上会讲避实击虚，等到真的临敌作战，就很少有人能看清战场的虚实情势了。这大概是他们不但不能调动敌人，反而被敌人所左右、所摆布的缘故。我这个看法你认为对吗？请你为将领们详尽地讲解一下识别虚实的要领。”

靖曰：“先教之以奇正相变之术，然后语之以虚实之形可也。诸将多不知以奇为正，以正为奇，且安识虚是实，实是虚哉？”

李靖说：“首先教会他们奇正相互变化的方法，然后再告诉他们识别虚实的各种情形，这样就容易领悟了。将领们大多不懂得奇兵变正兵，正兵变奇兵的道理，那又怎么能识破敌人的虚是实，实是虚呢？”

注释

1 观诸兵书，无出孙武：这是对古代最著名兵书《孙子》的崇高评价。从某种意义上说，《孙子》在兵学理论上的建树和境界，后来的兵书是无法企及的。故明代茅元仪《武备志·兵诀评序》道：“前孙子者，孙子不遗；后孙子者，不能遗孙子。”出，超过，超越。

2 虚实：古代兵法基本范畴之一。指军事实力上的强弱、优劣，攻守态势上的被动或主动。有实力为“实”，反之为“虚”；有备为“实”，无备为“虚”；休整良好为“实”，疲惫懈怠为“虚”；主动有利为“实”，被动不利为“虚”。“虚”与“实”相互依存，在一定的条件下又会相互转化。

3 背实击虚：古代兵法中的重要作战原则之一，即避实击虚。语出《孙子·虚实篇》：“水之形，避高而趋下；兵之形，避实而击虚。水因地而制流,兵因敌而制胜。”谓用兵作战要乘敌之隙,击敌之虚。

4 鲜:很少,极稀罕的意思。

5 致人:即调动敌人,掌握作战的主动权。致,引,引来,这里是调动、驱使的意思。

原文

太宗曰:“策之而知得失之计,作之而知动静之理,形之而知死生之地,角之而知有余不足之处’。[1]此则奇正在我,虚实在敌欤?[2]”

靖曰:“奇正者,所以致敌之虚实也。敌实,则我必以正;敌虚,则我必为奇。苟[3]将不知奇正,则虽知敌虚实,安能致之哉?臣奉诏,但教诸将以奇正,然后虚实自知焉。”

太宗曰:“以奇为正者,敌意[4]其奇,则吾正击之;以正为奇者,敌意其正,则吾奇

译文

唐太宗说:“要通过认真的筹算,来分析敌人作战计划的优劣得失;要通过挑动敌人,来了解敌人的活动规律;要通过佯动示形,来试探敌人生死命脉的所在;要通过小型交锋,来了解敌人兵力的虚实强弱。这是否就是说变化奇正在我一方,是虚是实在敌一方?”

李靖回答说:“所谓变化奇正,目的是为了察明和对付敌人的虚实。敌人兵力强大,那我就用正兵去对付它;敌人兵力虚弱,那我就用奇兵去打击它。假如将领不懂得奇正变化,那么即便是知道了敌人的虚实,又怎么能调动敌人而取胜呢?我遵照您的旨意,只要教会将领们如何运用奇正,然后他们自然就会懂得识别虚实的道理了。”

唐太宗说:“我把奇兵变作正兵使用,敌人认为我是奇兵,仍用对付奇兵的方法对付我,这时我就用正兵去打击它;我把正兵变作奇兵使用,敌人认为我是正兵,仍用对付正兵的方法对付我,这

击之。使敌势常虚，我势常实。[5]当以此法授诸将，使易晓[6]耳。”

靖曰：“千章万句，不出乎‘致人而不致于人[7]’而已。臣当以此教诸将。”

时我就乘机用奇兵去打击它。如此，就能使敌人经常处于虚弱被动的地位，而使自己经常处于坚实主动的地位。应该把这种方法传授给将领，使他们容易明白。”

李靖说：“兵法千章万句，不外乎‘调动敌人而不为敌人所调动’罢了。我当本着这条根本原理去教育诸位将领。”

注释

1 “策之而知得失之计”四句：语出《孙子·虚实篇》。意谓要通过认真的筹算，来分析敌人作战计划的优劣得失；要通过挑动敌人，来了解敌人的活动规律；要通过佯动示形，来试探敌人生死命脉之所在；要通过小型交锋，来了解敌人兵力的虚实强弱。策，筹算、策度。作，兴起，此处指挑动。形之，以伪形示敌。死生之地，指敌人之优势和短处。地，与下文“处”义同，非实指战地。角，量、校。有余，指实（强）之处；不足，指虚（弱）之处。

2 奇正在我，虚实在敌：意谓变化奇正的主动权在我一方，是虚是实则取决于敌人。近似《孙子·形篇》“不可胜在己，可胜在敌。故善战者，能为不可胜，不能使敌之必可胜”的意思。

3 苟：假若、倘若、如果。

4 意：认为、料想、猜测的意思。

5 敌势常虚，我势常实：使敌人经常处于虚弱被动的地位，而使自己经常处于强大主动有利的地位。

6 易晓：容易理解。晓，明白，理解。

7 致人而不致于人：语出《孙子·虚实篇》。意谓要积极调动敌人而不被敌人所调动，牢牢掌握作战主动权。

原文

2. 太宗曰:"朕置瑶池都督[1],以隶安西都护[2],蕃汉之兵,如何处置?"

靖曰:"天之生人,本无蕃汉之别。然地远荒漠[3],必以[4]射猎而生,由此常习[5]战斗。若我恩信抚之,衣食周之[6],则皆汉人矣。陛下置此都护,臣请收汉戍卒[7]处之内地,减省粮馈[8],兵家所谓治力之法[9]也。但择汉吏有熟蕃情者,散守堡障[10],此足以经久。或遇有警[11],则汉卒[12]出焉。"

译文

2. 唐太宗问道:"我设置瑶池都督,隶属于安西都护府。那里蕃汉士兵杂处在一起,应该怎么治理呢?"

李靖回答说:"人刚生下来的时候,本来并不存在蕃汉的差别。然而由于蕃人居住在边远荒漠的地区,必须以打猎为生,因此也就非常擅长于格杀战斗。如果我们在政治上抚慰他们,在衣食方面周济他们,那么他们就会和汉人一样了。陛下既然设置了安西都护府,我建议将驻扎在那里的汉军戍卒撤出,移防于内地,以减省粮秣供给和运输费用,这就是兵家所说的'治力'的方法呀!只要挑选熟悉蕃人地区情况的汉族官吏,让他们分散防守边防城堡,这样就完全足以做到长久无患。即使一旦发生紧急情况,汉兵也可立即出动控制局面。"

注释

1 瑶池都督:官署名。唐贞观二十三年(公元649年)二月设置,治所在庭州莫贺城(在今新疆维吾尔族自治区阜康市境内),隶属于安西都护府,以左卫将军阿史那贺鲁为瑶池都督。

2 安西都护:唐代六大都护府之一。贞观十四年(公元640年)九月,唐灭高昌国(今新疆吐鲁番市东南达克阿奴斯城)以后,将其领地改名西州，设交河、天山、柳中、蒲昌等县，并设安西都护府于交河城（在今新疆吐鲁番西北约五公里处），统辖安西四镇（龟兹、疏勒、于阗、焉耆），属陇右道。

3 荒漠：指边远极其荒凉的地方。

4 以：通过、依靠、凭借。

5 习：熟悉、娴熟、擅长的意思。

6 衣食周之：指在衣食生活方面对少数民族进行周济，使之安居乐业。周，通"赒"，救济、赈济的意思。

7 戍卒：守卫边境的士兵。

8 减省粮馈：削减节省粮秣供给和运输费用。馈，赠送、馈赠，这里是补给运输的意思。《孙子·作战篇》："带甲十万，千里馈粮。"

9 治力之法：掌握和运用军队战斗力的基本方法。

10 堡障：指用土、石筑成的城堡型防御工事。

11 警：边警、烽警。

12 汉卒：底本原作"虞卒"，疑误。今据《讲义》及《四库全书》抄本校改。

原文

3. 太宗曰："《孙子》所言治力何如？"

靖曰："'以近待远，以佚待劳，以饱待饥'。[1]此略言其概尔。善用兵者，推此三义而有六焉：以诱待来[2]，以静待躁[3]，以重待轻[4]，以严待懈[5]，

译文

3. 唐太宗问道："《孙子》所说的'治力'是怎么一回事？"

李靖回答说："'以自己部队的接近战场来对付敌人远道而来的，以自己部队的安逸休整来对付敌人的疲于奔命，以自己部队的粮饷充足来对付敌人的饥饿不堪。'这只是约略地说说'治力'的大概。善于用兵打仗的人，可以把这三条引申发展为六条：

以治待乱[6]，以守待攻[7]。反是则力有弗逮[8]。非治力[9]之术，安能临兵[10]哉？”

太宗曰：“今人习《孙子》者，但诵空文，鲜克[11]推广其义，治力之法，宜遍告诸将。”

以诱诈来使敌人落入圈套，以冷静来对付敌人急躁冒进，以持重来对付敌人轻举妄动，以严整来对付敌人懈怠松弛，以整治来对付敌人的混乱，以固守来对付敌人的进攻。反之，战斗力就会难以保持。如果不懂得‘治力’的方法，怎么能领兵作战呢？”

唐太宗说：“现在学习《孙子兵法》的人，仅仅知道背诵条文，很少有人能够引申发挥的。‘治力’的方法，应当普遍地告诉每位将领。”

注释

1 “以近待远”三句：《孙子》关于治力的方法，见于《军争篇》。注见卷上。

2 以诱待来：意谓通过诈诱的方法来使敌人落入我方预设的圈套。

3 以静待躁：以自己的沉着冷静来对付敌人的急躁冒进。静，镇静。躁，急躁。

4 以重待轻：以自己的持重稳妥来对付敌人的轻举妄动。轻，轻浮不稳重。

5 以严待懈：以自己的严整来对付敌人的懈怠松弛。严，意谓军纪严明。懈，指军纪懈怠。

6 以治待乱：以自己的整治来对付敌人的混乱。治，指军阵严整。乱，指军阵混乱。

7 以守待攻：以己方的固守来对付敌人的进攻。即兵家所谓的“为主不为客”。

8 弗逮：弗，不。逮，及。

9 力：底本原作“之”，疑误。今依据《汇解》和《四库全书》抄本校改。

10 临兵：即指挥作战。

11 鲜克：鲜，很少、稀少的意思。克，能，能够。《诗经·大雅·荡》："靡不有初，鲜克有终。"

原文

4. 太宗曰："旧将老卒，凋零殆尽[1]，诸军新置，不经阵敌[2]。今教以何道为要？"

靖曰："臣尝教士，分为三等[3]：必先结伍法[4]，伍法既成，授之军校[5]，此一等也；军校之法[6]，以一为十，以十为百，此一等也；授之裨将[7]，裨将乃总诸校之队，聚为阵图[8]，此一等也。大将军[9]察此三等之教，于是大阅[10]，稽考制度[11]，分别奇正[12]，誓众行罚[13]。陛下临高观之，无施[14]不可。"

译文

4. 唐太宗问道："经历过战争的旧将老兵，现在剩下的已是寥寥无几；各部队都是新近组建起来的，没有经历过实战，如今对他们进行训练，采用什么方法最为重要呢？"

李靖答道："我过去训练部队，常分为三个阶段来进行。首先是将五人编成一伍进行伍法训练。伍法练好后，再进行更大编组的军校训练。这是第一个阶段。军校训练的方法，是把一个单位当作十个单位，十个单位当作百个单位，从小到大，由低级向高级进行推演训练。这是第二个阶段。然后交给裨将训练，裨将在训练好各校部队的基础上，将它们集结起来进行阵法的训练。这是第三个阶段。大将军看到这三个阶段的训练内容完成后，于是进行大检阅，检查并考核各项制度的执行情况，区分奇兵和正兵的划分和使用方法，举行誓师，严明赏罚。此时如果陛下登上高台观看部队演练，那么就会看到部队听从指挥、令行禁止的场面。"

注释

1 凋零殆尽:意谓经历过战争的将士这时剩下的已是寥寥无几了。凋零,原意为花草凋谢、零落。这里指人事衰微。殆,几乎、近乎。尽,完、完结。

2 不经阵敌:没有经历过战场交锋,缺乏必要的实战经验。

3 等:等次、等级。此处是阶段、步骤的意思。

4 伍法:古代编组和训练部队的基本方法。周代军制规定,五人为伍,历代多相沿袭,把五人一伍作为部队训练与编制的最基本单位。

5 军校:指古代任辅助之职的基层军官,一般负责十伍或百伍。

6 军校之法:此处的"军校"与上句"军校"义有不同,此处是指军队的编制单位。按,古代军之一部曰"一校",校的编成,或以五十人(十伍)为一单位,或以五百人(百伍)为一单位。

7 裨将:副将,是主将的助手。

8 聚为阵图:指将各校之兵集结在一起,进行阵法的训练。

9 大将军:统领全军的主将。

10 大阅:对裨将所教之兵进行全面的检阅。

11 稽考制度:指检查并考核各项制度的贯彻执行情况。稽考,稽查、考核的意思。

12 分别奇正:指区别正兵(主力部队)与奇兵(机动策应兵力)的划分和使用方法。奇正在这里是指兵力的分配与部署,而非战术的变换。

13 誓众行罚:举行誓师,执行军法。春秋时齐国司马穰苴辕门立表诛斩庄贾,就是这方面很典型的史例。

14 施:实施、推行。

原文

5. 太宗曰:"伍法有数

译文

5. 唐太宗问:"古代训练伍法的

家，孰者为要？”

靖曰：“臣按《春秋左氏传》云：先偏后伍[1]；又《司马法》曰：五人为伍[2]；《尉缭子》[3]有《束伍令》[4]；汉制有尺籍伍符[5]。后世符籍，以纸为之，于是失其制矣。臣酌其法，自五人而变为二十五人，自二十五人而变为七十五人，此则步卒七十二人，甲士三人之制也。[6]舍车用骑，则二十五人当八马，此则五兵五当[7]之制也。是则诸家兵法，唯伍法为要。小列之五人，大列之二十五人，参列之七十五人。又五参其数[8]，得三百七十五人。三百人为正，六十人为奇。此则百五十人分为二正，而三十人分为二奇，盖左右等也。穰苴

方法有好几家，那家是主要的？”

李靖回答说：“据我所知，《春秋左氏传》主张战车在前，步卒配置在后。《司马法》则强调五人为伍，十人为队。《尉缭子》记载有约束部伍的条令，汉朝的军事制度中有关于尺籍和伍符的规定。自那以后的军中符籍，都是用纸做成的，这样就失去了古代制度的原貌。我在研究这些说法后看到：由五人而逐渐变为二十五人，再由二十五人而逐渐变为七十五人，这就是一乘战车有步卒七十二人、甲士三人的春秋编制。当舍弃战车而用骑兵作战时，那么步卒二十五人相当于八名骑兵的战斗力，这就是根据‘五兵五当’的原则运用车、步、骑的方法。所以各家兵法中，只有伍法训练是最为重要的。最小的战术编组是五人，最大的战术单位是二十五人，三个最大战术单位共七十五人构成一个战术群，五个战术群合在一起，人数共有三百七十五人。〔除掉各级军官十五人外〕，其余三百人当作正兵，六十人用为奇兵。然后三百人中又各以一百五十人分为左右二正，六十人中各以三十人分为左右二奇，这样左右兵力正好相等。司马穰苴所说的五人为伍，十伍为队，乃是基本的军队编组办法，

所谓五人为伍，十伍为队，至今因[9]之，此其要也。”

直到现在还在沿用，这就是伍法的大概情况。”

注释

1 先偏后伍：指周桓王十三年（公元前707年）周、郑繻葛之战中郑军“鱼丽阵”的基本作战队形。《左传·桓公五年》：“先偏后伍，伍承弥缝。”杜预注云：“《司马法》，战车二十五乘为偏，以车居前，以伍次之，承偏之隙而弥缝缺漏也。五人为伍，此盖鱼丽阵法。”即把战车（以一偏二十五辆为单位）布列在前面，将步卒疏散配置于战车两侧及后方，步卒利用车辆的间隙作战，从而形成车步协同配合、攻防灵活自如的整体。

2 五人为伍：按今本《司马法》中无此句。杜佑《通典》卷一百四十八“兵一”有“司马穰苴曰，‘五人为伍，十伍为队’”（《玉海》卷一百四十亦有类似的记载）。可见这当为《司马法》佚文。

3 《尉缭子》：先秦时期著名兵书，宋代元丰年间被列为《武经七书》之一。其书作者和成书年代说法不一，有认为是魏国人尉缭所撰，有认为是秦王政时人尉缭所作，有认为两尉缭为同一人，也有疑为后人伪托。据其书的基本内容与特色考察，结合同时期的其他兵书情况分析，其成书当在战国中晚期。《汉书·艺文志·诸子略》“杂家类”著录其书有二十九篇；同书《兵书略》“兵形势家”类又著录有三十一篇。唐魏征《群书治要》辑存四篇，1972年山东临沂银雀山汉墓出土残简六篇。今本《尉缭子》为五卷二十四篇约九千余字，当为杂家《尉缭》与兵形势家《尉缭》各一部分汇总而成。《尉缭子》全书内容丰富，论述精辟，其主要特色有三，第一，反映了兵形势家的某些作战指导原则。第二，体现了诸子学说（尤其是法家）的渗透与影响。第三，保留了许多战国时期军队的战斗、内务、纪律等方面的法规性资料。后人对其有很高的评价。如清人朱墉在《汇解》中指出:"七子谈兵,人人挟有识见。而引古谈今,学问博洽,首推《尉缭》。"

4《束伍令》:兵书《尉缭子》中的一篇。其云:"束伍之令曰:五人为伍,共一符。"束伍令,即约束部伍的规定。

5 尺籍伍符:尺籍,书写军令的尺书簿册。一说汉代将杀敌立功的成绩书写在一尺长的竹(木)牍上,称为尺籍。伍符,是伍内互相连保的一种凭证。

6 "自五人而变为二十五人"四句:二十五人为五伍之数,七十五人为十五伍之数,这实际上是参用古代一车步卒七十二人,甲士三人(共七十五人)的制度。则,效法、参照的意思。

7 五兵五当:五兵,指弓矢、殳、矛、戈、戟等五种主要兵器。《司马法·定爵》云:"凡五兵五当,长(兵)以卫短,短(兵)以救长。"弓矢、殳、矛是长兵,掩护短兵;而戈、戟等短兵则补救长兵之不足。《问对》认为,当舍弃车兵而用骑兵作战时,以八马为一伍,相当步卒二十五人,这是伍法在车、步、骑不同编制内的变化运用。

8 五参其数:指五个参列之人数。

9 因:因袭、沿用、沿袭的意思。

原文

6. 太宗曰:"朕与李勣论兵,多同卿说,但勣不究[1]出处尔。卿所制六花陈法[2],出何术乎?"

靖曰:"臣所本诸葛亮八陈法也。大陈包小陈,

译文

6. 唐太宗说:"我曾同李勣讨论兵法,他的见解大多与你相同,只是李勣他没有考究出处罢了。你所创制的'六花阵'法,是根据什么而来的呢?"

李靖答道:"我的六花阵是根据诸葛亮的八阵法推演而来的。

大营包小营，隅落钩连，曲折相对。[3]古制如此，臣为图因之。故外画之方，内环之圆，[4]是成六花，俗所号尔。”

太宗曰：“内圆外方，何谓也？”

靖曰：“方生于正，圆生于奇。[5]方所以矩其步[6]，圆所以缀其旋[7]。是以步数定于地[8]，行缀应乎天[9]。步定缀齐，则变化不乱。八陈为六，武侯之旧法焉。”

其基本原则是大阵包容小阵，大营包含小营，四方四角相互衔接，一曲一折彼此对应。古八阵法本来就是这样，我创制的阵图继承了这一原则。因此我的阵法外面六阵呈示为方形，里面中央军阵呈示为圆形，因其总体形状像六角花瓣，所以俗称六花阵。”

唐太宗问：“内圆而外方，这是为什么？”

李靖回答说：“外面六阵是正兵，所以呈示方形；里面的中央军阵是奇兵，所以呈示圆形。方是用来规定战场的范围，圆是用来连接各方机动的路线。所以，规定战场范围的步数要像大地一样固定；确定机动的路线要像天体运转一样灵活。步数固定，回旋整齐，就可以随意变化而不会发生混乱。从八阵演变为六花阵，仍然是源本于诸葛亮的布阵原理。”

注释

1 究：深究、推究的意思。

2 六花陈法：李靖根据诸葛亮八阵法而革新创制的一种阵法。它由方阵变为内圆外方，由八阵变为六阵。六阵加上中军共为七军，所以又叫做七军阵。中军为奇兵，共十六队（一说七队）为一阵，其队形通常不作变化。外围六军为正兵，分为左右虞候各一军，左右厢各两军，每军以七队编成一阵，共四十二队。根据地形条件的不同，阵式可做方、圆、曲、直、锐等各种阵形的变化。六花阵的基本特点是攻守平衡，既可用于实战,亦可供平时教阅之用。

3 隅落钩连,曲折相对:隅,指阵的四方,即阵的各个攻守正面;落,指阵的四角,即各小阵的衔接处。隅落钩连,是指六花阵内各小阵之间互相衔接、呼应而无破绽。曲折,指各小阵间的交叉和转变处。曲折相对,即各小阵结合和交叉的地方互相对称、策应,秩序井然。四隅四落是方,曲折相对为圆。故云"外画之方,内环之圆,是成六花"。

4 外画之方,内环之圆:这是形容六花阵阵形及其变化上的基本特点:即其阵法外面六阵呈示为方形,里面的中央军阵呈示为圆形。

5 方生于正,圆生于奇:意谓外面六阵是正兵,所以呈示方形;里面的中央军阵是奇兵,所以呈示圆形。一说"正"当为"步",刘寅《直解》:"方生于步,步必方,折旋中矩也。"又:"圆生于奇,奇必圆,周旋中规也。"

6 方所以矩其步:意谓方是用来规定战场范围的。《直解》:"矩,所以为方之器也。矩其步,使之方也。"矩,画直角或方形用的曲尺。《孟子·离娄上》:"不以规矩,不能成方圆。"

7 圆所以缀其旋:意谓圆是用来连接各方机动路线的。缀,连接,《直解》云:"缀,联属也。缀其旋,使之圆也。"旋,旋转,这里是机动的意思。

8 步数定于地:谓规定战场范围的步数要像大地一样固定。古人认为地呈方形,所以方阵的步数亦由此而定。

9 行缀应乎天:谓确定机动的路线要像天体运转一样灵活。古人认为天呈圆形,故圆阵队列的机动应与天象相吻合。乎,《四库全书》抄本作"于"。

原文

太宗曰:"画方以见步[1],点圆以见

译文

唐太宗说:"外画方形可以显示士卒进退的步法,内画圆形可以显示兵器的运用。

兵[2]。步教足法,兵教手法,手足便利,思过半乎?”

靖曰:“吴起云:‘绝而不离,却而不散’,[3]此步法也。教士犹布棋于盘,若无画路,棋安用之?孙武曰:‘地生度,度生量,量生数,数生称,称生胜。胜兵若以镒称铢,败兵若以铢称镒’。[4]皆起于度量方圆[5]也。”

行进时步幅要准确,就得加强足法训练;兵器要运用应手,就应教习手上功夫。手巧足捷达到随心所欲的境界,古人用兵布阵的道理就算掌握了一大半了吧?”

李靖说:“吴起曾经讲过:‘虽然兵陷绝境,阵形依然不乱;队伍虽在退却,行列仍然整齐。’这就是指步法训练有素而言。训练士兵犹如在棋盘上摆放棋子一样,如果不先画好棋路,棋子怎么走动呢?孙武说:‘敌我所处地域的不同,产生双方土地幅员大小不同的度;敌我地幅大小度的不同,产生了双方物质资源丰瘠不同的量;敌我物质资源丰瘠量的不同,产生了双方兵员多寡不同的数;敌我兵员多寡数的不同,产生了双方军事实力强弱不同的称;敌我军事实力强弱称的不同,最终决定了战争的胜负成败。胜利的军队较之于失败的军队,有如以镒比铢那样,占有绝对的优势;而失败的军队较之于胜利的军队,则就像用铢比镒那样,处于绝对的劣势。’这些都是从国家的幅员和地形出发,对战争作出正确的判断。”

注释

1 画方以见步:谓外画方形可以显示士卒进退的步法。步,此处是指阵中每个士兵之间所保持的距离,以供练习步法用。

2 点圆以见兵:谓内画圆形可以显示士卒运用兵器的方法。兵,此处是指兵器。

3 绝而不离,却而不散:语出《吴子·治兵》。原文为“虽绝成阵,虽散成行”。意谓军队虽遭阻绝,阵形依然不乱;队伍虽在退却,行列仍然整齐。

4 “地生度”至“败兵若以铢称镒”七句:语出《孙子·形篇》。其总的意思是强调从实际出发,根据敌我双方现有条件来决定作战指导原则,先为不可胜,掌握战争的主动权。度,指土地幅员的大小。量,容量、数量,指物质资源的数量。数,数量、数目,指兵员的多寡。称,衡量轻重,指衡量对比敌我双方的实力状况。胜兵,能胜利的军队。败兵,会失败的军队。镒、铢,古代重量单位,二十两为镒,二十四铢为两。以镒称铢,指两者相称,轻重悬殊。此处喻力量相差悬殊,胜兵对败兵拥有实力上的绝对优势。

5 圆:底本作“国”,疑误。今依据《四库全书》抄本校改。

原文

太宗曰:“深矣,孙武之言!不度[1]地之远近,形之广狭,则何以制其节[2]乎!”

靖曰:“庸将罕能知其节者也。‘善战者,其势险,其节短,势如[3]彍弩,节如发机’。[4]臣修其术,凡立队[5],相去各十步,驻队[6]去前队[7]二十步,每隔一队立一战队[8]。前进以五十步

译文

唐太宗感叹道:“孙武的话,讲得十分精辟深刻!不考虑距离的远近,地形的广狭,那怎么能正确地决定军队的行动呢?”

李靖说道:“庸将是很少懂得根据距离和地形来决定军队行动的。孙武说:‘善于指挥作战的人,他所造成的态势险峻逼人,他进攻的节奏短促有力。险峻的态势就像张满的弓弩,迅疾的节奏犹似击发弩机。’我曾研究过这种战术:凡是部署军队,每队之间以相距十步为宜,驻队与前队之间应保持二十步的距离。每隔一队设一战锋队。每次前进,以五十步为一节,〔

为节。角[9]一声，诸队皆散立，不过十步之内。至第四角声，笼枪跪坐[10]，于是鼓之，三呼三击，三十步至五十步以制敌之变。马军[11]从背出，亦以五十步临时节止。前正后奇，观敌如何。再鼓之，则前奇后正，复邀[12]敌来，伺隙捣虚[13]。此六花大率皆然也。"

然后停顿下来整齐队列〕。第一次角声响过，各队都要就地立正，彼此的间隔不得超过十步。待听到第四次角声，各队都要保持荷枪跪坐的预备姿势。于是击鼓前进，三次呼喊，三次击刺，前进到距敌三十至五十步时，要掌握敌军阵形的变化。与此同时，骑兵从阵后向前机动，也是前进到距敌五十步时停止，然后布阵，前阵排列正兵，后阵布列奇兵，观察敌人的动向。再次击鼓为号，则前阵变为奇兵，后阵变为正兵，再次向敌挑战，把其引诱出来，乘敌之隙，攻击其虚弱之处。六花阵法的战术运用大概就是如此。"

注释

1 度：考虑，计算的意思。

2 节：节奏，这里是指军队的行动。

3 如：底本原作"加"，疑误。今从《讲义》校改。

4 "善战者"五句：语出《孙子·势篇》。意谓善于指挥作战的人，他所造成的态势险峻逼人，他进攻的节奏短促有力。险峻的态势就像张满弦的弓弩，迅疾的节奏犹似击发弩机。彍(guō)，弩弓张满的意思。《说文》："彍，弩满也。"彍弩即张满待发之弩。机，弩之机纽(弩牙)。《说文》："主发之为机。"发机，即引发弩机的机纽，将箭矢突然射出。

5 立队：指部署军队。

6 驻队：暂停前进的部队，相当于今日战场上的预备队。

7 前队：指配置在第一线的部队。

8 战队:即战锋队。《直解》云:“战队,疑即前所谓战锋队,步骑相半者也。”

9 角:号角。古代军队的作战指挥信号之一,有时也用来壮大军势。

10 笼枪跪坐:笼枪,举枪、荷枪的意思。跪,指单膝着地的一种战斗预备姿势。坐,指双膝着地,臀部靠在足上的一种战斗预备姿势。

11 马军:骑兵。

12 邀:邀击、阻截的意思。

13 捣虚:乘敌人空虚懈怠之际而实施攻击。

原文

7. 太宗曰:“《曹公新书》云:‘作陈对敌,必先立表[1],引兵就[2]表而陈。一部受敌,余部不进救者斩。’[3]此何术乎?”

靖曰:“临敌立表,非也,此但教战时法耳。古人善用兵者,教正不教奇,驱众若驱群羊,与之进,与之退,不知所之也。[4]曹公骄而好胜[5],当时诸将奉《新书》者,莫敢攻其短[6]。且临敌立表,无乃晚乎?臣窃观陛下所制《破陈乐

译文

7. 唐太宗问道:“《曹公新书》上说:‘布阵对敌,必定要先设立标识,然后指挥部队按照一定的标识布阵。当其中的一部遭到敌人攻击时,其余部队如不前去救援,就要问罪斩首。’这是什么战术?”

李靖回答说:“临到同敌人交战时再去设立标识布阵,这种做法显然不对。设立标识布阵这只不过是平时训练部队的方法。古代善于用兵的人,只教练正兵的战法,而不教练奇兵的战法,指挥士兵就如同驱赶羊群一样,叫他们进就进,叫他们退就退,而不让他们知道究竟要到哪里去?由于曹操他为人骄傲而又争强好胜,当时那些按照《新书》规定行动的将领,没有一个人敢于针砭其中的缺陷。更何况到了临敌交锋时才去设立标识布阵,不是太

舞》[7],前出四表[8],后缀八幡,左右折旋[9],趋步金鼓[10],各有其节,此即八陈图四头八尾之制也。人间但见乐舞之盛,岂有知军容如斯焉!"

太宗曰:"昔汉高帝[11]定天下,歌云:'安得猛士兮守四方[12]'。盖兵法可以意授[13],不可以语传[14]。朕为《破陈乐舞》,唯卿已晓其表[15]矣,后世其知我不苟[16]作也。"

晚了吗?我私下里认为,陛下所创制的《破阵乐舞》,首先在前出示四面标识,然后在后排列八幅长幡,舞蹈的人或左或右,进退回旋,随着金鼓之声或快步小跑,或缓缓向前,各按照一定的节奏。这就是模仿八阵图中四头八尾的制度。一般人只是看到了音乐舞蹈的宏伟场面,又哪里能知道军队的阵容也会是如此壮观?"

唐太宗说:"当年汉高祖刘邦平定天下之后,〔曾作《大风歌》〕高声吟唱:'怎样才能得到勇士啊,为我镇守四方?'通常兵法只可以心领神会,但却不可以用语言说尽它的深义。我所创制的《破阵乐舞》,唯有你已领悟了它所包含的深意,后世的人们大概能够了解我并不是随便创作这首乐舞的。"

注释

1 表:标识、标志。这里指列阵对敌时,标识出发地域、行进距离并据以变换前进速度的标志。在古代这种标志一般为旗帜。

2 就:接近、挨靠的意思。

3 "作陈对敌"五句:语出曹操《步战令》。原文为"兵若欲作陈对敌营,先白表,乃引兵就表而陈。临陈皆无谨哗,明听鼓音。旗幡麾前则前,麾后则后,麾左则左,麾右则右。麾不闻令,而擅前后左右者斩。伍中有不进者,伍长杀之;伍长有不进者,什长杀之;什长有不进者,都伯杀之。督战部曲将,拔刃在后,察违令不进者斩之。一部受敌,余部不进救者斩。”

4 “驱众若驱群羊”以下四句:语出《孙子·九地篇》。原文为:“若驱群羊,驱而往,驱而来,莫知所之。”

5 好胜:贪胜,骄傲自大。好,喜欢、贪图。

6 攻其短:批评曹操的短处和缺点。攻,批评、抨击。短,缺点、过失。

7 《破陈乐舞》:唐朝宫廷乐舞,原名《秦王破陈乐》,原系李世民为秦王时所创的军中之乐,贞观七年被改编为表现战阵之事的大型军事音乐舞蹈,详见《旧唐书·音乐志》及《隋唐嘉话》之记载。

8 表:此处是指《破陈乐舞》所用的旌旗。

9 左右折旋:指《破陈乐舞》表演过程中,舞蹈的人或左或右,进退回旋。

10 趋步金鼓:指舞蹈之人随着金鼓之声或快步小跑,或缓缓进退。趋,小步快跑。金,金属制作的打击乐器,也叫钲。古时军队用鸣金击钲作为指挥军队停止行动的信号。鼓,战鼓。古代战场上以鼓声作为指挥军队前进、冲锋的信号。

11 汉高帝:即汉高祖刘邦(公元前256—前194年),沛县丰邑(今江苏沛县)人,早年曾为泗水亭长。秦末农民起义爆发后,他在萧何、曹参等人辅佐下在沛县起兵反秦,率先入关灭秦。旋即与项羽争夺天下,经过前后四年左右的楚汉战争,他由弱转强,以少胜多,最终消灭了项羽势力,成为西汉王朝的开创者。登基后又无情地铲除异姓诸侯王势力,推行有利于恢复社会生产力的经济、政治、文化措施,从而为新生的西汉王朝走向强盛壮大奠定了坚实的基础。

12 安得猛士兮守四方:此为汉高祖刘邦《大风歌》中的一句歌词。公元前195年,刘邦在平定英布叛乱后,还师路过故乡沛县时与乡中父老置酒会饮,席间他曾作《大风歌》云:“大风起兮云飞扬,威加海内兮归故乡,安得猛士兮守四方。”事见《史记·高祖本纪》。

13 意授:意会,内心领会。

14 语传:用语言来传达。

15 表：外部、形式。这里是指“表里”，即唐太宗夸赞只有李靖明白和理解太宗本人所创制的《破陈乐舞》的形式和内涵。

16 苟：随便、随意的意思。

原文

8. 太宗曰：“方色五旗[1]为正乎？幡麾折冲[2]为奇乎？分合为变[3]，其队数曷为得宜[4]？”

靖曰：“臣参用古法，凡三队合，则旗相倚而不交[5]；五队合，则两旗交；十队合，则五旗交。吹角，开五交之旗，则一复散[6]而为十；开二交之旗，则一复散而为五；开相倚不交之旗，则一复散而为三。兵散则以合为奇，合则以散为奇。三令五申，三散三合[7]，复[8]归于正，四头八尾[9]，乃可教焉。此队法所宜也。”

太宗称善。

译文

8. 唐太宗问道：“按照东、南、西、北、中五个方位，分别使用青、赤、白、黑、黄五色旗帜布阵，这是正兵吗？应用各种旌旗来灵活指挥部队，这是奇兵吗？部队在进行分散和集中的变化时，用多少队数配置才算是恰当呢？”

李靖回答说：“我参照古人用兵的方法：凡是三队合为一队，旗帜只是并列而不交叉；当五队合为一队时，则两旗交叉；当十队合为一队时，则五旗交叉。吹响角声，分开交叉的五面旗帜，一队又分散成为原来的十队；分开交叉的两面旗帜，一队又分散成为原来的五队；分开并列而不交叉的旗帜，一队又分散成为原来的三队。兵力分散使用时，就以集中为奇；兵力集中使用时，就以分散为奇。经过三令五申，反复多次演练分散与集中，然后再回归到正兵的训练，这时四头八尾的阵法操练便可以开始进行了。这就是训练阵法所适宜的方法。”

唐太宗对此表示赞赏。

注释

1 方色五旗:方,方向、方位。色,颜色、旗色。意谓按照东、西、南、北、中五个方位,分别使用青、白、赤、黑、黄五种颜色的旗帜。《直解》云:“东方青,南方赤,西方白,北方黑,中央黄是也。”

2 幡麾折冲:幡、麾,都是古队军队用来指挥作战或作为标识的旗帜。冲,战车的一种,《六韬·虎韬·军用》载有“武冲大扶胥”“大扶胥冲车”等战车名目。折,挫折,此处引申为击退的意思。《诗经·大雅》:“折冲御侮。”意思是阻遏敌人进攻。有“折冲销敌”“折冲樽俎”等成语。本句可以理解为旗帜(指挥)不断变化,战术灵活,打击敌人。

3 分合为变:语出《孙子·军争篇》。原文为“兵以诈立,以利动,以分合为变”。分,分散兵力。合,集中兵力。意谓用兵打仗必须按照分散或集中兵力的方式来灵活变换战术。

4 曷为得宜:曷,何、哪一个。宜,恰当、合适的意思。

5 旗相倚而不交:谓旗帜并列相靠而不互相交叉。倚,挨、靠。这里指旗帜相靠并列。交,交叉重叠。

6 复散:重新散开。复,重新,再一次。

7 三合:底本“合”字前无“三”字,疑脱。今据《讲义》及《四库全书》抄本校补。

8 复:底本“复”字前多一“然”字,疑衍一字,今从《讲义》删去。

9 四头八尾:指八阵图。

原文

9. 太宗曰:“曹公有战骑[1]、陷骑[2]、游骑[3],今马军何等比乎?”

靖曰:“臣案《新

译文

9. 唐太宗问道:“曹操将骑兵区分为战骑、陷骑、游骑三大类,我们今天所用的骑兵如何同它进行类比呢?”

李靖回答说:“我考察《曹公新书》,它上面说:‘战骑在前,陷骑居中,

书》云：'战骑居前，陷骑居中，游骑居后。'[4] 如此则是各立名号，分为三类尔。大抵骑队八马，当车徒[5]二十四人，二十四骑当车徒七十二人，此古制也。车徒常教以正，骑队常教以奇。[6] 据曹公，前后及中分为三覆[7]，不言两厢[8]，举一端[9]言也。后人不晓三覆之义，则战骑必前于陷骑、游骑，如何使用？臣熟用此法，回军转陈，则游骑当前，战骑当后，陷骑临变而分[10]，皆曹公之术也。"

太宗笑曰："多少人为曹公所惑。"

游骑在后。'这只不过是给它们各立名称，分成三大类罢了。其大概的情况是：骑队的八骑相当于随车的步兵二十四人；二十四骑相当于随车的步兵七十二人。这是古代的定制。对于车兵步兵，通常应当教授他们正兵的战法，对于骑兵，则一般应教以奇兵的战法。据曹操的说法，把骑兵分为前、中、后三个梯队，而没有谈及左、右两翼，这是仅仅举一种战术而言。后人不懂得三覆的真正含义是三层埋伏的战术，而拘泥于战骑一定应摆放在陷骑和游骑之前，这样怎么能运用得好呢？我常常使用这些方法，当回军转阵之时，就让游骑列于前面，战骑列为后阵，陷骑则根据情况的变化而灵活加以使用。这都是曹操的用兵之法呀！"

唐太宗笑道："有多少人在这个问题上被曹操的说法弄得迷惑不解呀？"

注释

1 战骑：用于发动冲锋，突击敌阵的骑兵。

2 陷骑：指利用战骑的初战成果，突入敌阵之内进行厮杀的轻骑兵。陷，取其冲锋陷阵之义。

3 游骑：指处于机动状态，准备随时待命驰援或担任警戒任务的骑兵。

4 战骑居前，陷骑居中，游骑居后：可参见《曹操集·步战令》。《步战令》

云:"临战,陈骑皆当在军两头;前陷,陈骑次之,游骑在后。"

5 车徒:配属于兵车的步卒。是为隶属步兵,而非指建制步兵。

6 车徒常教以正,骑队常教以奇:意谓对于车属步兵,通常应当教授他们正兵的战法;对于骑兵,则一般应向他们传授奇兵的战法。

7 三覆:指曹操把麾下骑兵部队分作前、中、后三个部分。作战时灵活运用,序列可以互变。另,《左传·隐公九年》载北戎侵郑一段有"君为三覆以待之"句,"覆"指伏兵,埋伏。三覆,即前中后三层埋伏。又一说,三指多而言,非确指。

8 两厢:两旁。这里指左右两旁的军队。唐代兵制,诸军分左右厢统之。

9 一端:某一点,某一个方面。

10 临变而分:指根据战场形势的变化而灵活机动地加以使用。

原文

10. 太宗曰:"车、步、骑三者一法也,其用在人乎?"

靖曰:"臣案春秋鱼丽阵[1],先偏后伍,此则车步无骑,谓之左右拒[2],言拒御[3]而已,非取出奇胜也。晋荀吴伐狄,舍车为行,此则骑多为便,唯务[4]奇胜,非拒御而已。臣均其术[5]:凡一

译文

10. 唐太宗问道:"车兵、步兵、骑兵这三者运用的方法是一致的,那么,运用的好坏就取决于人本身吧?"

李靖回答说:"春秋时期,郑庄公创制'鱼丽阵',列战车于前,置步兵于后,这就是说只是用车兵、步兵而没有骑兵,称之为'左拒'和'右拒',说的是分作左右两翼以拒御敌人罢了,而并非是用以出奇制胜。晋国荀吴征伐狄人时,舍弃战车,改为步战,这时骑兵越多越便于机动作战,其目的就专在于出奇制胜,而并非单纯地为了拒御。我综合了这些办法,以一个骑兵相当于三个步兵,同时配置相应数量的战车和步兵,三者混合编组,由将帅灵活

马当三人,车步称之[6],混为一法,用之在人。敌安知吾车果[7]何出,骑果何来,徒果何从哉?或潜九地,或动九天,[8]其知[9]如神,唯陛下有焉,臣何足以知之。"

加以使用。这样,敌人怎么能知道我们的战车在哪里投入战斗,骑兵从何处袭来,步兵以何种方式协同车骑作战呢?军队的行动,或者如同是深藏在九地之下〔令敌无法察觉〕,或者就像是从九霄而降〔令敌猝不及防〕,这样用兵如神的智慧才能,只有陛下您才具备,我哪里能完全知道其中的奥妙呢?"

注释

1 鱼丽阵:春秋时期郑国在周、郑繻葛之战中所创制的一种著名阵法。其具体阵形古今注家的解释多有分歧。我们认为,它作为一种典型的三军阵殆无疑义。其中就三军阵的特点而言,是军队部署两翼靠前、中军稍后的倒"品"字形,像张网捕鱼似的打击敌人。就各自军阵内部兵力部署特点而言,是"先偏后伍""伍承弥缝",即把战车布列在前面,将步卒疏散配置于战车的两侧及后方,从而形成步车协同配合、攻防灵活自如的整体。

2 左右拒:拒,通"矩",方阵。左右拒,即左右两个抵御和打击敌人的方阵。据《左传·桓公五年》记载,郑庄公采纳公子元的建议,布设鱼丽阵时,命大夫曼伯所部右军为右拒,以当周桓王的左军(陈国部队);命大夫祭仲所部左军为左拒,以当周桓王右军(蔡与卫国的部队);以大夫原繁、高渠弥率一军为中军,直接听从于郑庄公本人的调遣指挥。郑军就用这样的阵势击败了周室联军,夺取了繻葛之战的胜利。

3 拒御:抵御、防御的意思。

4 务:致力于、执着于的意思。

5 均其术:综合这些办法。均,调和、折中、综合的意思。《六韬·犬韬》有《均兵》篇,其"均"字含义与此处相似。

6 车步称之:意谓配置相应数量的战车和步兵。称,相当、平衡的意思。

7 果:真,果真。

8 或潜九地,或动九天:语意出自《孙子·形篇》:“善守者,藏于九地之下;善攻者,动于九天之上。故能自保而全胜也。”潜,藏,这里是指隐蔽军队的行动。九,虚数,泛指多数。九地,用于形容极深的地下。九天,形容极高的天上。李白《望庐山瀑布》之二:“日照香炉生紫烟,遥看瀑布挂前川。飞流直下三千尺,疑是银河落九天。”

9 知:通“智”,大智大慧。

原文

11. 太宗曰:“太公书[1]云:地方六百步,或六十步,表十二辰[2]。其术如何?”

靖曰:“画地方一千二百步,开方[3]之形也。每部占地二十步之方,横以五步立一人,纵以四步立一人。凡二千五百人,分五方,空地四处,[4]所谓陈间容陈者也。武王伐纣,虎贲[5]各掌三千人,每陈六千人,共三万之众,此太公画地之法也。”

译文

11. 唐太宗问道:“太公兵法书上说:布设方阵,周边长六百步,或为六十步,并按照十二干支的顺序加以标示。其具体的方法是怎样的呢?

李靖回答说:“画定阵基,各边之长共为一千二百步,成为一个正方形。每一个小方阵占有纵横各二十步的正方形,其中横向每五步站立一人,纵向每四步站立一人。一共二千五百人,分为五阵布列于东、南、西、北、中五方,在方阵的四面上有空地四块,这就是所谓的大阵之中包容有小阵。周武王讨伐商纣王之时,虎贲之士各率三千人,每阵为六千人,五阵共为三万人。这就是姜太公画地布阵的方法。”

注释

1 太公书:即太公兵法,《史记·留侯世家》中曾提及,已失传。一说,太公书即指《六韬》。《六韬》一书旧传为西周太公望(吕尚)所作,所以也称《太公六韬》(《隋书·经籍志》)。其实该书系战国晚期成书,托名于姜太公撰著的兵法著作(详见前《六韬》注)。按,今本《六韬》之中无此引文。

2 表十二辰:意谓按照十二干支的顺序加以标识区别。辰,十二支的通称。古代以干支纪日,干称为日,支称为辰。从甲至癸为十日,自子至亥为十二辰。十二辰为:子、丑、寅、卯、辰、巳、午、未、申、酉、戌、亥。

3 开方:古代指周边长一千二百步见方,即每边为三百步之正方形为开方之形。此处的"开方"与今天求方根的数学术语"开方"含义不同。

4 分五方,空地四处:意谓在一个大正方形范围内,区划面积相等的小正方形九个,中央与东南、东北、西南、西北五个小正方形中部署兵力,正东、正南、正西、正北四个小正方形为空地(闲地)。是为五军阵法。按,前句云"每部占地二十步之方",疑有误。"二十步"当作"百步"或"一百步"为是。(参见邓泽宗等《武经七书注译》,第570页,解放军出版社1986年8月版)

5 虎贲:这里是指掌管、指挥三千人的中高级军官。与前注(指勇猛之士)含义不同。

原文

12. 太宗曰:"卿六花陈,画地几何?"

靖曰:"大阅[1],地方千二百步者,其义六陈[2],各占地四百步,分为东

译文

12. 唐太宗问道:"你所创立的六花阵,画地是多少呢?"

李靖答道:"在进行大规模检阅时,全阵每边长一千二百步,其中包容有六个小阵,每个小阵占有边长四百步的正方形,并把六个小方阵分为东西两

西两厢，空地一千二百步为教战之所。[3]臣常教士三万，每陈五千人，以其一为营法[4]，五为方、圆、曲、直、锐之形[5]，每陈五变，凡二十五变而止[6]。”

厢，中间空地为一千二百步见方，作为教战的场所。我曾经用士兵三万人教练六花阵，每阵五千人，用其中一个方阵演练驻营的方法，其余五阵演练方、圆、曲、直、锐等各种阵形的变化，每阵变化五次，五阵共变化二十五次。

注释

1 大阅：对部队进行大检阅，以考核军事训练的效果，并显示军容军威。《左传·桓公六年》云：“秋，大阅，简车马也。”又《文选·晋左太冲（思）〈魏都赋〉》曰：“大阅以义举。”李善注曰：“大阅，讲武也。”

2 其义六陈：意谓大阵中包容有六个小阵。一说“义”当作“宜”解，应该、适宜的意思。

3 地方千二百步……为教战之所：意谓在边长1200步的大方阵中，九等分划为九个小方形，其中左、右两侧六个小方形中部署部队，是为六阵，中间三个小方形为空地，作为教战的场所。见刘寅《直解》注云：“大阅每方用一千二百步，其义六阵，每阵各占四百步，分为东西两厢。东厢三阵，三四一千二百步；西厢三阵，三四一千二百步，中有空地一千二百步为教战之所。”

4 以其一为营法：指用六阵中的一阵演练驻营的方法。营法，即驻营之法。按《兵镜·阵营篇下》载有营法一篇，主要论述扎营原则，包括营地、营制、营兵、营规等等。

5 方、圆、曲、直、锐之形：指根据地形或作战对象而变化、攻守各有侧重的五种阵形。《武备志》卷六十载有“李靖六花方圆曲直锐阵图”。

6 二十五变而止：每阵有方、圆、曲、直、锐五种阵形的变化，故五阵合在一起，即可有二十五种阵形的复杂变化。

原文

13. 太宗曰："五行阵[1]如何？"

靖曰："本因五方色立此名[2]。方、圆、曲、直、锐，实因地形使然。凡军不素习此五者，安可以临敌乎？兵，诡道也，[3]故强名五行焉，文之以术数相生相克之义[4]。其实兵形象水，因地制流，[5]此其旨也。"

译文

13. 唐太宗问："五行阵又是怎么一回事呢？"

李靖回答说："五行阵本来是根据五个方位和五种颜色加以命名的。方、圆、曲、直、锐等五种阵形，这实际上是根据不同地形而布列的不同阵势。军队如果不熟悉和掌握这五种阵形，怎么可以临敌交战呢？用兵打仗以诡作为原则，因此故意把五阵安上五行的名称，并且用五行相生相克的术数之说对它加以文饰阐说。其实，军队的阵形如同流水，要依地势高低而决定其奔流方向，〔阵形的设置和运用的道理也一样〕，这才是五行阵的本旨所在。"

注释

1 五行陈：即按照金、木、水、火、土五行来表示五个方位的阵形，实质上就是五军阵。具体地说，即水位正北、火位正南、金位正西、木位正东、土位中央。一说水位西北、火位东南、金位西南、木位东北、土位中央。由于五阵依五方而作部署，故以五行为名。这实际是兵阴阳家理论在布阵问题上的反映，相传为姜太公所创，不足凭信。

2 本因五方色立此名：意谓五行阵本来是根据五个方位及与之相配的五种颜色加以命名的。按阴阳五行的理论，金、木、水、火、土五行既有特定的方位，也有与方位相配的五种颜色，即东方青色，西方白色，南方赤色，北方黑色，中央黄色。

3 兵，诡道也：语出《孙子·计篇》。原文为"兵者，诡道也"。意即用兵打仗是一种诡诈奇谲的行为。

4 文之以术数相生相克之义：指用阴阳五行相生相克的术数之说对五军阵加以文饰阐述。文，文饰、渲染的意思。术数相生相克，我国古代阴阳家有五行相生相克之说，以此来解释复杂的自然变化现象，并进而推断演绎人事的吉凶祸福。其中相生者，谓金生水，水生木，木生火，火生土，土生金。相克者，谓金克木，木克土，土克水，水克火，火克金。它们本来是对客观物质运动属性的一种归纳和总结，后来却因阴阳家们的改造、推演，而成为带有浓厚神秘和迷信色彩的宇宙生成与变化模式。

5 兵形象水，因地制流：语出《孙子·虚实篇》。原文为"夫兵形象水，水之形，避高而趋下；兵之形，避实而击虚。水因地而制流，兵因敌而制胜"。

原文

14. 太宗曰："李勣言牝牡[1]、方圆伏[2]兵法，古有是否？"

靖曰："牝牡之法，出于俗传，其实阴阳[3]二义而已。臣按范蠡[4]云：'后则用阴，先则用阳。尽敌阳节，盈吾阴节而夺之'。[5]此兵家阴阳之妙也。范蠡又云：'设右为牝，益左为牡，早晏[6]

译文

14. 唐太宗问："李勣说雌雄、方圆之中都隐含着用兵的道理，古人有这种说法吗？"

李靖答道："雌雄之法，出自世俗流传，其实就是军事上讲的阴阳这一对范畴。我根据范蠡所说：'后发制人是用潜力，先敌制胜是用锐气。要完全挫折敌人的锐气，最大限度地发挥自己的潜力以消灭敌人。'这就是兵家所讲的运用阴阳的奥妙所在。范蠡还曾说过：'布设在右方的为牝阵，增设在左方的为牡阵，行动的早晚要顺应天时变化的规律。'这就是说布阵的左

以顺天道。'[7] 此则左右早晏,临时不同,在乎奇正之变者也。左右者,人之阴阳;早晏者,天之阴阳;奇正者,天人相变[8]之阴阳。若执而不变,则阴阳俱废。如何?守牝牡之形而已。故形之者,以奇示敌,非吾正也;胜之者,以正击敌,非吾奇也。此谓奇正相变。兵伏者,不止山谷草木伏藏。所以为伏也,其正如山,其奇如雷,敌虽对面,莫测吾奇正所在。至此,夫何形之有焉[9]?"

右,行动的早晚因情况而有所不同,它们均在于奇正的变化。左右,这是指人的阴阳;早晚,这是指天的阴阳;奇正,这是指天时与人事相互变化的阴阳。如果拘泥固执而不知变通,那么阴阳也就不复存在了。这会怎么样呢?就会只剩下牝牡的形式罢了。所以,伪装和佯动的方法是,用奇兵当作正兵去迷惑敌人,而实际上并不是我的正兵;战胜敌人的方法是,把正兵当作奇兵去打击敌人,而实际上并不是我的奇兵,这就是所谓的奇正之间的相互变化。至于伏兵,不仅仅是指利用山谷草木等有利的地形条件隐蔽设伏而言。真正的伏兵,是指运用正兵时能像山岳那样雄伟沉稳,运用奇兵时能像雷霆那样迅疾凌厉。敌人虽然近在对面,也无法判明我方奇在哪里,正在何处。如果奇正的运用达到了这种境界,哪里还会有奇正变化的形迹可寻呢?"

注释

1 牝牡:牝,雌性的动物。牡,雄性的动物。在这里用来表示阴阳这一范畴。

2 伏:隐藏、隐含的意思。

3 阴阳:中国古代哲学中的一对重要范畴。它最初的意义,是指日光的向背,正面为阳,背面为阴。古代思想家看到一切事物都有正反两个方面，就用阴阳这个概念来解释自然界两种互相对立、互相依存又互相消长的物质存在属性。战国末期，以邹衍为代表的阴阳家，把阴阳概念引入社会人事领域，并使之神秘化。在军事上，阴阳一般解释为柔与刚、暗与明、后与先、奇与正、右与左等等。此处的阴可以理解为潜力，阳可以理解为锐气。

4 范蠡：春秋晚期著名的政治家、军事家、经济家。字少伯，楚国宛（今河南南阳）人，曾任越国大夫。他辅佐越王勾践“十年生聚，十年教训”，励精图治，足兵求强，终于灭亡了吴国。尔后他弃官而去，游历齐国，称鸱夷子皮，又至陶邑（今山东菏泽市定陶区西北），改称陶朱公，以经商致富。他具有朴素的辩证法思想，认为世间一切现象的变化，都源于阴阳二气的消长，如同日月运行一样，发展到顶点就会转化，国势的盛衰也复如此。所以对付敌人要随形势变化而制定策略，强盛时要戒骄，虚弱时要争取有利时机，创造条件，转弱为强。《汉书·艺文志》著录有《范蠡》两篇，已佚。其言论散见于《国语·越语下》《吴越春秋》和《史记·货殖列传》中。

5 “后则用阴”四句：见于《国语·越语下》。反映了后发制人的作战指导思想。意谓后发制人是用潜力，先敌制胜是用锐气。要彻底挫折敌人的锐气，最大限度地发挥自己的潜力以消灭敌人。

6 早晏：早晚。晏，迟、晚。

7 “设右为牝”三句：语见《国语·越语下》。意谓要在右侧方向（次要方向）配置必要兵力作为“牝阵”，在左侧方向（主要方向）集中优势兵力作为“牡阵”，行动的早晚要顺应天时变化的规律。

8 天人相变：“天人合一”是中国古代哲学的重要命题。根据这一理论，天人之间是相互对应的，即天时与人事互相关联，彼此相称，天时的变化同时也势必导致相应的人事方面的变化。

9 何形之有焉：其义近似于《孙子·虚实篇》所说的“形兵之极，至于无形”。

原文

15. 太宗曰:“四兽[1]之陈,又以商、羽、徵、角[2]象之,何道也?”

靖曰:“诡道也。”

太宗曰:“可废乎?”

靖曰:“存之所以能废之也。若废而不用,诡愈甚[3]焉。”

太宗曰:“何谓也?”

靖曰:“假之以四兽之陈,及天、地、风、云之号,又加商金、羽水、徵火、角木之配,此皆兵家自古诡道。存之则余诡[4]不复增矣,废之则使贪使愚之术[5]从何而施哉?”

太宗良久曰:“卿宜秘之,无泄于外。”

译文

15. 唐太宗问:“〔龙、虎、鸟、蛇〕四兽之阵,又用商、羽、徵、角四音来表示,这是什么道理呢?”

李靖回答说:“这乃是兵家的诡诈之道。”

唐太宗又问:“可以把它给废除吗?”

李靖答道:“把它保存下去,这样才能真正废除它。如果废而不用,那么诡诈之术就会愈演愈烈了。”

唐太宗说:“这是为什么啊?”

李靖回答:“假借龙、虎、鸟、蛇四兽的阵名,以及天、地、风、云的名号,再加上商金、羽水、徵火、角木等五行的相匹配,这都是兵家自古以来使用的玄虚诡诈方法。把它们保存下来,那么其他诡诈的名目就不会再增加了;如果废除了它们,那么驱使那些贪婪、愚蠢之徒的办法又从何处实施呢?”

唐太宗沉默许久才说道:“你应该保守这个秘密,不要向外泄露。”

注释

1 四兽:指青龙、白虎、朱雀、玄武(龟蛇)。典出自《礼记·曲礼上》:“行前朱雀而后玄武,左青龙而右白虎,招摇在上,急缮其怒。”郑司农注云:“以此四兽为军陈,象天也。”何彻云:“画此四兽于旌旗上,以标前后左右之陈也。”孔颖达疏:“玄武,龟也。”又李贤注:“玄武,北方之神,龟蛇合体。”按阴阳家的观点,四兽分别代表四方,朱雀(鸟)代表南方,青龙(龙)代表东方,白虎(虎)代表西方,玄武(蛇或龟)代表北方。

2 商、羽、徵、角:我国古代五声(又称五音)中的四声(另一声为宫)。阴阳五行家以五声配五行,其中用四声代表四方,并象征四兽。商为西方之音,属金,代表白虎;徵为南方之音,属火,代表朱雀;角为东方之音,属木,代表青龙;羽为北方之音,属水,代表玄武(蛇或龟)。又另一声宫为中央之音,属土。

3 愈甚:更加严重、更为泛滥的意思。愈,越发、更加。甚,严重、厉害。《左传·僖公五年》有“一之为甚,其可再乎”的说法。

4 余诡:其他的诡诈之道。

5 使贪使愚之术:指驱使贪婪、愚笨之徒在战争中为统治者卖命的方法、手段。

原文

16. 太宗曰:“严刑峻法,使众畏我而不畏敌,朕甚惑之。昔光武[1]以孤军当王莽[2]百万之众,非有刑法临[3]之,此何由乎?”

靖曰:“兵家胜败,情状万殊[4],不可

译文

16. 唐太宗问道:“通过实行严酷的刑罚和峻厉的法律,来使得全军上下怕我而不怕敌人,我对这种说法深感疑惑。从前汉光武帝刘秀以一支孤立无援的部队,抵挡王莽的百万大军,并不是用严刑峻法去威逼部队作战的,这又该作何样的解释呢?”

李靖回答说:“军事上的胜与败,情况千差万别,各不相同,不可以由一件事去简单推断。比如说陈胜、吴广打败秦朝的

以一事推也。如陈胜[5]、吴广[6]败秦师，岂胜、广刑法能加[7]于秦乎？光武之起，盖顺人心之怨莽也，况又王寻、王邑[8]不晓兵法，徒夸兵众[9]，所以自败。臣案《孙子》曰：'卒未亲附而罚之，则不服；已亲附而罚不行，则不可用。'[10]此言凡将先有爱结[11]于士，然后可以严刑也。若爱未加而独用峻法，鲜克济[12]焉。"

军队，难道是陈胜、吴广的刑法要比秦朝的刑法更为严苛吗？汉光武帝当初兴兵起事，是因为顺应了天下民众的人心普遍怨恨王莽统治的形势，更何况王莽所任用的将领王寻、王邑又不懂得兵法，只知道夸耀自己兵多势众，结果自取败亡。我根据《孙子》所说：'士卒还没有亲近依附就施行刑罚，那么他们就会不服；士卒已经亲附，而军纪军法仍得不到执行，那也无法用他们去作战。'这就是说，大凡将领首先必须要爱抚和交结士卒，然后才可以执行严厉的刑法。如果对士卒未加以爱抚，便单纯用严刑峻法去约束，那是极少能够取得成功的。"

注释

1 光武：即东汉王朝建立者汉光武帝刘秀（公元前6—57年）。字文叔，南阳蔡阳（今湖北枣阳西南）人，汉高祖九世孙。王莽新朝末年绿林、赤眉农民战争爆发后，他和兄长刘縯乘机起兵于舂陵，加入绿林军，共同反莽。公元23年，他在昆阳之战中指挥若定，以弱胜强，一举消灭王莽军主力，为推翻王莽统治做出了重要贡献。尔后到河北活动，以废除王莽苛政，恢复汉家制度为号召，争取广泛支持，镇压和收编铜马等起义军，力量逐渐壮大。于公元25年称帝，先后平定关东，攻占关中，镇压赤眉起义军，征服陇右，夺取巴蜀，最终统一了全国。公元25—57年在位。

2 王莽：生于公元前45年，卒于公元23年，字巨君，新王朝建立者。西汉末年，朝政紊乱，社会矛盾重重。王莽以外戚身份，通过各种阴谋手段,把持了政权,成帝时封新都侯。公元5年,他毒死汉平帝,自称假皇帝;次年,立年仅二岁的刘婴为帝,自称摄皇帝。初始元年(公元8年)称帝,改国号为新。在其统治期间,曾大搞托古改制,由于法令苛细,赋役繁重,导致各种矛盾日趋激化,终于酿成大规模的农民起义。更始元年(公元23年),新朝统治终于在绿林、赤眉起义军的打击下走向崩溃,王莽本人也在绿林军攻入长安时被杀。

3 临:统治、管理的意思。

4 殊:异,不同。

5 陈胜:字涉,阳城(今河南登封东南)人,雇农出身,秦末农民大起义的领袖。秦二世元年(公元前209年),他被征屯戍渔阳(今北京密云区西南),在途经蕲县大泽乡(今安徽宿州市埇桥区东南)时,同吴广发动同行戍卒九百人起义。不久义军迅速发展到数万人,并在陈县(今河南周口市淮阳区)建立张楚政权,被众人推举为王。由于起义军过早与秦军主力决战,连战皆败,当退至下城父(今安徽亳州市东南)时,为叛徒庄贾所杀害。

6 吴广:秦末农民大起义领袖。字叔,阳夏(今河南太康)人。贫苦农民出身。公元前209年,他和陈胜一起发动了大泽乡起义。起义军建立张楚政权后,他担任假王(副王),统率起义军主力西征,围攻荥阳(今河南荥阳东北)。后因战事不利,为部将田臧假借陈胜的命令杀害。

7 加:超过、胜过的意思。一说"加"当释为"施加",不确。

8 王寻、王邑:均是王莽政权中的重要大臣。王寻,任新朝大司徒,封章新公,后在昆阳之战中为义军所杀。王邑,初任新朝的步兵将军,封成都侯,后升任大司空,封隆新公。昆阳之战战败后,仅以身免。

9 徒夸兵众:只知道夸耀、倚仗自己兵多势众。在昆阳之战中王邑、王寻等人拒绝部下严尤绕过昆阳,赶赴宛城的正确建议,坚持先攻昆阳。并放肆声称:"百万之师,所过当灭。今屠此城,蹀血而进,前歌后舞,顾不快邪。"这可为"徒夸兵众"一语作注解。

10 “卒未亲附而罚之”四句：语出《孙子·行军篇》。原文为“卒未亲附而罚之，则不服，不服则难用也；卒已亲附而罚不行，则不可用也”。意谓士卒还没有亲近依附就对他们执行惩罚，他们就不会信服；士卒已经亲近依附，如果仍不能执行军纪军法，也不能用他们来打仗。

11 结：交结、笼络、安抚的意思。

12 济：成功、顺遂。

原文

太宗曰：“《尚书》[1]言：‘威克厥爱，允济；爱克厥威，允罔功。’[2]何谓也？”

靖曰：“爱设于先，威设于后，不可反是[3]也。若威加于前，爱救于后，无益于事矣。《尚书》所以慎戒其终，非所以作谋于始也。故《孙子》之法，万世不刊[4]。”

译文

唐太宗又问：“可是《尚书》上说：‘威严超过爱抚，就可以成功；爱抚胜过威严，就不会成功。’这又该怎么解释呢？”

李靖答道：“爱抚施行于先，刑罚动用在后，这顺序是不可予以颠倒的。如果先用刑罚，后施爱抚，那将是无益于事的。《尚书》所说，是告诫人们要重视刑法，注意后果，而不是指刑罚要作为先于爱抚的教育方法。所以，《孙子》先爱后罚的原则，是万世不可更改的。”

注释

1 《尚书》：亦称《书》《书经》。儒家经典之一。“尚”即“上”，上代以来之书，故名。我国上古历史文件和部分追述古代事迹著作的汇编。西汉初存二十八篇，即《今文尚书》。另有相传汉武帝时在孔子住宅壁中发现的《古文尚书》和东晋梅赜所献的伪《古文尚书》二种。现在通行的《十三经注疏》本《尚书》，就是《今文尚书》与伪《古文尚书》的合编。《尚书》中保存商、周尤其是西周初期的一些重要史料。注本主要有孔颖达《尚书正义》、孙星衍《尚书今古文注疏》等。

2 “威克厥爱”四句：语出伪《古文尚书·胤征》。意谓威胜于爱，事情可以成功；爱胜于威，则事情不会有成。克，胜过、胜于。厥，其。允，诚然、确实的意思。罔，无、没有、不能。

3 不可反是：不可颠倒次序。

4 万代不刊：永远不可改易。刊，删改、修订。成语有“不刊之论”。

原文

17. 太宗曰：“卿平萧铣[1]，诸将皆欲籍[2]伪臣家以赏士卒，独卿不从，以谓蒯通[3]不戮于汉。既而江汉归顺。朕由是思古人有言曰：‘文能附众，武能威敌。’[4]，其卿之谓乎？”

靖曰：“汉光武平赤眉[5]，入贼营中按行[6]。贼曰：‘萧王推赤心于人腹中[7]。’此盖先料人情本非为恶，岂不豫虑[8]哉！臣顷讨突厥，总蕃汉之众，出塞千里，未尝

译文

17. 唐太宗说：“当年你平定萧铣时，将领们都主张没收萧铣及其下属的家产来犒赏士卒，只有你一个人不同意这么做。并引用历史上汉王刘邦不杀蒯通的事例说服大家，结果使得江汉流域的民众很快归服我朝。我由此联想到古人所说的：‘在政治上能够团结众人，在军事上则能威慑制服敌人。’这不正是在说你吗？”

李靖说：“汉光武帝平定赤眉军以后，骑马进入赤眉营中巡视，按辔缓缓而行。赤眉军官兵就此议论说：‘萧王他开诚相见，对人推心置腹，信任我们。’因此对光武帝心悦诚服。其实汉光武帝事先就预料赤眉军士卒是不会与他为敌的，哪里是他没有预先考虑过呢？我不久前征讨突厥，统率蕃汉官

戮一扬干[9]，斩一庄贾[10]，亦推赤诚、存至公而已矣。陛下过听[11]，擢臣以不次之位[12]，若于文武则何敢当。"

兵，出塞千里，没有诛杀一位像杨干那样的人，也没有处斩一个像庄贾那样的人，也不过是推诚待人，秉公办事罢了。陛下过分信任，把我提拔到这样高的地位，如果说我文武兼备，那就实在是愧不敢当了。"

注释

1 萧铣：隋唐之际武装割据势力首领之一，后梁宣帝曾孙，隋末任罗县（一名罗川，在湖南湘阴东北）令，大业十三年（公元 617 年），乘天下动乱之机，率巴陵（今湖南岳阳）校尉董景珍、雷世猛等起兵，自称梁王，次年称帝，迁都江陵（今属湖北省），割据长江中游地区，拥兵四十万众。武德四年（公元 621 年），李靖乘长江水涨，萧铣无备，突然统兵东下，攻打江陵，萧铣兵败降唐，就戮于长安。

2 籍：籍没，指登记并没收全部财产充公。

3 蒯通：即蒯彻。因避汉武帝刘彻名讳，史家改"彻"为"通"。汉初范阳（今河北定兴固城镇）人，秦、汉之际著名策士，善辩说，多智谋，曾游说范阳令徐公投降，使义军不战而得赵地三十余城。楚汉战争时随从韩信，韩信用其策，遂定齐地。他还劝说韩信背叛刘邦自立，与刘、项成三足鼎立之势，但未为韩信采纳。后韩信受冤为刘邦、吕雉所残杀，蒯通亦受牵连，刘邦欲烹杀他，但终因善辩而幸免。惠帝时，为丞相曹参宾客。《汉书·艺文志》纵横家著录有"《蒯子》五篇'，今佚。

4 文能附众，武能威敌：语出《史记·司马穰苴列传》，是晏婴向齐景公推荐穰苴为将时称道穰苴的话，意谓其人在政治上能够团结安抚众人，在军事上则能够威慑制服敌人。这里是李世民借来称赞李靖文武双全，人才难得，堪为国家与军队的栋梁。

5 赤眉：西汉末年农民起义军名称。王莽代汉后，社会矛盾空前激化，加之青、徐(今山东东部和江苏北部)一带发生大灾荒,终于激起民众的武装反抗。琅琊(治今山东诸城)人樊崇在莒县(在今山东)起义,逄安、谢禄等起兵响应,聚众数万人。因用赤色染眉作标识,故称赤眉军。曾大破王莽军。更始政权建立后,樊崇等曾表示愿意归附,后因未得适当安排,乃于公元24年分兵两路进攻更始政权,次年,两路会师,发展到三十万人,立刘盆子为帝。不久攻入长安,灭亡更始政权。后因遭豪强反抗,加之军粮不继,被迫退出长安,东归途中遇刘秀部队的围击,不敌失败。

6 入贼营中按行:贼,这是统治者对农民起义军的诬称。按行,巡视、巡察。

7 萧王推赤心于人腹中:语出《后汉书·光武帝纪》。萧王,刘秀在称帝之前,曾被更始帝赐封为萧王。推赤心于人腹中,谓对人开诚相见,推心置腹,无条件予以信任。

8 豫虑:事先考虑。豫,通"预",事前、预先。

9 扬干:晋悼公之弟。晋悼公四年(公元前569年),会诸侯于鸡泽(今河北邯郸东北),时魏绛为中军司马,扬干在曲梁(故城在鸡泽稍东北)乱了军阵,按军法当斩,因是悼公之弟,魏绛遂诛杀其御手代罪。然悼公仍大怒,魏绛向悼公请罪,悼公感悟,不再责怪,并从此更信任和优待魏绛。

10 庄贾:春秋齐景公时大臣,素受景公恩宠。当时,晋、燕发兵攻伐齐国,齐景公以田穰苴为将,并使庄贾前往监军。穰苴与庄贾相约,次日中午在军门相会。届时,穰苴先至,庄贾平素骄贵,亲戚左右为之送行,因留饮而夕时乃至。穰苴依军法而斩杀庄贾,以徇三军,将士震动,恪守军纪,故很快驱逐了入侵的晋、燕之师。

11 过听:误听、错听,这里是李靖表示谦虚的说法。

12 不次之位：不按寻常的次序而晋升到很高的职位。用现在的话来说便是不按资历越级提拔。

原文

18. 太宗曰："昔唐俭[1]使突厥，卿因击而败之。人言卿以俭为死间[2]，朕至今疑焉，如何？"

靖再拜曰："臣与俭比肩[3]事主，料俭说[4]必不能柔服，故臣因纵兵击之，所以去大恶不顾小义也。人谓以俭为死间，非臣之心。案《孙子》，用间最为下策[5]，臣尝著论其末云：水能载舟，亦能覆舟。或用间以成功，或凭间以倾败[6]。若束发[7]事君，当朝正色[8]，忠以尽节[9]，信以竭诚[10]，虽有善间，安可用乎？唐俭小义，陛下何疑？"

译文

18. 唐太宗问道："当年我派遣唐俭出使突厥，你却乘他和突厥头领会见之机发动突袭，从而击败突厥。人们都说你这是把唐俭当作了死间，我直到今天对此仍抱有怀疑。这到底是怎么一回事呢？"

李靖再拜之后回答说："我和唐俭一起辅佐陛下，预料他必定不能用言辞说服突厥归顺，因此我才乘机出兵袭击突厥。这是为了铲除国家的大患而顾不得保全个人的小义了。人们以为我把唐俭当作死间来用，这绝不是我的本意。根据《孙子兵法》所说：用间最是下策。我曾在《用间篇》后面批注说：水能载舟，也能覆舟。有用间而获得成功的，也有用间而招致失败的。如果一个人从年轻时起辅佐君主，在朝政事务中公正坦直，忠心耿耿恪守臣节，信实不欺竭尽赤诚，那么，即使是高明能干的间谍，又怎么能发挥作用呢？像唐俭这样的事，乃是小义，陛下又何必怀疑呢？"

唐太宗说："的确是如此！不是仁

太宗曰："诚哉！非仁义不能使间[11]，此岂纤人[12]所为乎？周公大义灭亲[13]，况一使人乎？灼[14]无疑矣。"

慈慷慨的人不能指使间谍，这岂是平庸的小人所能做到的？周公尚且为大义而灭亲，更何况是对于一个使臣呢？现在我明白无疑了。"

注释

1 唐俭：唐初大臣，字茂约，并州晋阳（今山西太原市西南）人。曾劝太宗乘隋政局动荡而建大事。后辅佐太宗平定天下，为天策府长史，检校黄门侍郎，封莒国公。贞观四年（公元630年）任鸿胪卿。他曾几次出使突厥，抚慰颉利可汗归降，为唐太宗平定突厥创造了有利条件。李靖乘机袭击突厥后，他乘机脱身而还。后因功官至户部尚书。

2 死间：间谍类型的一种，指在敌国从事间谍活动，故意泄露假机密以扰乱对方，诱使其上当受骗。在这种情况下，一旦事发，我方间谍往往难免一死，所以称为"死间"。一说，死间乃打入敌方长期固定潜伏之间。于鬯《香草续校书》云："唯其待于敌，故谓之死间，非真使此间者死也。"

3 比肩：并肩、一起。

4 说：劝说、游说。指唐俭劝说突厥归服唐朝。

5 用间最为下策：用间，《孙子》十三篇，最后一篇以"用间"为题，主要论述在战争中使用间谍的重要性，以及使用间谍的原则和方法，其中把间谍划分为因（乡）间、内间、反间、生间、死间五大类，并指出"五间"的不同特点和功用，阐述了用间的必要条件，等等。按，《问对》云《孙子》认为用间最为下策，不见今本《孙子》的记载，且恰好与《孙子》有关"用间"的观点完全相背，因为《孙子》明确指出："故惟明君贤将，能以上智为间者，必成大功。此兵之要，三军之所恃而动也。"

6 倾败：覆灭、倾覆灭亡。

7 束发:古代男孩子到成童时,将头发束成一髻,因此束发就成为成童的代称和标志。此处可理解为年轻的时候。

8 正色:表情端庄严肃,此处可以理解为公正坦直。

9 尽节:尽心竭力、恪守臣节的意思。

10 竭诚:竭尽赤诚、忠心耿耿。

11 非仁义不能使间:语出《孙子·用间篇》:"非圣智不能用间,非仁义不能使间,非微妙不能得间之实。"意谓不是仁慈慷慨的人不能指使间谍。

12 纤人:指人格卑下、资质平庸的小人。

13 周公大义灭亲:周公,西周初年杰出政治家,姬姓,周武王之弟,名旦,亦称叔旦。因其采邑在周(今陕西岐山北),故称为周公。曾辅佐武王灭商。武王死后,成王年幼,由他摄政,其兄弟管叔、蔡叔、霍叔等人不服,遂联合纣王之子武庚和东方夷族反叛。周公争取召公等贵族的支持,果断出师东征,平定叛乱,大规模分封诸侯,并营建洛邑(今河南洛阳)作为东都。相传他制礼作乐,建立典章制度,主张"明德慎罚",成为西周古典礼乐文明的奠基者。其言论主要见于《尚书》的《大诰》《康诰》《多士》《无逸》《立政》《酒诰》等篇。大义灭亲,周公在东征平叛战争中,诛杀充任叛乱首领的兄长管叔,并放逐蔡叔,使西周统治转危为安,故被称作大义灭亲。

14 灼:明白、清楚的意思。

原文

19. 太宗曰:"兵贵为主,不贵为客;[1] 贵速,不贵久。[2] 何也?"

靖曰:"兵,不得已而

译文

19. 唐太宗说:"用兵作战,最好是采取主动,避免被动;最好是做到速战速决,避免出现持久不决。这是为什么呢?"

李靖说:"战争,只有当不得已

用之，安在为客且久哉？《孙子》曰：'远输则百姓贫'[3]，此为客之弊也。又曰：'役不再籍，粮不三载。'[4]此不可久之验[5]也。臣校量[6]主客之势，则有变客为主，变主为客之术。"

太宗曰："何谓也？"

靖曰："'因粮于敌'[7]，是变客为主也；'饱能饥之，佚能劳之'，[8]是变主为客也。故兵不拘主客迟速，唯发必中节[9]，所以为宜。"

太宗曰："古人有诸？"

靖曰："昔越伐吴[10]，以左右二军鸣鼓而进，吴分兵御之。越以中军潜涉[11]不鼓，袭败吴师，此变客为主之验也。石勒与姬澹战[12]，澹兵远来，勒遣孔苌为前锋，逆

的情况下才能进行。怎么可以被动作战而又久拖不决呢？《孙子》说：'远道运输，就会使百姓陷入贫困。'这就是被动作战的不利之处；《孙子》又说：'兵员不再次征集，粮草不多回运送。'这是不宜持久作战的经验总结。我经过仔细地分析攻防双方的形势，找到了变进攻为防御，变防御为进攻的具体方法。"

唐太宗问道："此话怎么讲？"

李靖回答说："'军队的粮食给养在敌国补充'，这是变我方的被动为主动；'敌人粮食充足，就设法使它饥饿；敌人休整良好，就设法使它疲劳'，这是变敌人的主动为被动。所以用兵作战不必拘泥于防御进攻、缓战速决，只要做到指挥把握时机，行动恰到好处，就是正确高明的。"

唐太宗问："古人有这方面的先例吗？"

李靖答道："从前越王勾践讨伐吴国，以左右两军鸣鼓进击，吴军分兵两路进行抵御。这时越军却以主力中军偃旗息鼓，潜渡笠泽，实施突袭，结果打败了吴国的军队。这是变消极被动为积极主动的验证。西晋末年石勒同姬澹交战，姬澹率军远来，石勒派遣孔

击澹军，孔苌退而澹来追，勒以伏兵夹击之，澹军大败，此变劳为佚之验也。古人如此者多。”

苌为前锋迎击姬澹的部队。孔苌故意退却，引诱姬澹追击，石勒乘机用伏兵进行夹击，结果姬澹惨遭大败。这是变疲劳为安逸的验证。古代像这一类的事例是很多的。”

注释

1 兵贵为主，不贵为客：意谓用兵作战，最好是能做到掌握主动，避免被动。主、客，中国古代兵学的重要范畴之一。一般而言，以逸待劳、本土防御的一方为主，劳师袭远、越境进攻的一方为客；内线作战为主，外线作战为客；处于主动地位为主，处于被动地位为客；先抵达战场以待敌为主，后到达战场以应敌为客。然而主客关系可以互相转化，在战斗中，为客的一方也可通过采取抢占有利地形，迷惑调动敌人，因粮于敌等行动，夺取主动权，是谓“反客为主”。

2 贵速，不贵久：语出《孙子·作战篇》。原文为“兵贵胜，不贵久”。意谓用兵作战贵在速战速决，而不宜旷日持久。

3 远输则百姓贫：语出《孙子·作战篇》。意谓远道转运军需物资，就会使百姓世族贫困，不堪重负。

4 役不再籍，粮不三载：语出《孙子·作战篇》。意谓善于用兵之人，兵员不再次征集，粮草不多回运送。役，兵役。籍，本义为名册，此处用作动词，即登记、征集。再，第二次。三，多次。载，运输、运送。

5 验：验证。

6 校量：仔细地分析比较，综合进行考察对比的意思。

7 因粮于敌：语出《孙子·作战篇》：“取用于国，因粮于敌。”意谓军队的粮草给养依靠在敌国就地解决。因，依靠、凭借。《左传·僖公三十年》：“因人之力而敝之，不仁。”

8 饱能饥之，佚能劳之：语出《孙子·虚实篇》。原文作“故敌佚能劳之，饱能饥之，安能动之”。谓敌人粮食充足，就设法使它饥饿；敌人休整良好，就设法使它疲劳。能，此处作乃、就解。饥、劳，均用作使动，使……饥（劳）。

9 中节：合乎法度，恰到好处。

10 越伐吴：越、吴均为先秦时期重要诸侯国。越，亦称於越，姒姓，相传始祖是夏代少康的庶子无余，建都会稽（今浙江绍兴），春秋晚期始强盛，常与吴国相战，互有胜负，终于在公元前473年攻灭吴国。尔后向北发展，成为春秋时期最后一个霸主。战国间国力衰微，于公元前306年为楚国所灭。吴，也称句吴，姬姓，始祖为周太王之子泰伯、仲雍。阖闾时建新都于姑苏（今江苏苏州）。辖有今江苏、上海大部和安徽、浙江的一部。春秋后期，国力始强，曾“西破强楚，南服越人，北威齐、晋”，后为越国所灭。越伐吴，指的是公元前478年越破吴笠泽之战。是役，越王勾践出兵伐吴，吴王夫差在笠泽（水名，在今江苏苏州南）之北岸布阵进行抵御，越军用左右两翼佯动，虚张声势，分散吴军兵力，以中军偷渡突袭，大败吴军。

11 潜涉：偷渡。

12 石勒与姬澹战：石勒，十六国时后赵政权的建立者，字世龙，羯族，上党武乡（今山西榆社北）人。早年贫贱，西晋末社会大乱，战祸频起，石勒投身军旅，逐渐崛起，公元319年自称赵王，建立政权，史称后赵。公元329年攻灭前赵，占有北方大部地区，建都襄国（今河北邢台），公元333年去世。姬澹，《资治通鉴》作“箕澹”，字世稚，代（今河北蔚县）人，晋侍中太尉刘琨的部将。晋愍帝建兴四年（公元316年）秋，石勒率兵围攻乐平（今山西昔阳西南），乐平郡太守韩据向刘琨求救。刘琨命姬澹率步骑二万为前锋同石勒交战。石勒一面控制险要，预设两层埋伏，一面派孔苌领少数轻骑出战诱敌。姬澹纵兵追击，结果中伏大败。

原文

20. 太宗曰："铁蒺藜[1]、行马[2]，太公所制，是乎？"

靖曰："有之，然拒敌而已。兵贵致人，非欲拒之也。太公《六韬》言守御之具尔，非攻战所施也。"

译文

20. 唐太宗问："铁蒺藜和行马，据说是由姜太公所创制的，是这样吗？"

李靖回答："是的，然而那只是单纯为了抵御敌人而已。用兵打仗，贵在能够调动敌人加以击破，而不仅仅是为了阻止和顶住敌人。姜太公《六韬》中所说的铁蒺藜、行马，只是用于守御的工具，而不是主动进攻作战时所使用的东西。"

注释

1 铁蒺藜：亦称"渠答"，古代军用障碍物，一种用尖锐的铁片连缀而成，形状如同蒺藜的多刺钉，故名。它通常被布设在地上或浅水中，用以阻碍敌方人马、车辆的通行。按《六韬·虎韬·军用》谓："狭路微径，张铁蒺藜，芒高四寸，广八寸，长六尺以上，千二百具。"

2 行马：中国古代军事上的防御性设施之一。将木螳螂（木制的箭）与箭刃结合起来装置在车上，主要用来阻碍车骑的通行。把多个行马连结起来，亦可防御步兵的开进。按《六韬·虎韬·军用》有云："三军拒守，木螳螂，剑刃扶胥，广二丈，百二十具，一名行马。"

战例

刘邦成皋疲楚军

《唐太宗李卫公问对》"卷中"开篇即论述"奇正"与"虚实"之间的内在辩证关系，尝言："夫用兵，识虚实之势，则无不胜焉。"楚汉相争中那场具有关键意义的成皋之战，就堪称“识虚实之势”而胜的范例。

楚汉战争初期，刘邦处于明显劣势。但以他为首的领导集团富有政治远见，注意争取民心，招揽贤臣猛将，因而在政治上据有主动地位。在军事斗争方面，刘邦集团善于运用谋略，做到示形隐真，采纳韩信“汉中对”中所提出的战略方针，乘项羽东进镇压田荣反楚事件之际，一举占领了战略要地关中地区，作为自己东向争夺天下的战略基地。然后又联络诸侯军五十六万袭占彭城(今江苏徐州)，端了项羽的老窝。

偷袭彭城成功后，刘邦满足于表面上的胜利，置酒作乐，有些忘乎所以，对项羽可能进行的反扑完全疏于戒备。而项羽一接到彭城失陷的消息，大为震怒，立即统领精兵三万从齐地兼程赶回，乘刘邦毫无戒备之际发起进攻。楚军骁勇剽悍，所向披靡，很快夺回彭城。刘邦溃不成军，仅带骑兵数十名狼狈逃脱，连自己的父亲和妻子吕雉也成了项羽的阶下之囚。

这一战使刘邦主力遭到沉重打击。楚军乘胜追击，一些原来追随刘邦的诸侯这时见风使舵，纷纷改换门庭，投靠项羽，形势对刘邦来说非常严峻。为了扭转不利局面，汉王刘邦二年(公元前 205 年)五月，刘邦退却至荥阳一线收集残部。这时，萧何在关中征集到大批兵员补充前线，韩信也带着部队赶来与刘邦会合。刘邦的军队得到休整补充后，实力复振，成功地将楚军遏阻在荥阳以东地区，暂时稳定了战局。

荥阳及其西面的成皋(今河南荥阳汜水镇)，南屏嵩山，北临黄河，汜水流经其间，为洛阳的门户，入函谷关(今河南灵宝东北)的咽喉，战略地位十分重要。自汉王刘邦二年五月起，汉、楚两军为争夺该地展开了一场旷日持久的战争。

交战开始，刘邦即按照张良、韩信制定的谋略，实施正面坚持、敌后袭扰和翼侧牵制的作战部署，以政治配合军事，以进攻辅助防御，游说英布倒戈，从南面牵制项羽；派遣韩信破魏，保障翼侧安全；联络彭越，袭扰项羽后方，从而有力地迟滞了项羽的攻势。刘邦还让萧何治理关中、巴蜀，巩固后方战略基地，转运粮秣兵员，支援前线作战；采纳陈平的计谋，派遣间谍进行活动，分化瓦解楚军。

刘邦的这些措施虽然起到了牵制楚军、巩固后方的积极作用，但其正面战场的形势依然不怎么乐观。项羽眼见刘邦的势力有增无减，内心不安，便于第二年春天调动楚军主力加紧进攻荥阳、成皋，并多次派兵切断汉军粮道，使汉军补给发生很大困难。五月间，项羽大军进逼荥阳，刘邦内乏粮食，外无援兵，情势日趋危急。这时刘邦采纳张良的缓兵之计，派出使臣向项羽求和，表示愿以荥阳为分界线，以西属汉，以东归楚，但遭到项羽的断然拒绝。刘邦无可奈何，只得采纳将军纪信的计策，由纪信假扮作刘邦，驱车簇拥出荥阳东门，诈言城中食尽，汉王出降，以此蒙骗项羽，而自己则乘机从荥阳西门逃奔成皋。项羽发现自己受骗上当后，将纪信活活烧死，然后率兵追击刘邦，很快就攻下了成皋。刘邦这时惶惶如丧家之犬，只好逃回关中。

到关中后，刘邦征集到一批兵员，打算再夺成皋。谋士辕生认为这不是善策，建议刘邦派兵出武关(今陕西商南东南)，以此调动楚军南下，减轻荥阳汉守军压力；同时，让韩信加紧经营北方战场，迫使楚军分散兵力。刘邦采纳这个方针，率军经武关出宛(今河南南阳)、叶(今河南叶县)之间，与英布配合展开攻势；与此同时，韩信也率部由赵地南下，直抵黄河北岸，与刘邦及荥阳汉军遥相呼应。汉军的行动果然调动了项羽南下。这时刘邦却又转攻为守，避免同项羽进行决战，而让彭越加强对楚军后方的袭击。彭越不负所望，进展迅速，攻占了要地下邳(今江苏睢宁西北)，进而威胁楚都彭城。项羽捉襟见肘，首尾不能兼顾，被迫回师东击彭越，刘邦乘机收复了成皋。

这年六月，项羽击退彭越之后，立即回师西进，对刘邦发动第二次进攻，攻占荥阳，再夺成皋，并继续西进，抵达今河南巩义一带。刘邦仓皇北渡黄河，逃到小修武(今河南获嘉东)，在那里调集韩信的大部分部队，以支撑危局。刘邦深知项羽的厉害，便让汉军一部拒守于巩(今河南巩义西南),一部屯小修武,深沟高垒,与楚军相持。同时让韩信组建新军东向击齐,进一步开辟北方战场;命刘贾率兵二万从白马津(今河南滑县北,古黄河渡口)渡河,深入楚地,协助彭越扰乱项羽后方,截断楚军粮道。彭越得到支援,力量大增,很快攻占了睢阳(今河南商丘南)等十七座城池。彭越、韩信的军事进展,给项羽侧后造成严重威胁,项羽不得不在九月间停止正面战场的攻势,再次回兵攻打彭越。临行前项羽告诫成皋守将曹咎说:小心坚守成皋,不要出城击敌,只要能够阻止汉军东进,我十五天内一定击败彭越,然后再与将军会师。项羽果真很快收复了十七座城池,但并没有消灭彭越的游兵,楚后方仍然受到彭越所部的威胁。

同年十月,刘邦乘项羽东去之机反攻成皋。成皋守将曹咎开始时还遵照项羽的告诫,坚守不出,但经不起汉军连日的辱骂和挑战,一怒之下,贸然出击。刘邦见激将法奏效,便用半渡而击的战法,在汜水之上大破曹咎所部楚军,曹咎愧愤自杀。汉军再次夺得成皋,并乘胜推进到广武(今河南荥阳东北)一线,在荥阳以东包围了楚将钟离昧部。

项羽闻报成皋失守,大惊失色,急忙从睢阳带领主力返回,与汉军对峙于广武,想和刘邦决一雌雄。可是汉军依据险要地形,坚守不战。双方相持数月,项羽无计可施。这时适逢韩信攻占临淄,齐地战事吃紧,项羽不得已,派龙且带兵二十万前往救齐,这就更加削弱了楚在楚汉正面战场的进攻力量。到了十一月,韩信在潍水全歼龙且的部队,平定了齐地,项羽的处境更趋困难。几个月后,楚军既不能进,又不能退,完全陷入了被动。

这时,汉军韩信部已经破魏、定代、灭赵、平齐,占领了楚东方与北方的大部地区,完成了对项羽的战略包围。彭越的部队则不断扰乱楚军后方,攻占了昌邑(今山东金乡西)等二十多座城池,多次截断楚军的后勤补给线。英布在淮南也有所发展。此时的项羽,腹背受敌,丧失了主动,陷于一筹莫展的困境,双方强弱形势已发生根本的变化。项羽见大势已去,被迫与刘邦议和,以鸿沟为界,中分天下,然后引兵东归。成皋争夺战到这时乃以汉胜楚败而告终。此后项羽的失败已成为不可逆转的趋势。不久刘邦把握时机,乘项羽东撤之际,实施战略追击,在垓下(今安徽灵璧东南)合围并聚歼楚军,迫使项羽自刎于乌江(今安徽和县北)。给楚汉战争划上了句号。

刘邦赢得楚汉战争的胜利,除了在政治上注意争取人心和团结内部外,军事上的胜算主要在于其对战略全局的处置恰当和作战指导艺术的高明。如《问对》所言,是能"识虚实之势",做到"使敌势常虚,我势常实"。具体地说,第一,重视战略后方基地的建设,使汉军在人力物力上得到源源不断的补充,能够长期坚持战争。第二,彭城之战失败后,根据楚强汉弱的实情,适时改变战略方针,转攻为守,持久防御,挫败了项羽速决的企图。第三,制定正面坚持、南北两翼牵制、敌后袭扰的作战部署,使楚军顾此失彼,陷于多面作战的困境。第四,千方百计调动对手,使其疲于奔命;并积极争取外线,逐步完成对楚军的战略包围。第五,巧妙行间,分化瓦解对手,争取诸侯,最大限度地在军事上孤立了项羽。

曹操选练精兵为实战

《唐太宗李卫公问对》所论述的重点并不在于治军。然而,这并不意味着它忽略这一问题。书中谈到治军处不在少数,而比较有新意的是它对部队的管理教育和军事训练问题的论述,其中"卷中"有关"教得其道"理论甚为简明切实。它反映了古代兵家的一个共识:要使军队战时显神威,必须平时多训练。当然,《问对》能有这样的识见不是偶然的,这乃是对前人这方面有关经验的借鉴与总结,而说到前人在军事训练方面的得失成败,也不能不提及三国时期的曹操。

曹操,字孟德,是我国历史上著名的政治家、文学家,也是一位叱咤风云、名烁古今的军事统帅。史称其"自统御海内,芟夷群丑,其行军用师,大较依《孙》《吴》之法,而因事设奇,谲敌制胜,变化如神"(《三国志·魏书·武帝纪》裴松之注引《魏书》之语。以下引文凡不注出处者,均出自此裴注《三国注》)。“明略最优”,在战争史上谱写了一篇篇辉煌的杰作。究其军事上成功的原因,除了他注重依法治军、实施巧妙指挥外,强化军事训练,提倡精兵政策以及有针对性地开展兵种建设,也是不可忽视的因素。

曹操很注重精兵的训练。他认为兵在精而不在多。这一指导思想始终贯彻于他建军的整个过程。早在初平三年(公元192年)崛起伊始,他就将这一方针付诸实施。当时他在兖州地区利用政治诱降和军事打击软硬两手,战胜了一度势力强盛的青州黄巾军,迫降其兵众三十余万,男女百余万口。曹操当机立断,在此基础上进行精兵整训,“收其精锐者,号为青州兵”。这支经精心遴选、严格训练而组建起来的精锐之师,成为曹操日后逐鹿中原,兼并敌手的重要力量。其后曹魏中军体制的健全,包括其中武卫、中坚、中垒、骁骑、游击、领军、护军等营的创置,都是他一贯提倡精兵政策的自然结果。

曹操建军练兵的又一个显著特色,是他善于根据实际情况,设置新的兵种,并有针对性地开展有关的军事训练。经过十多年的南征北战,曹操由弱转强,先后击败吕布、袁绍等割据势力,初步统一了中原地区。这样,南方地区的刘表、孙权两大集团就成了他进而统一全国的主要障碍。为此他决定向南用兵,实现一统天下的宏愿。但南方地区多江河湖沼,骑兵难以发挥强大的战斗力,必须扩充训练水军以适应战争需要。于是他就在建安十三年(公元208年)正月,下令掘成玄武池,加紧训练水军。这次整训舟师虽因时间紧迫而未能取得应有的效果,但其指导思想无疑是完全正确的。

不久,曹操南下进攻江南时,在赤壁地区为孙权与刘备的联军所击败。这次失败的原因很多,除骄傲轻敌、急于求成外,关键是没有一支强大的水军。他放弃步骑,以水战为主,并非过错,面对以水军为主的孙刘联军,不下水怎能交战呢?他的失误在于错用训练不够的水军轻率进攻战斗力很强的敌方水军。

曹操对这次教训是明了于心的。他深知要战胜孙吴政权必须拥有强大的水师,而人造池里是练不出那样的水军的。因此,回到北方后,他即着手扩大水军组织规模,加强训练,并在水军屯驻区域上作出精心的安排。

建安十四年(公元209年)三月,曹操统军至谯(今安徽亳州),在家乡赶造轻舟,揭开了大练水师的序幕。这一地点的选择,主要的考虑是要将谯地作为争夺江淮的后方基地,不断壮大水军,与孙吴对峙长江,伺机渡江翦灭孙吴。

曹操这次整训水师取得了较大的成效。同年七月,曹操带领船队,自谯顺涡水入淮水,再溯淮水入肥水,然后屯军合肥。这是对新建水师的首次大检阅,声势浩大,表明曹操的水师整训迈上了新的台阶。当时随军的曹丕很是兴奋,作有《浮淮赋》,描写那"大兴水运,泛舟万艘"的壮观。

曹操不仅自己注重练兵经武,而且还以自己的模范行为影响部将,鼓励他们严格练军,增强战斗力。大将徐晃是他手下立战功最多的将领之一,被他誉为:"将军之功,逾孙武、穰苴。"徐晃之所以能如此,就在于他多年来一直遵循曹操的教导,严格训练,毫不松懈。如建安二十四年(公元219年)当曹仁、徐晃等部在襄樊打败关羽后,还军庆功,曹操到各营视察慰问,"案行诸营,士卒咸离陈(阵)观。而晃军营整齐,将士久陈不动"(《三国志·魏书·张乐于张徐传》),反映出良好的军事素质。曹操见了后,深感满意,由衷地赞叹道:"徐将军可谓有周亚夫之风矣。"(《三国志·魏书·张乐于张徐传》)正是在曹操的亲自倡导激励之下,曹军的将领重视训练,严明军纪逐渐成了治军上的一种优良传统。由此可见,《三国志》作者陈寿对曹操"总御皇机,克成洪业"之类的赞誉,实在不是泛泛的虚辞;而《唐太宗李卫公问对》作者在书中多次征引《曹公新书》的观点,用以印证和阐发自己的思想,也是事出有因,理有固然。

周、郑繻葛大鏖战

明代著名学者李贽认为,周代王权衰颓过程中具有标志意义的是两件事:“夷王足下堂,桓王箭上肩。”这前一句是说周夷王因国力衰微,对前来朝觐的诸侯们再也不能摆天子的威风;后一句说的就是周桓王十三年(公元前707年)爆发的周、郑繻葛之战。

春秋(通常指公元前770—前476年,得名于鲁国编年体史书《春秋》)伊始,东迁洛邑(今河南洛阳)的周天子虽然头上仍笼罩着“天下共主”的光环,但其实际地位却已一落千丈,领地狭小,兵力锐减,再也不能像过去那样号令诸侯了。“礼崩乐坏”的局面,诱使诸侯中的野心家跃跃欲试,觊觎和争夺霸主的地位。郑庄公就是这方面的“始作俑者”。

郑国是春秋时期的一个扮演过重要角色的诸侯国。它虽然迟至西周后期始分封立国,但由于其开国君主郑桓公是周厉王的幼子,与周王室关系亲近,因而一直为周王室所倚重,被委任为王室卿士,主持周室中枢大政。郑桓公当年还将其国内民众由关中地区迁徙到今河南新郑一带,因而据有了四通八达的天下形胜之地,其国势蒸蒸日上,成为诸侯中举足轻重的一支力量。

郑庄公寤(wù)生即位之后,凭借各种有利条件,平定了郑内部共叔段的叛乱,同时竭力扩充领地,侵伐诸侯,进一步增强了郑国的实力。在军事外交上,庄公实施“远交近攻”的策略,拉拢东方的齐、鲁两国,打击和削弱与己毗邻的位居中原腹心地区的卫、宋、陈、蔡诸国,并一度灭亡了许国,造就了所谓的“小霸”局面。

随着政治、军事实力的增长,郑庄公对周王室的态度变得有点桀傲不驯了;而周王室方面也不能根据变化了的情况调整策略,未能妥善处理好双方的关系,于是矛盾越来越尖锐,乃至发展到兵戎相见的地步。

早在周平王在位时,周、郑之间就互不信任,发生过“周郑交质”事件，也就是双方交换子弟互为人质。周桓王继位后，双方关系更是冷淡。桓王这位年少气盛的新天子对郑庄公的专横跋扈十分反感，上台伊始即处处屈辱打击郑庄公，而将国政委诸虢公，对郑庄公的朝见也不加礼遇。老谋深算的郑庄公在开始时还按捺着怒火忍耐了，可等到自己的卿士地位被剥夺，郑国的部分土地被收回时，就再也无法容忍了，从此也就不再去朝觐周桓王。周桓王对此也很气愤，决心教训惩罚郑庄公的这种无礼犯上行为，便于公元前707年秋天亲自统率周、陈、蔡、卫联军开赴郑国，大举征讨。

郑庄公闻报周室联军来攻，忍无可忍，决定反击，于是也统领大军前往迎战。很快，两军相遇于繻葛(今河南长葛东北)。双方都抓紧调兵遣将，布列阵势。周桓王将周室联军分为三军：左军、右军、中军。其左军由卿士周公黑肩指挥，陈军附属于内；右军由卿士虢公林父指挥，蔡、卫军附属其中；主力中军则由周桓王本人亲自指挥。郑庄公针对联军这一布阵形势，也将郑军编组为三个部分：中军、左拒、右拒(拒是方阵的意思)，指派祭仲、曼伯等大臣分别指挥左、右拒，自己则亲率中军，准备同周军一决雌雄。

交战之前，郑国大夫公子元对周室联军的组成情况进行了分析。他认为，陈国国内正发生动乱，其部队兵无斗志，将无战心。如果先对陈军所在的联军左军实施打击，陈军一定会土崩瓦解；而蔡、卫两军战斗力不强，届时也将难以抵抗郑军进攻。据此，公子元建议庄公首先击破联军的薄弱部分——左右两翼，然后再集中优势兵力进攻联军的主力——中军。郑庄公接受了这一先弱后强、各个击破的作战方案。

郑国另一位大夫高渠弥，鉴于以往郑军与北狄作战时，郑前锋步兵被击破，后续战车失去掩护，以致无法出击而失利的教训，建议改变以往车、步兵协同作战方式，编成“鱼丽阵”以应敌。所谓“鱼丽阵”，其基本特点，就三军配置而言，便是左、右军置前，中军稍后，成倒“品”字状，似张网捕鱼似的打击敌人。就同阵中步、车关系而言，便是“先偏后伍”“伍承弥缝”，即把战车布列在前面，将步卒疏散配置于战车的两侧及后方，形成车步协同配合、攻防灵活自如的整体。郑庄公不愧为一代雄主，对高渠弥的建议拍案叫好，当即吩咐加以具体落实。

会战开始后，郑军按照既定作战部署向周室联军发起猛攻，旗动而鼓，击鼓而进。郑大夫曼伯指挥郑右军方阵，以泰山压顶之势攻击联军左翼的陈军。陈军果然士气低落，一触即溃，联军左翼即告解体。与此同时，郑祭仲也指挥郑军左方阵，奋勇进击蔡、卫两军所在的联军右翼部队。蔡、卫军的情况也不比陈军好多少，未经几个回合的交锋，便丢盔弃甲，纷纷败退。周联军中军为溃兵所扰，军心不稳，阵势顿时大乱。郑庄公立即摇旗指挥郑大夫原繁的中军，向周中军发动攻击；祭仲、曼伯麾下的郑左、右两方阵也乘势合围，夹击周中军。失去左右两翼掩护协同的周中军，无法抵挡郑三军的合击，仓皇后撤。周桓王本人也身负箭伤，只好下令脱离战斗。这就是所谓“桓王箭上肩”的故事。

郑军的指挥者见周联军溃退，都很振奋。祝聃等人建议庄公乘胜追击，扩大战果，还想趁机活捉周天子。这时郑庄公却说出了一番出人意料而又在情理之中的高论，婉拒了部下的意见。他说：普通君子尚且不逼人太甚，何况对天子呢？如果能够达到挽救自己的目的，使郑国免于灭亡，这就足够了！于是郑庄公下令郑军停止进攻，当晚还派出使臣去慰问负伤的周桓王，并问候桓王左右的侍从，以此缓和双方之间的尖锐矛盾。

郑军赢得繻葛之战胜利的原因，大致有三点。第一，正确选择了作战主攻方向，制定了合理的进攻程序，先弱后强，各个击破。第二，正确运用了较先进的战法。它所创的“鱼丽阵”，使战车和步卒较好地实现了配合协同，大大提高了郑军的战斗力，置囿于传统车战战术的周室联军于被动境地。第三，适时把握进退尺度，在战斗取得胜利的情况下，及时停止追击，既争取了政治上的主动，也保有了军事上的胜利成果。

繻葛之战在政治和军事两方面都产生了重大影响。政治上它使得周天子的威信丧失殆尽,周桓王之后,再没有哪一位周天子敢于率军出来和称雄的诸侯进行较量,“礼乐征伐自天子出”的传统从此走向衰亡。在军事上,“鱼丽阵”的出现,使得中国古代车阵战法逐渐趋向严密、灵活,从而大大推动了古代战术的革新和演变。正是在这个意义上,《唐太宗李卫公问对》“卷中”中将它作为古代多兵种协同作战的成功事例加以征引,以阐释该书作者有关“车、步、骑三者一法”的作战指导原则。

猛张飞不恤士卒死于非命

和军爱兵是部队内部上下团结、关系融洽的集中反映,是军队建设的一个重要方面。古代有见识的兵学家们认为:“将帅抚士卒,如父兄于子弟;则士卒附将帅,亦如手足之捍头目。”(《明太宗宝训》卷四《谕将帅》)正是基于这样的认识,他们主张爱民恤下,“视卒如婴儿,故可与之赴深溪;视卒如爱子,故可与之俱死”(《孙子·地形篇》)。指出将帅如果只知道用严刑待下,而不能用恩惠结士卒之心,到头来就会走向反面,造成严重的后果,这正如《唐太宗李卫公问对》“卷中”所说:“将先有爱结于士,然后可以严刑也。若爱未加而独用峻法,鲜克济焉。”然而,并不是每一位将帅都懂得这层道理的。历史上曾有不少将帅由于自己缺乏这方面的修养,“暴刻寡恩”,不恤士卒而最终身首异处、破军折师的。张飞之死就属于这方面的典型例子。

张飞(?—公元221年),字翼德,河北涿郡(今河北涿州市)人,三国时期蜀国的著名将领。“少与关羽俱事先主”(《三国志·蜀书·关张马黄赵传》。以下引文凡不注出处者,均同此)。戎马一生,雄壮威猛,勇冠三军,和关羽一起为时人“称万人之敌,为世虎臣”。曾参与平定吕布,当阳长坂坡鏖战,西进益州平定巴蜀,巴西力战击退张郃等一系列重大战役。“所过战克”,多立功勋,为刘备势力的崛起,魏、吴、蜀三国鼎立局面的形成,做出了重要的贡献。因而当刘备在成都称帝登基之时,他以战功卓著，而被任为“车骑将军”，“领司隶校尉，进封西乡侯”。

然而，张飞作为一代名将，身上也存在着重大的缺陷，这就是他性格暴躁，不善于抚恤部属，史称其“敬爱君子而不恤小人”，“暴而无恩”，致使部属与他离心离德，积怨甚深。刘备对他这种治军之道曾经深表忧虑，多次告诫他：“卿刑杀既过差，又日鞭挝健儿，而令在左右，此取祸之道也。”这里，刘备仅仅是出于对张飞个人安危的考虑而进行规劝的，并没有真正说清楚爱护士卒，搞好上下关系的重要意义。可是，就是这么一个问题，张飞也没有引起应有的重视，“犹不悛”，我行我素，肆无忌惮，这样，就为他日后惨遭横死埋下了祸根。

蜀汉章武元年（公元221年）七月，刘备因东吴孙权袭杀关羽、夺占荆州而起兵东征。张飞作为主将之一，也准备率军一万人，“自阆中会江州”，参与这场关系到战略要地荆州最终归属、蜀汉政权兴衰走向的重大战役。可是，就在军队部署就绪，兵马行将出发之时，张飞却不幸死于非命，为曾受过他严厉处罚的部将张达、范疆所残杀。张、范两人在行刺张飞取得成功后，即割下张飞的首级，连夜顺江而下投奔孙权处邀功。一代名将没有战死在千军白刃之中，而丧命于自己的部属之手，这真是一个莫大的悲剧。

古人说：“古之名将皆以恤士为本……若素不能恤，徒以威驭之，缓急未必得用。”（《明宣宗宝训》卷四《谕将帅》）《唐太宗李卫公问对》的作者更明确指出：“爱设于先，威设于后，不可反是也。若威加于前，爱救于后，无益于事矣。”张飞的个人悲剧就是这方面有力的佐证。他之所以“以短取败”，死于非命，就在于他平日对部下暴刻寡恩。我们从中可以获得这样的殷鉴：作为将帅必须注意关怀和体恤部下，对部下既要严格要求，申明军纪；更需要“贵得众心”，即所谓“军中固当严纪律，而恩德不可偏废”（《元史·伯颜传》）。那种倚恃权力，刚愎暴戾，对部下动辄单纯惩办的做法，是愚蠢而且危险的，到头来必定会自食其果。

勾践笠泽破吴师

主、客,是中国古代兵学的重要范畴之一。一般地说,以逸待劳,本土防御,处于主动有利地位的一方为主;而劳师袭远,越境进攻,处于被动不利地位的一方为客。但高明的战争指导者总是善于创造条件,变易主客,在进攻作战中反客为主,夺取主动,最后赢得胜利。《唐太宗李卫公问对》"卷中"所征引的春秋晚期吴、越笠泽之战,就是"变客为主"方面典型的成功例证。

春秋晚期,以晋、楚两大国为主角的中原争霸战争渐渐地沉寂了下来,战争的中心开始向南方地区转移。位于这一地区的吴、楚、越三国,为了扩张疆域,争夺霸权,展开了长期的角逐。

公元前506年的吴、楚柏举之战,给了楚国以沉重的打击。从此,楚国不得不立足于自保,在南方战争中甘居配角。就在这样的背景下,吴、越之间的战争遂成为春秋战争舞台上的压轴戏,而笠泽之战又是这出压轴戏中的高潮。

吴、越战争经过槜(zuì)李之战、夫椒之战、越军袭击吴都之战等诸多战役后,形势发生了重大变化。越国在几经挫折之后,在越王勾践的领导下,卧薪尝胆,励精图治,"十年生聚,十年教训",实力有了很大增长;尤其在袭破吴都、俘杀吴太子一役后,更开始占据了一定的战略主动。与越国欣欣向荣的局面相反,吴国在庸主夫差的统治下,穷兵黩武导致内外交困,加上"北威齐、晋"战略选择错误,放过在夫椒之战后乘机灭越的机会,放虎归山,养痈成患,终于一步步陷入战略上的被动,出现了国都一度失陷、太子被杀、被迫向越军求和的悲惨局面。吴、越战争的胜利天平,从此倒向了越国的一边。越军步步进逼,屡战屡胜;而夫差则大势尽去,一蹶不振。吴、越战争进入了新的也是最后的阶段。

夫差向越国求和后,鉴于连年战争,有生力量受到严重削弱,社会生产也遭到破坏,国内空虚,灾荒频仍。吴王感到短时间内已无力对越进行反击，就一厢情愿地“息民散兵”，解散大批部队，让民众休养生息，企图逐步恢复力量，待机再举。其实，这样做恰恰加速了吴国的灭亡。越国大夫文种、范蠡等人看到吴国疲惫削弱，内外交困，防务松弛，认为这正是有隙可乘的最好时机，便建议越王勾践加紧战备，准备同吴国进行最后决战。勾践采纳了这些建议，在国内明赏罚，备战具，严军纪，练士卒，进行了大量的临战准备工作。

周敬王四十二年(公元前478年)，吴国发生大旱，颗粒无收，仓廪空虚。奄奄一息的饥民被迫到东海边上寻找食物糊口度日。勾践于是召集大臣商讨征伐吴国的大事。大夫文种指出：伐吴的天时与人事条件已经具备，如果立刻发兵伐吴，可以一举夺得优势。另一位主要谋臣范蠡也认为伐吴时机业已成熟，建议勾践立刻动员民众，集结部队，征伐吴国。勾践接受了他们的建议，决定动员越国全部力量大举进攻吴国。出发时，越国全境上下出现了父子兄弟互相勉励、同仇敌忾的感人场面。

同年三月，越王勾践亲自统率斗志昂扬、士气饱满的越军主力北上，兵锋直指吴国腹心，终于爆发了决定吴、越两国命运的关键一战：笠泽之战。

越军进展顺利，很快进抵笠泽(水名，在今江苏苏州市南，从太湖北至海，南与吴淞江平行)。吴王夫差得知越军逼近，在姑苏台上再也坐不住了，被迫统率都城姑苏所有的部队出城迎战。吴军在江北，越军在江南，两军夹笠泽水对峙。

越军是越境作战，在战争中处于“客”的地位，对它来说，需要变客为主，以争取主动。为此，越军统帅部根据渡河作战的具体条件，决定采取“示形诱敌，中路突破”的战术打击吴军，在主力的两翼派出部分部队，为“左、右勾卒”。黄昏时分，勾践命令“左勾卒”溯笠泽水上行五里隐蔽待命，又令“右勾卒”顺笠泽水下行五里隐蔽待命。夜半时分，勾践下令预先秘密潜伏的“左、右勾卒”同时鸣鼓呐喊，对吴军进行佯攻。夫差误以为越军分两路渡江进攻，会对自己构成夹攻之势，一时间慌了手脚，在战术上采取了极其错误的措施。他将吴军一分为二,分别去抵御越军上下相距十里的两路进攻,结果中了勾践的诱敌分兵之计。至此,吴军变主为客,而越军则是变客为主,战场态势发生了根本性的转变。

勾践见夫差中计,及时下令越中军主力人人衔枚,偃旗息鼓,从中路正面潜行渡江,出其不意地从吴军两路中间薄弱部位展开进攻,直插吴军中军大本营。事起仓促,吴军顿时大乱。吴左、右两军见中军情势危急,急欲向中军靠拢,但却被越军"左、右勾卒"牵制,无法会合,陷于分散孤立作战的困难处境,结果被越军各个击破。一场血战之后,吴军全线崩溃,伤亡惨重。

取得决战胜利的越军对溃退中的吴军实施追击,又先后在没溪(今江苏苏州市南郊)和姑苏城郊两度追及吴军,予以歼灭性打击。吴军"三战三北",尸横遍野,一败涂地。夫差仅率少量残兵逃入姑苏城中,龟缩不出。越军取得了笠泽之战的重大胜利。

笠泽之战是吴、越兼并战争中具有关键意义的战略决战。它使吴国遭受了前所未有的惨重失败,主力几乎全军覆灭,从此一蹶不振,再也无力抗衡越国的进攻。越国方面则因这次战役的全胜而确立了对吴国的绝对战略优势,为灭吴称霸奠定了坚实的基础。

笠泽之战是一次突袭性的进攻。越军在战略上再一次体现了乘虚蹈隙、一举而胜的特点。笠泽之战又是我国历史上较早的一次河川机动进攻作战。越军选择的渡河时间是夜间,这有利于部队的隐蔽集中,欺敌误敌;其运用的渡河进攻方法是两翼佯渡,调动敌人,"致人而不致于人",然后中央突破,收到必攻不守、反客为主的奇效。

笠泽之战后三年,即周元王二年(公元前475年),越王勾践再一次大举伐吴,一路连胜,杀得吴军"大败军散,死者不可胜计",很快便进抵姑苏城下,然后将姑苏城团团包围起来,断绝其粮道,以此困毙吴军。到了周元王四年(公元前473年),吴都姑苏在被围困近三年后,已势穷力蹙,难以为继,"吴师自溃"。勾践遂于同年十一月指挥越军对姑苏城发起总攻,占领了吴都。夫差在城破前夕率少数亲信残兵仓惶逃到城郊姑苏台上,但马上又被追踪而来的越军所包围。夫差无可奈何,派人向勾践求和。勾践回答:过去上天曾将越国赐送给吴国,可吴国不接受;如今老天爷转而将吴国赐送给越国,我怎么敢违背上天的意志呢!拒绝了夫差的请和要求,但答应保留夫差的性命,准备将其安置在甬东(今浙江舟山),以度余年。夫差不愿屈辱偷生,遂自缢身亡。至此,曾经强盛一时的吴国,终于被它原来的手下败将越国所吞灭了。

卷下

导读

主要论述了作战指导方面的一些重要原则，对《孙子》《司马法》《六韬》《吴子》《尉缭子》等先秦兵书中的“诡道”“分合”“示形”“攻守”“慎战”“治气”等范畴、术语和原则进行了较详尽、较透彻的阐述，并比较系统地提出了作者自己在这些问题上的观点，其中有些看法十分深刻，反映了军事理性认识在唐代的进步和深化。至今仍有积极的启示意义，诸如“兵，有分有聚，各贵适宜”“攻是守之机，守是攻之策，同归乎胜而已矣”“夫攻者，不止攻其城击其陈而已，必有攻其心之术焉；守者，不止完其壁坚其陈而已，必也守吾气而有待焉”等等，均系发前人所未发，有独到的军事学术价值。此外作者还结合历史史实论述了选将用人之道。最后，还指出在学习兵法过程中，须遵循“由下以及中，由中以及上”的循序渐进的学习方法，作为全书的总结。

原文

1. 太宗曰：“太公云：‘以步兵与车骑战者，必依丘墓险阻。’[1] 又孙子

译文

1. 唐太宗问道：“太公说：‘用步兵迎战战车和骑兵，一定要依托丘陵、墓地以及险阻的地形。’可是孙子却说：

云:'天隙[2]之地,丘墓故城,兵不可处。'[3]如何?"

靖曰:"用众在乎心一,心一在乎禁祥去疑[4]。倘[5]主将有所疑忌,则群情摇;群情摇,则敌乘衅而至矣。安营据地,便乎人事而已。若涧、井、陷、隙之地[6],及如牢如罗[7]之处,人事不便者也,故兵家引而避之,防敌乘我。丘墓故城,非绝险处,我得之为利,岂宜反去之乎?太公所说,兵之至要也。"

'在沟谷之地和丘陵、墓地以及无人居住的废墟地区,军队不可停驻。'这该怎样理解?"

李靖回答说:"指挥部队作战,关键在于全军上下统一意志;统一意志的关键又在于禁止迷信,消除疑虑。倘若主帅有所疑虑顾忌,那么军心就会动摇;军心一旦动摇,敌人就会乘机而入。安营扎寨,据守阵地,要以便利于军队行动为原则。像绝涧、天井、天陷、天隙以及天牢、天罗等地形,都不便于军队展开行动,所以作战指挥者都要引兵离开它,避开这些地方,以防备敌人乘机攻击我们。至于那些丘陵、墓地和废弃的城池,并不是十分险阻的地方,我们如果先敌占领它,那是有利于战斗的,怎么能离而远之呢?太公的观点,那是用兵中最重要的原则。"

注释

1 以步兵与车骑战者,必依丘墓险阻:语出《六韬·犬韬·战步》。丘墓,坟墓。

2 天隙:隙,狭隙。指两旁断岩绝壁林立、狭窄难以通行的山间谷地。

3 天隙之地,丘墓故城,兵不可处:按此三句不见于今本《孙子》,疑出自唐人所见的《孙子》佚文。

4 禁祥去疑:语出《孙子·九地篇》。意谓禁止求问吉凶预兆的占卜迷信活动,消除士卒的疑虑和猜忌。祥,妖祥,此处指占卜之类的迷信活动。去，消除、抛弃。

5 倘：假若、倘若、如果。

6 涧、井、陷、隙之地：即《孙子·行军篇》中所说的绝涧、天井、天陷、天隙等极端不利于军队展开行动的地形。涧，绝涧，指两岸峭峻、水流其间的险恶地形。井，天井，指四周高峻、中间低洼的地形。陷，天陷，指地势低洼、泥泞易陷的地形。隙，天隙，参见注 2。

7 如牢如罗：即《孙子·行军篇》中所提到"六败之地"中的"天牢""天罗"。牢，天牢，是对山险环绕、易进难出的地形之形象描述，言其如牢狱一般。罗，天罗，指荆棘丛生，军队进入后如陷入罗网无法摆脱的地形。

原文

太宗曰："朕思凶器无甚于兵者[1]，行兵苟便于人事，岂以避忌为疑？今后诸将有以阴阳拘忌失于事宜[2]者，卿当丁宁诫之。"

靖再拜谢曰："臣按《尉缭子》云：'黄帝以德守之，以刑伐之。'[3]是谓刑德，非天官时日[4]之谓也。然诡道可使由之，不可使知之。[5]后世庸将泥于术数，是[6]以多败，不

译文

唐太宗说："我想，天底下最凶险的事情无过于战争。作战时只要有利于军队行动，又怎么能由于避讳猜忌而疑窦丛生犹豫不决呢？今后，诸将中如果有人因拘泥于阴阳术数而贻误战机的，你应当耐心叮咛告诫他们。"

李靖再拜说："根据《尉缭子》所说：'黄帝用仁德治理国家，用战争讨伐敌人。'这就是所谓的刑德，而不是阴阳术数家们所说的天官时日。然而诡诈之道，可以役使人们去做，但却不能使人们知道为什么要那样去做。后代那些平庸的将领往往拘泥于阴阳术数，所以多有失败，这不可不引

可不诫也。陛下圣训，臣即宣告诸将。”

以为戒。陛下圣明的训诲，我将马上向各位将领宣告。”

注释

1 凶器无甚于兵者：意谓普天之下最凶险的事情无过于战争。这是中国古代很有典型性的战争观念：兵凶战危，故不得已而用之，绝不可穷兵黩武。如《老子·三十一章》云：“兵者不祥之器，非君子之器，不得已而用之。”连《韩非子·存韩》亦云：“兵者，凶器也，不可不审用也。”

2 以阴阳拘忌失于事宜：指因拘泥于阴阳术数而贻误战机。拘忌，拘束畏忌。事宜，合适的处置，这里可理解为战机。

3 黄帝以德守之，以刑伐之：语出《尉缭子·天官第一》。原文为：“刑以伐之，德以守之。”意谓黄帝文武并用，德刑同施。一方面通过仁德教化治理国家，另一方面利用刑罚、战争去对付敌人。

4 天官时日：天官，即天文星象。古人把天上星座按人间官位命名，区分尊卑，故名天星为天官。时日，底本作“日时”，今据《讲义》校改，即是否适于用兵的日子，相当于后世所说的“黄道吉日”。古人迷信，往往根据星象时日的某些征候判断能否出兵作战，所以有“兵忌日”（如晦日）之说。这方面兵阴阳家最为热衷。

5 诡道可使由之，不可使知之：意谓诡诈之道可以役使人们去做，而不可让人们知道为什么要那样去做。由，用、行。《论语·泰伯》：“民可使由之，不可使知之。”

6 是：底本作“吴”，疑误。今从《四库全书》抄本、《讲义》校正。

原文

2. 太宗曰:"兵,有分有聚,各贵适宜。前代事迹,孰为善此者?"

靖曰:"苻坚总百万之众,而败于淝水,[1]此兵能合不能分之所致也。吴汉[2]讨公孙述[3],与副将刘尚[4]分屯,相去二十里,述来攻汉,尚出合击,大破之,此兵分而能合之所致也。太公曰:'分不分,为縻军;聚不聚,为孤旅。'"[5]

太宗曰:"然。苻坚初得王猛[6],实知兵,遂取中原;及猛卒,坚果败,此縻军之谓乎?吴汉为光武所任,兵不遥制[7],汉果平蜀[8],此不陷孤旅之谓乎?得失事迹,足为万代鉴。"

译文

2. 唐太宗说:"兵力的使用,有时要分散有时又要集中,贵在根据具体情况灵活处置,各得其宜。从以往的历史事实中看,哪一位统帅善于做到这一点呢?"

李靖回答说:"当年苻坚统率百万大军,却被击败于淝水,这是由于他使用兵力过于集中而未能分散的缘故。东汉将领吴汉征讨公孙述时,与副将刘尚分兵屯驻,彼此相距二十里地。当公孙述前来进攻吴汉所部之时,刘尚出兵与吴汉合击,结果大败公孙述的军队,这是用兵既能分散又能集中的缘故。姜太公说:'当分散而不能分散的,就是被束缚无机动性的部队;当集中而不能集中的,就是孤立无援的部队。'"

唐太宗说:"确是如此。苻坚最初任用王猛,[由于王猛深知用兵之道,]所以就夺取了中原地区;等到王猛去世之后,苻坚果然失败了,这就是所说的'縻军'吧?吴汉受到汉光武帝的信任,指挥作战不受朝廷的干预掣肘,所以吴汉果真平定了公孙述的西蜀政权。这就是说没有陷入孤立无援的境地吧?历史上的得失成败事例,足以成为世世代代用兵者的有益借鉴。"

注释

1 苻坚总百万之众,而败于淝水:指公元 383 年前秦统治者苻坚南下伐晋,结果为东晋军队击破于淝水之事。

2 吴汉:字子颜,东汉初南阳宛县(今河南南阳)人。早年以贩马为业。后投入刘秀阵营,为偏将军,征发渔阳(今北京密云区)等郡骑兵,助刘秀消灭割据河北的王郎势力,并镇压铜马、重连等部农民起义军。刘秀即皇帝位后,他任大司马,封广平侯,转战各地,多有战功。后受命率军伐蜀,在成都近郊八战八捷,攻灭了割据益州(今四川)的公孙述政权,为东汉初年的统一战争画上圆满句号,卒于公元 44 年。

3 公孙述:字子阳,东汉初扶风茂陵(今陕西兴平东北)人。初为王莽导江卒正(蜀郡太守),后趁世乱割据益州称帝,号成家。公元 36 年,汉兵进抵成都城下,他负隅顽抗,倾全力与汉军交战,终遭失败,自己也因伤重身亡。

4 刘尚:吴汉的副将,曾任武威将军。在平定公孙述割据势力的战役中,率军万余屯驻江南,策应吴汉的主力部队攻打成都,在战斗中,两军联系曾一时为蜀军所切断,吴汉借夜色掩护转移兵力,与刘尚会合,大破公孙述。

5 分不分,为縻军;聚不聚,为孤旅:意谓当分散而不能分散的,是受束缚无机动性的部队;当集中而不能集中的,是孤立无援的部队。縻,牵制、束缚的意思。按,此四句不见于今本《六韬》。

6 王猛:十六国时期著名政治家、军事家,字景略,北海剧(今山东寿光东南)人。博学,通兵书,曾为前秦苻坚谋士,甚受信任,累迁司徒,录尚书事。他整顿吏治,加强中央集权,辅佐苻坚翦灭前燕等政权,统一了北方大部地区。官至丞相。临终前曾劝诫苻坚不宜攻伐东晋,但未被苻坚采纳。日后前秦大军果有淝水之败。

7 遥制:朝廷(主要是指君主)对军事行动的遥相干预掣肘。

8 蜀:指今天的四川地区。

原文

3. 太宗曰:“朕观千章万句,不出乎‘多方以误之[1]’一句而已。”

靖良久曰:“诚如圣语。大凡用兵,若敌人不误,则我师安能克哉?譬如弈棋,两敌均[2]焉,一着或失,竟莫能救。[3]是古今胜败,率[4]由一误而已,况多失者乎?”

译文

3. 唐太宗说:“我看兵书上尽管有千言万语,但其道理都没有超出‘采取各种办法以造成敌人失误’这一句话。”

李靖沉思了很久后回答说:“确实如陛下您所说。大凡用兵打仗,倘若敌人没有失误,那么我军怎么能战胜敌人呢?这如同是下棋,双方势均力敌,这时,只要一着失误,最终会导致全盘皆输。所以古往今来战争的胜负成败,大都是由一着失误所造成的,更何况多次失误呢?”

注释

1 多方以误之:意谓采取各种方法诱使敌人出现失误。按,此语出自《左传·昭公三十年》,是伍子胥向吴王阖闾进献的“疲楚误楚”之计中的内容。其要云:“楚执政众而乖,莫适任患,若为三师以肄焉,一师至,彼必皆出。彼出则归,彼归则出,楚必道敝。亟肄以罢之,多方以误之。既罢而后以三军继之,必大克之。”

2 两敌均:即双方势均力敌,旗鼓相当,难分高下。

3 一着或失,竟莫能救:即“一着不慎,全盘皆输”的意思。着,下围棋时下一子叫一着。竟,最终、终于。

4 率:大抵、通常、一般的意思。

原文

4.太宗曰:“攻守[1]二事,其实一法欤?《孙子》言:‘善攻者,敌不知其所守;善守者,敌不知其所攻。’[2]即不言敌来攻我,我亦攻之;我若自守,敌亦守之。攻守两齐,其术奈何?”

靖曰:“前代似此相攻相守者多矣,皆曰‘守则不足,攻则有余’。[3]便谓不足为弱,有余为强,盖不悟攻守之法也。臣案《孙子》云:‘不可胜者,守也;可胜者,攻也。’[4]谓敌未可胜,则我且自守;待敌可胜,则攻之尔,非以强弱为辞也。后人不晓其义,则当攻而守,当守而攻。二役既殊[5],故不能一其法。”

译文

4.唐太宗说:“进攻和防守虽然是两种作战形式,其实都是一种制胜的方法吧?《孙子》说:‘善于进攻的,能使敌人不知道该如何防守;善于防御的,能使敌人不知道该怎么进攻。’但却没有讲到,敌人进攻我,我也去进攻它;或者我若是防守,敌人也防守这类问题。在这种相攻相守的情况下,该采用什么办法取胜呢?”

李靖回答说:“历史上像这类相攻相守的战例是很多的。但都可归结为‘实行防御,是由于兵力不足;实施进攻,是因为兵力有余’。于是有人便以为这里的‘不足’就是力量薄弱,这里的‘有余’就是力量强大。其实这是完全没有领会攻守的方法。我按《孙子》所说:‘想要不被敌人战胜,在于防守严密;想要战胜敌人,在于进攻得当。’这就是说,还没有战胜敌人的可能时,就暂时采取防守;待到出现战胜敌人的可能时,就采取进攻。可见进攻和防守并不是专指力量的强弱而言。后人不明白它的真实含义,以致在应该进攻时反而进行防守,应当防守时反而实施进攻。把攻守两种战法截然对立起来,因此便不能把两者有机地加以统一。”

注释

1 攻守：中国古代重要兵学范畴之一，主要阐述进攻与防御之间的内在辩证统一关系。

2 "善攻者"四句：语出《孙子·虚实篇》。意谓善于进攻的，能使敌人不知道该如何防守；善于防御的，能使敌人不知道该怎么进攻。

3 守则不足，攻则有余：语出《孙子·形篇》。此句历来注家有异说。通行的解释是：实行防御，是由于兵力不足（或谓取胜条件不够充分）；实施进攻，是因为兵力有余（或谓胜敌条件绰绰有余）。《问对》则认为，其意当是采取守势，以便示敌以弱，使敌进攻受挫；采取攻势，以便示敌以强，使敌防守失利。又，银雀山汉墓竹简本《孙子》此句作"守则有余，攻则不足"。若此，则句意为在同等的兵力情况下，用于防御则兵力有余，用于进攻则感到兵力不足。

4 "不可胜者"四句：语出《孙子·形篇》。谓想要不被敌人战胜，在于防守严密；想要战胜敌人，在于进攻得当。

5 二役既殊：指人为地把攻守两种战法截然对立起来。

原文

太宗曰："信乎！有余不足，使后人惑其强弱。殊不知守之法，要在示敌以不足；攻之法，要在示敌以有余也。示敌以不足，则敌必来攻，此是敌不知其所攻者也；示敌以有余，则敌必自守，此是敌不知其所守者也。攻守一法[1]，

译文

唐太宗说："的确是这样。'有余''不足'使不少后人产生迷惑，误以为是指兵力的强弱而言。殊不知防守的方法，关键在于对敌人伪装兵力不足；进攻的方法，关键在于对敌人显示兵力有余。对敌人伪装兵力不足，那么敌人就必定会前来进攻，这就使敌人不知它不应当进攻；对敌人显示兵力有余，那么敌人就必定会加强防守，这就使敌人不

敌与我分而为二事。若我事得，则敌事败；敌事得，则我事败。得失成败，彼我之事分焉。攻守者，一而已矣，得一者百战百胜[2]。故曰：‘知彼知己，百战不殆。[3]’其知一之谓乎？”

靖再拜曰：“深乎，圣人之法也！攻是守之机，守是攻之策，同归乎胜而已矣。[4]若攻不知守，守不知攻，不惟二其事，抑又二其官。[5]虽口诵《孙》《吴》[6]而心不思妙，攻守两齐之说，其孰能知其然哉？”

知它不应当防守。进攻和防守本来是相互对立统一的方法，但是对敌我双方来说，就分为一攻一守两个方面了。如果我方运用得当，那么敌人就会失败；倘若敌方运用得当，那么我们就会失败。得失成败的结果如何，就可以区分出敌我双方作战指导的优劣。总之，进攻和防守，不过是克敌制胜方法的统一，掌握了这种方法，就能百战百胜。所以说：‘既了解敌人，又了解自己，历经百战都不会有任何危险。’讲的大概就是这个道理吧。”

李靖再一次行臣子拜舞之礼后说：“古代圣人的兵法原理真是深奥啊！进攻是防守的枢机，防守是进攻的手段，二者的目的都是为了夺取战争的胜利罢了。如果在进攻中不知道运用防守，在防守中不知道运用进攻，这不仅是把攻守割裂开来，而且是把攻守各自孤立起来。这样，虽然能在口头上背诵《孙子》《吴子》的条文，但在思想上却不考虑理解运用的奥妙，掌握攻守两种相辅相成的方法，那么又怎么能知道其真正的意义和价值呢？”

注释

1 法：底本作“决”，疑误，今据《讲义》及《四库全书》抄本校改。

2 得一者百战百胜：指若能做到使进攻与防御辩证统一起来，就能够百战百胜，所向披靡，达到预期的战略目的。

3 知彼知己，百战不殆：语出《孙子·谋攻篇》。又《孙子·地形篇》有“知彼知己，胜乃不殆”，义同。意谓既了解敌人，又了解自己，在此基础上指挥作战，就可永远立于不败之地。

4 “攻是守之机”三句：意思是说，进攻是防守的枢机，防守也是进攻的手段，二者的目的都是为了夺取战争的最终胜利。这是《问对》对攻守辩证关系最透彻、深刻的阐发。

5 “若攻不知守”四句：《问对》认为，作战中的攻和守是互相联系的。如果把攻守孤立开来乃至对立起来认识，那么在指挥作战中，就会把攻和守这两种互相联系、互相转化的作战样式对立起来，割裂开来，把它们原本同是以保存自己、消灭敌人为目的的职责，看成是互不相干的两回事。二其事，把攻守二事人为地分开。官，职责，恪守职分。

6《孙》《吴》：指《孙子》与《吴子》这两部兵书。《吴子》，又称《吴起兵法》，《武经七书》之一。与《孙子》齐名。《汉书·艺文志》兵家类著录有“吴起，四十八篇”，后多佚失。今本《吴子》存“图国”“料敌”“治兵”“论将”“应变”“励士”等六篇。它比较集中地反映了战国时期的战争特点与吴起本人的兵学思想。

原文

5. 太宗曰：“《司马法》言：‘国虽大，好战必亡；天下虽安，忘战必危。’[1]此亦攻守一道乎？”

靖曰：“有国有家[2]者，曷尝不讲乎攻守也。夫攻者，不止攻其城击其陈

译文

5. 唐太宗问：“《司马法》上说：‘国家虽然强大，乐兵好战就必定灭亡；天下虽然太平，安恬忘战则必有危险。’这里讲的也是攻守统一的道理吗？”

李靖回答说：“凡是有国有家的，怎么能不讲求攻守之道呢？所谓进攻，不仅仅是指单纯的攻打敌人的城

而已，必有攻其心之术[3]焉。守者，不止完其壁[4]坚其陈而已，必也守吾气[5]而有待焉。大而言之，为君之道；小而言之，为将之法。夫攻其心者，所谓知彼者也；守吾气者，所谓知己者也。”

太宗曰：“诚哉！朕常临陈，先料敌之心与己之心孰审[6]，然后彼可得而知焉；察敌之气与己之气孰治[7]，然后我可得而知焉。是以知彼知己，兵家大要。今之将臣，虽未知彼，苟能知己，则安有失利者哉！”

靖曰：“孙武所谓‘先为不可胜’者，知己者也；‘以待敌之可胜’者，知彼者也。又曰：‘不可胜在己，可胜在敌。’[8]臣斯须[9]不敢失此诫。”

池和军阵，还必须拥有瓦解敌人军心的方法。所谓防守，也不是仅仅指完善城池的守备，巩固营阵的防御，还必须保持旺盛的士气，待机破敌。这从大的方面来说，是做国君的应该熟谙的道理；从小的方面来说，是做将领的必须掌握的方法。能够瓦解敌人的军心，这就是所谓的知彼；能够保持己方旺盛的士气，这就是所谓的知己。”

唐太宗说：“确是如此，我每逢临阵对敌，总是先分析敌人的作战企图与我方的作战意图谁更审慎周密，然后敌人作战企图是否高明，就可以知道了；察明敌人的士气与我军的士气谁更旺盛，然后我方能不能夺取胜利就可以知道了。所以说知彼知己是兵家所必须掌握的重要原则。现在的将领，即使是不了解敌人，但如果能够做到了解自己，怎么还会失利呢？”

李靖说：“孙武所说的‘先创造自己不会被敌人战胜的条件’，这便是知己；‘等待捕捉能够战胜敌人的机会’，这就是知彼。孙武又说：‘不会被敌人战胜的主动权操在自己的手中，能否战胜敌人则取决于敌人是否有隙可乘。’我时刻不敢违背这些警戒。”

注释

1 “国虽大”四句：语见《司马法·仁本》。意谓国家虽然强大，乐兵好战就必定灭亡；天下虽然太平，安恬忘战则必有危险。反映了古代兵家“慎战”与“备战”并重的战争观念。按，安，底本作“平”；忘，底本作“亡”，误，今据宋本《司马法》本文改正。

2 有国有家：先秦时期，诸侯的封地称作国，卿大夫的封邑叫做家。秦汉以后，国家合为一词。有国有家者，即指国家的统治者。

3 攻其心之术：指从精神上或思想上瓦解敌人的斗志，使之放弃抵抗的心理战战法。《三国志·蜀书·马谡传》裴松之注引《襄阳记》云：“夫用兵之道，攻心为上，攻城为下；心战为上，兵战为下。”

4 完其壁：完，完缮、巩固。壁，营垒。成语有“作壁上观”。

5 守吾气：保持我方将士的士气，做到毫不松懈。

6 孰审：哪一方更加审慎周密。孰，疑问代词，谁、哪一个。审，慎重、谨慎的意思。

7 治：安定、稳妥，这里是旺盛的意思。

8 “先为不可胜”，“以待敌之可胜”，“不可胜在己，可胜在敌”，此三句均出自《孙子·形篇》。意谓善于用兵的人，先要做到不会被敌人战胜，然后再捕捉时机战胜敌人。不会被敌人战胜的主动权操在自己的手中，而能否战胜敌人则取决于敌人方面是否有隙可乘。这是古代兵家著名“先胜”理论的核心内涵。

9 斯须：须臾、片刻。

原文

6. 太宗曰：“《孙子》言三军可夺气[1]之法：‘朝气锐，昼气惰，暮气

译文

6. 唐太宗问：“《孙子》中谈到瓦解剥夺敌军士气的方法是：‘军队刚投入战斗时士气饱满，过了一段时间，士气

归。善用兵者，避其锐气，击其惰归。'[2]如何？"

靖曰："夫含生禀血[3]，鼓作斗争，虽死不省[4]者，气使然也。故用兵之法，必先察吾士众，激吾胜气，乃可以击敌焉。吴起'四机'[5]，以气机为上，无他道也，能使人人自斗，则其锐莫当。所谓朝气锐者，非限时刻而言也，举一日始末为喻也。凡三鼓[6]而敌不衰不竭，则安能必使之惰归哉？盖学者徒诵[7]空文，而为敌所诱。苟悟夺之之理，则兵可任矣。"

就逐渐懈怠，到了最后，士气就完全衰竭了。所以善于用兵的人，总是先避开敌人初来时的锐气，而等到敌人士气懈怠衰竭时再去打击它。'这种说法怎么样？"

李靖答道："一切有生命有血性的生灵，为了自己的生存鼓起勇气进行斗争，至死也不知惧怕，这就是'气'使它这样的。所以用兵的方法，一定要先考察我军官兵的心理，激发起敢打必胜的勇气，这样才可以去进击敌人。吴起所说的气机、地机、事机、力机等'四机'，'气机'是被置放在首要的位置的，没有别的道理，因为只要能使每个士兵都敢于战斗，勇往直前，那么就会锐不可当。所谓'朝气猛锐'，并不是专指一日之中某个特定时间来说的，而只是举一天的开始和结束作为形象的比喻。已经经过前后'三鼓'的激战，而敌人的士气仍然是不衰不竭，又怎能使敌人一定会暴露懈怠虚隙呢？学习兵法的人，只知道背诵书本上空洞的条文，结果必被敌人所诱惑欺骗。假如能领悟剥夺敌人士气的道理，那么就可以让他领兵作战了。"

注释

1 夺气：挫伤、剥夺敌军的士气，使之丧失战斗意志。

2 “朝气锐”等六句:语出《孙子·军争篇》。这里,孙子以“朝”“昼”“暮”三段时间来形象地比喻战斗中士气的始、中、终三个不同阶段。意谓军队刚投入战斗时士气饱满充沛,过了一段时间,士气就逐渐懈怠,到了最后,士气就完全衰竭了。所以善于用兵的人,总是注意避开敌人初来时的锐气,而等到敌人士气懈怠衰竭时再予以打击。孙子认为这就是“四治”中的“治气”之法。归,止息。《广雅》:“归,息也。”可理解为衰竭、消失。

3 含生禀血:此处泛指一切有生命、有血性的生物。禀血,禀受于上天的血气。

4 省(xǐng):省悟、觉悟。

5 四机:语出《吴子·论将》。其云:“凡兵有四机:一曰气机,二曰地机,三曰事机,四曰力机。”具体的解释是:“三军之众,百万之师,张设轻重,在于一人,是谓气机;路狭道险,名山大塞,十夫所守,千夫不过,是谓地机;善行间谍,轻兵往来,分散其众,使其君臣相怨,上下相咎,是谓事机;车坚管辖,舟利橹楫,士习战陈,马闲驰逐,是谓力机。”可见所谓气机,即指将帅的坚毅、勇敢与否,对全军士气有重要影响。

6 三鼓:三鼓之说源于齐鲁长勺之战。《左传·庄公十年》(公元前684年)载,鲁军在长勺(今山东曲阜东北)打败来犯的齐军。战后曹刿向鲁庄公分析制胜原因时说:作战取胜在于勇敢,一鼓作气,再而衰,三而竭。敌军士气衰竭,我军士气正旺盛,所以一战而胜之。

7 诵:底本作“谓”,似误。今从《讲义》及《四库全书》抄本校改。

原文

7. 太宗曰:“卿尝言李勣能兵法[1],久可用否?然非朕控御,则不可用也,

译文

7. 唐太宗问道:“你曾经说过李勣他懂得兵法,天长日久还可以任用他吗?如果不是我亲自控御,就

他日太子治[2]若何御之？”

靖曰：“为陛下计，莫若黜[3]勣，令太子复用之，则必感恩图报，于理何损乎？”

太宗曰：“善！朕无疑[4]矣。”

可能不好使用了。将来太子李治即位，又怎么驾驭他呢？”

李靖回答说：“为陛下考虑谋划，不如现在由您罢黜李勣的官爵，将来让太子再重新起用他。这样，他一定会对太子感恩图报，这在情理上讲是没有任何妨碍的。”

唐太宗说：“很好！我再没有什么可疑虑了。”

注释

1 能兵法：通晓兵法，善于用兵作战。从新、旧《唐书》等史籍记载情况来看，李勣的确无愧于这样的评价。

2 太子治：即唐高宗。名治，字为善。唐太宗的第九个儿子。公元643年被立为太子，公元649年太宗驾崩，由他继位。其为人比较懦弱，宠信武则天，故在位后期大权逐渐旁落于武则天之手。

3 黜：免职、罢免。

4 疑：这里是疑虑、顾虑的意思。

原文

8. 太宗曰：“李勣若与长孙无忌[1]共掌国政，他日如何？”

靖曰：“勣，忠义臣，可保任也。无忌佐命[2]大功，陛下以肺腑之亲[3]，委之辅

译文

8. 唐太宗道：“李勣如果和长孙无忌共同执掌国家大政，将来会怎么样呢？”

李靖回答：“李勣是忠义之臣，（我）可以保证他能够胜任。长孙无忌有辅佐陛下开创基业的大功，陛

相，然外貌下士[4]，内实嫉贤，故尉迟敬德[5]面折其短[6]，遂引退焉。侯君集[7]恨其忘旧，因以犯逆[8]。皆无忌致其然也。陛下询及臣，臣不敢避其说。”

太宗曰：“勿泄也，朕徐思其处置。”

下又以肺腑之亲委任他做宰相。但是此人外表上礼贤下士，其实内心深处却忌贤妒能。所以尉迟敬德曾由于当面指责过他的短处，因害怕他报复而辞官退隐了。侯君集怨恨他忘掉旧情，以至参与了废立太子的叛逆活动而遭诛戮，这都是长孙无忌一手造成的。陛下既然问到我，我不敢避而不谈。”

唐太宗说：“此事不要泄露出去，待我慢慢考虑处置的办法。”

注释

1 长孙无忌：字辅机，河南洛阳人，唐初重臣，政治家、法律家，唐太宗长孙皇后之兄。曾助李世民发动玄武门之变夺得帝位，因以皇亲及元勋之功历任尚书右仆射、司空、司徒等要职，封赵国公。曾奉命与房玄龄等修定唐律，并受命辅立高宗。高宗即位，任太尉、同中书门下三品（宰相）。又奉命与律学之士对唐律逐条进行解释，成《唐律疏议》三十卷。后因反对高宗立武则天为后，触怒高宗，被放逐黔州，公元659年，自缢身亡。

2 佐命：古代帝王建立王朝，自谓奉天承运受命，故称辅弼之臣为佐命。这里是指长孙无忌在玄武门之变中所建立的特殊功勋。

3 肺腑之亲：帝王身边的最亲近者。因长孙无忌为皇后之兄，故这么说。

4 外貌下士：表面上对贤士谦恭有礼。

5 尉迟敬德：名恭，朔州善阳（今山西朔州）人。唐初大将。骁勇善战，隋末为刘武周部将，后归唐，曾参与击败王世充、镇压窦建德、刘黑闼起义军的战事，多有战功。在玄武门之变中助李世民夺取帝位。贞观间历任泾州道行军总管、襄州都督之职。始封吴国公，后改封鄂国公。晚年笃信方术，闭门不出，卒于公元658年。

6 面折其短：当面犯颜指责其缺点。

7 侯君集：豳州三水（今陕西旬邑）人。唐初大将。以雄才著称于世。随唐太宗征伐有功，先后任左虞候、车骑将军、右卫大将军、兵部尚书、吏部尚书等职，封潞国公。公元635年从李靖攻吐谷浑。公元639年任交道河行军大总管。次年，平定高昌。公元643年，因参与废太子承乾的谋反活动，而被诛杀。

8 犯逆：叛乱，谋反。这里指侯君集参与废太子李承乾夺位的阴谋活动。

原文

9. 太宗曰："汉高祖能将将，其后韩、彭[1]见诛，萧何下狱[2]，何故如此？"

靖曰："臣观刘、项[3]皆非将将之君。当秦之亡也，张良本为韩报仇，陈平[4]、韩信皆怨楚不用，故假汉之势自为奋尔。至于萧、曹[5]、樊[6]、灌[7]，悉由亡命[8]，高祖因之以得天下。设使六国之后复立，人人各怀其旧，则虽有能将将之才，岂为汉用哉？臣谓汉得天下，

译文

9. 唐太宗问道："人们都说汉高祖刘邦善于统御将领，可到后来韩信、彭越等人都被他杀掉了，萧何也被投入了监狱，为什么会弄得这般地步呢？"

李靖回答说："据我观察，刘邦、项羽都不是善于统御将领的君主。当秦朝将要灭亡的时候，张良本来是为了替韩国报仇，陈平、韩信都因怨恨项羽不肯重用自己，所以才投靠刘邦，希望凭借其势力而使自己出人头地。至于萧何、曹参、樊哙、灌婴等人，起初都是一些亡命之徒，汉高祖刘邦就是借助这些人的力量才夺得天下。假设让六国的后人复位立国，那么这些人就必然会各自怀念其故国旧主，在这种情况下即使刘邦有统御将领的才能，他们又怎么会为刘邦所任用驱使呢？我

由张良借箸之谋[9],萧何漕輓之功[10]也。以此言之,韩、彭见诛,范增[11]不用,其事同也。臣故谓刘、项皆非将将之君。”

认为汉朝之所以能得天下,是因为张良战略谋划的高明和萧何后勤保障的出色。从这个意义上来说,韩信、彭越的被杀与范增的不得重用,是同样性质的事情。所以我才说:刘邦、项羽两人都不是善于统御将领的君主。”

注释

1 韩、彭:韩信与彭越。韩信注见《卷上》。彭越,字仲,昌邑(今山东金乡西北)人,军事家,汉初诸侯王。早年为盗,秦末聚众起义。楚汉战争爆发后,归从刘邦,在项羽后方开展游击战,略定梁地(今河南东南部),屡次截断项羽粮道,很好地配合了刘邦在成皋正面战场上的防御作战,对实现楚汉战争双方优劣态势的转换起到了重要作用。后率兵从刘邦击灭项羽于垓下(今安徽灵璧南)。汉朝建立,因功封梁王,都定陶。后受人诬告,以谋反罪名目为刘邦、吕后所残酷杀害。

2 萧何下狱:萧何,沛县(今江苏沛县)人。汉初大臣,著名政治家。与刘邦同乡,并相友善。曾为沛县主吏掾。后随刘邦起兵反秦。楚汉战争中,荐韩信为大将,他以相国身份留守关中,输送士卒粮饷到前线,支援作战,对战胜项羽,建立西汉王朝贡献甚大。因功封酂侯,为汉相国,定律令制度,并协助刘邦翦除韩信、彭越、英布等异姓诸侯王。萧何下狱,指汉高祖十二年(公元前 195 年),萧何因奏请开放上林苑供百姓耕种,触怒刘邦,被认为是在收买民心,以致被下狱之事。

3 项:项羽(公元前 232—前 202 年),名籍。秦末农民起义领袖,下相(今江苏宿迁西南)人,出身楚国贵族。在反秦斗争中,他击破秦军主力于钜鹿(今属河北),为推翻秦朝残暴统治做出了决定性贡献。灭秦后,他自立为西楚霸王,大封诸侯。在随后爆发的楚汉战争中,他与刘邦争战四年,终因战略上的失误,逐渐丧失优势,由强转弱,最后被刘邦彻底击败,自垓下突围至乌江(今安徽和县东北)自杀。

4 陈平:阳武(今河南原阳东南)人。汉初著名政治家、谋略家。秦末农民起义爆发后,他先投魏王咎,为太仆。后随项羽入关,为都尉,因不受重用旋归刘邦,为护军中尉。陈平为人多机智,富谋略,曾建议用反间计使项羽疏远范增,并主张以爵位笼络大将韩信,均为刘邦所采纳。汉朝建立后,被封为曲逆侯。并与周勃等人一起,翦除诸吕势力,巩固西汉的统治秩序。

5 曹:曹参。汉初著名政治家、军事家。与刘邦同乡,曾为沛县狱吏。秦末从刘邦起义,屡建战功。汉朝建立后,封平阳侯,曾任齐相九年。协助高祖平定陈豨、英布等异姓诸侯王的叛乱。萧何去世后,他继任汉相国,一遵萧何的方针、政策,故史家有“萧规曹随”之说。

6 樊:樊哙。汉初功臣。出身微贱,沛县(今江苏沛县)人。随刘邦起义后,战功卓著。汉朝建立后,又助刘邦先后平定臧荼、陈豨和韩王信的叛乱,以军功及刘邦连襟的关系,任左丞相,封舞阳侯。

7 灌:即灌婴。西汉名将、大臣。睢阳(今河南商丘南)人,初以贩卖丝绸为业,秦末农民战争中随刘邦转战各地。楚汉战争时,隶属韩信指挥,任骑军主将,多建军功。刘邦称帝,他任车骑将军,封颍阴侯。后与陈平、周勃共同平定吕氏的叛乱,拥立汉文帝,任太尉,不久任丞相。

8 亡命:本意是指逃亡在外,不著姓名于簿册。这里引申为奋不顾身、忘我拼杀的意思。

9 张良借箸之谋:楚汉战争进入相持阶段后,刘邦正面战场态势不利,谋士郦食其劝说刘邦立六国后代,共同攻楚。刘邦在吃饭时将此事告诉了张良,并征询他的意见。张良认为此计不可行,便当即借用刘邦的筷子(箸)来摆画当时的形势,指出如果恢复六国,则天下游士各归其主,谁还来帮助刘邦争夺天下。刘邦大悟,遂不用郦食其之策。

10 萧何漕輓之功:楚汉相争中,刘邦多次失利,军粮和兵源均发生很大困难。幸赖萧何在关中安定后方，不断由水、陆路运送粮秣、壮丁支援前线，才使刘邦扭转局势，为最后战胜项羽提供了物质保障。漕輓，运输粮饷，水运曰漕，陆运曰輓。

11 范增：项羽的主要谋士。居巢（今安徽桐城南）人。为人足智多谋，辅佐项羽称霸诸侯，被项羽尊称为“亚父”。他曾多次劝项羽杀刘邦，以绝后患，但不为项羽所采纳。后项羽中刘邦的反间之计，怀疑范增并削减其权力。范增灰心失望，忿然离去，病死于途中。

太宗曰：“光武中兴[1]，能保全功臣，不任以吏事[2]，此则善于将将乎？”

靖曰：“光武虽藉前构[3]，易于成功，然莽势不下于项籍，寇、邓[4]未越于萧、张，独能推赤心，用柔治，保全功臣，贤于高祖远矣！以此论将将之道，臣谓光武得之。”

唐太宗问道：“汉光武帝刘秀中兴汉室以后，能够保全功臣，但又不让他们掌管政事。这就是善于统御将领吧？”

李靖答道：“光武帝虽然是凭借前人的基业，容易获得成功，然而王莽势力之大实不亚于项羽，寇恂、邓禹等人的才能却并不比萧何、张良来得高明，可是光武帝却独能以至诚待人，用温和的柔道治理天下，保全功臣，这就比汉高祖高明多了。从这些事例来考察评论统御将领的方法，我认为光武帝他算是得到了真谛。”

注释

1 中兴：由衰落而重新兴盛。

2 不任以吏事：指光武帝刘秀不让功臣掌管具体的行政事务。

3 藉前构：藉，凭借、依靠、利用。前构，前人缔造的事业，前人创造的基础。

4 寇、邓：寇，指寇恂（？—公元36年），字子翼，东汉初上谷昌平（今属北京)人。东汉开国功臣。世为地方豪强,从刘秀平定河南,任太守,行大将军事,转运军需,支援刘秀征战,并与冯异镇压绿林军苏茂、贾强等部。后任颍川、汝南诸郡太守,封雍奴侯。邓,即邓禹(公元 2—58 年),字仲华,南阳新野(今河南新野)人。东汉开国功臣。早年曾和刘秀一起求学长安,深沉有大度。刘秀起兵后,他戎马倥偬,多立战功,拜为前将军,率军入河东,镇压绿林军王匡、刘均等部。刘秀称帝后,任大司徒,封酂侯。刘秀统一全国后,改封高密侯。明帝即位,拜为太傅。

原文

10. 太宗曰:"古者出师命将,斋[1]三日,授之以钺[2],曰:'从此至天,将军制之。'[3]又授之以斧,曰:'从此至地,将军制之。'[4]又推其毂[5],曰:'进退唯时[6]。'既行,军中但闻将军之令,不闻君命。[7]朕谓此礼久废,今欲与卿参定遣将之仪,如何?"

靖曰:"臣窃谓圣人制作,致斋于庙

译文

10. 唐太宗说:"古人出兵作战任命主帅时,君主都必须要事先斋戒三日,然后举行隆重的仪式,将象征权威的大钺授予将帅,并宣布说:'从这里上至九天,一切事情都由将军裁决。'又把象征生杀之权的大斧授给将帅,并宣布说:'从这里下至九地,一切事情均由将军裁决。'然后又推动将帅乘坐的车子,宣布说:'军队的进攻退却,都必须做到适时,恰到好处。'军队出发之后,军中只听从将军的命令,不再接受君主的指示。我认为这种礼仪制度已长久被废弃,今天我想要和你一起参照古代的礼制,制定新的遣将仪式,你认为如何?"

李靖回答道:"臣下我私下认为,古代圣贤制定在宗庙举行斋戒仪式,这是为了假借神灵的威力;授予将帅斧钺和推动将帅的车子,这是为了赋予将帅以机断指挥

者，所以假威于神也；授斧钺又推其毂者，所以委寄以权也。今陛下每有出师，必与公卿议论，告庙[8]而后遣，此则邀以神至矣。每有任将，必使之便宜从事[9]，此则假以权重矣，何异[10]于致斋推毂邪？尽合古礼，其义同焉，不须参定。”

上[11]曰：“善。”乃命近臣书此二事，为后世法。

的权力。如今陛下每当出师作战时，都必定先同大臣们商议，并祭告宗庙，然后再遣将出征，这样假威于神灵的礼仪已经完全做到了。每当您任命大将，总让他们机断处置，便宜行事，这样赋予将帅的权力已经足够充分了，这与古代的斋戒及推扶将帅车子又有什么区别呢？完全合乎古代的礼仪，其意义是一样的。因此没有必要参照古制重新制定任将的仪式了。”

唐太宗说：“说得真好！”于是命令近臣将这两件事记录下来，作为后世命将出征所必须遵循的规范。

注释

1 斋：斋戒。古人在祭祀或举行重大典礼之前沐浴更衣，不饮酒，不食荤，以洁身清心，表示虔诚。

2 钺：古代兵器，用于斫杀，形状如同大斧，可安装长柄，春秋后逐渐退出实战领域，与斧一起多用来象征军权。

3 从此至天，将军制之：谓将帅拥有战场机断指挥权限。《六韬·龙韬·立将》：“从此上至天者，将军制之。”

4 从此至地，将军制之：类似的观点，亦见于《六韬·龙韬·立将》：“从此下至渊者，将军制之。”

5 毂：指车轮中心的圆木，中有圆孔，用以贯穿车轴，也通常用作战车的通称。

6 进退唯时：谓军队的进退攻防等行动均要根据战场情势随时应变，灵

活处置。时，时机。《孙子·谋攻篇》曹操注引《司马法》："进退惟时，无曰寡人也。"

7 军中但闻将军之令，不闻君命：意谓在军事行动中，主将拥有全权，不受君主的遥相掣肘。《汉书·张陈王周传》："军中闻将军之令，不闻天子之诏。"

8 告庙：古代凡有征伐等大事，必先告于祖先之庙，以求得佑助。《司马法·仁本》："乃告于皇天上帝日月星辰，祷于后土四海神祇山川冢社，乃造于先王。"即告庙的基本形式。

9 便宜从事：指不待上奏君主，将帅即自行决断处置的意思。便宜，一切以方便、合宜为原则。

10 异：底本作"与"，疑误，今据《四库全书》抄本及《讲义》《直解》校改。

11 上：底本作"靖"，显误，今依据《四库全书》抄本及《讲义》《直解》诸本校正。

原文

11 太宗曰："阴阳术数，废之可乎？"

靖曰："不可。兵者，诡道也。托之以阴阳术数则使贪使愚，兹[1]不可废也。"

太宗曰："卿尝言天官时日，明将不法，暗者[2]拘之，废亦宜然。"

译文

11 唐太宗问道："阴阳术数，废弃不用可以吗？"

李靖回答说："不可以。用兵打仗，以诡诈奇谲为原则。假托阴阳术数，就可以驾驭和驱使那些贪婪或愚昧的人。所以不能废除。"

唐太宗又问："你曾经说过：'天官时日这一套东西，明智的将帅是从不依托取法的，只有愚昧昏庸的将领才会受它的拘束。'所以废掉它也是应该的吧？"

靖曰："昔纣以甲子[3]日亡，武王以甲子日兴。天官时日，甲子一也。殷[4]乱周治，兴亡异焉。又宋武帝[5]以往亡日起兵[6]，军吏以为不可。帝曰：'我往彼亡，'果克之。以此言之，可废明矣。然而田单[7]为燕所围，单命一人为神，拜而祠之。神言：'燕可破。'单于是以火牛出击燕，大破之。此是兵家诡道，天官时日亦犹此也。"

李靖答道："从前商纣王在甲子日那天灭亡，而周武王却在甲子日那天获得成功。按照天官时日，同是甲子这一天，结果却是殷朝败乱周朝兴盛，截然不同。又如，南北朝时的宋武帝要在〔阴阳术数家认为最不吉利的〕'往亡日'出兵征伐南燕，他手下的军官们都认为不应该出兵。宋武帝却说：'我去进攻，他们灭亡。'果然打败了南燕。由这些事例来说，阴阳术数这一套可以废弃是显而易见的。然而战国时齐将田单被燕军围困在即墨孤城之中，田单便让一人假装神怪，亲自礼拜侍奉。这个装神的士兵故意预言道：'燕军可以被打败。'于是田单就用火牛出击，大破燕军。这就是军事上的诡诈之道，利用天官时日，也就是这个道理。"

注释

1 兹：这、此。

2 暗者：愚庸昏昧的人。

3 甲子：甲，居十(天)干的第一位。子，居十二(地)支的第一位。古代人们以干支依次相配，如甲子、乙丑、丙寅……六十为一纪，循环往复。相传是黄帝时大挠所作，借以纪日，后又用以纪年、月、时。

4 殷：朝代名，即商朝，成汤伐灭夏桀后所建立。商代中叶，盘庚迁都于殷(在今河南安阳市)，故商亦称为殷。传至帝辛(纣王)时为周所灭。

5 宋武帝：即刘裕(公元 366—422 年)，南朝宋的建立者。字德舆，小名寄奴，彭城（今江苏徐州）人，后迁居京口（今江苏镇江）。曾为东晋北府兵将领，从刘牢之镇压孙恩、卢循武装举事。义熙元年（公元405年）击败桓玄，控制东晋实权。义熙六年（公元410年）率军攻伐南燕，遂平之，后又灭亡后秦。官至相国，封宋王。元熙二年（公元420年）代晋称帝，国号宋。

6 往亡日起兵：往亡日，凶险不祥的日子，也称天门日。旧历每月都有。古人迷信，认为是日诸多禁忌，《堪舆经》云："往者去也，亡者无也。其日忌拜官上任，远行归家，出军征讨，婚娶寻医。"往亡日起兵，指义熙六年（公元410年）二月时为晋军主帅的刘裕率师讨伐南燕时，定于丁亥日全军攻城。其部下有人对他说丁亥日是二月的"往亡日"，不利出兵作战。刘裕却表示"我往彼亡，何为不利"。遂按原计划四面急攻，果获大胜，俘虏南燕王慕容超，胜利而还。

7 田单：战国中期齐国临淄（今山东淄博市）人。初为市吏，燕将乐毅破齐时，田单坚守即墨（今山东平度东南）孤城，与燕军相抗衡。他首先用反间计诱使燕惠王以骑劫替代乐毅，造成燕军内部人心涣散。接着设计让燕军发掘齐人坟墓，割去齐军战俘鼻子，激起齐人愤慨之情，并派人向燕军诈降，使燕军麻痹松懈。一切就绪之后，田单以火牛千头、士卒五千杀出城去，猛攻敌阵，斩杀骑劫，大破燕军。并乘胜追击，一举收复失地七十余座城池，终使濒临灭亡的齐国转危为安。田单本人因功被齐襄王任为相国，封安平君。齐王建元年（公元前264年）入赵，被任为相国，封平都君。

原文

太宗曰："田单托神怪而破燕，太宗焚蓍龟[1]而灭纣，二事

译文

唐太宗接着问："田单假托神怪显灵，结果击败了燕国军队；姜太公烧毁用于占卜的蓍草和龟甲，结果灭掉了商纣王。这两件事做法相反，〔但获得成功的

相反,何也?"

靖曰:"其机一也[2]。或逆而取之,或顺而行之是也。昔太公佐武王,至牧野遇雷雨,旗鼓毁折[3]。散宜生[4]欲卜吉而后行,此则因军中疑惧,必假卜以问神焉。太公以谓腐草枯骨无足问[5],且以臣伐君[6],岂可再乎?然观散宜生发机于前,太公成机于后,逆顺虽异,其理致则同。臣前所谓术数不可废者,盖存其机于未萌也。及其成[7]功,在人事而已。"

结局一样],这是为什么?"

李靖回答:"他们在善于抓住事物契机这一点上是一致的。一个是采取了破除迷信的方法而取得了成功,另一个是采取了利用迷信的方法而赢得了胜利。当年姜太公辅佐周武王去讨伐商纣王,进军到牧野,忽然遇上雷雨,旗鼓都被折断毁坏了。大夫散宜生提出先占卜吉凶然后再行动,这是因为当时军中对雷雨毁坏旗鼓一事疑惑恐惧,所以必须假借占卜来安定军心。姜太公却认为腐草枯骨不值得一问,更何况周武王是以臣子的身份讨伐君主,怎么能等待吉日再行动呢?然而,看起来散宜生有意提出占卜问题在前,姜太公见机行事否定占卜在后,虽然他们的做法全然不同,但是随机应变、成就大事的动机和道理却是一致的。我在前面所说的阴阳术数不可废弃,那是在事情还没有露出苗头时,利用它去控制人们的心理。至于事情的最后成功,却完全在于人的主观努力。"

注释

1 蓍龟:指卜筮。蓍草和龟壳,均为古代占卜用的工具。筮用蓍草,卜用龟壳。姜太公焚蓍龟而灭纣,见于《史记·齐太公世家》等典籍的记载。

2 其机一也:指不论是假托神意,还是摈弃迷信,其在善于把握事物契机这一点上是完全一致的。机,可理解为制胜的契机。

3 毁折：毁坏。《孙子·形篇》："鸷鸟之疾，至于毁折者，节也。"

4 散宜生：西周初年大臣。初闻西伯（即周文王）善养老，与闳夭、太颠等往归之，忠心辅佐文王，成为文王四友之一和得力助手。文王被纣囚禁时，散宜生等人把有莘氏之女、骊戎的宝马等进献给纣王，终使文王获释。后来他还曾协助周武王伐纣灭商。

5 腐草枯骨无足问：意谓占卜求筮等迷信活动均无用处，理应抛却。腐草枯骨，指蓍草和龟壳。

6 以臣伐君：当时殷商王朝是天下共主，而西方的周国则是臣属于商的方国。彼此之间，存在着一种所谓的君臣关系。周武王讨伐商纣，从表面上看乃是一种以臣伐君、犯上作乱的行为。

7 成：底本无此字，疑误。今据《四库全书》抄本、《讲义》《直解》诸本校改。

原文

12. 太宗曰："当今将帅，唯李勣、道宗、薛万彻。除道宗以亲属外，孰堪大用[1]？"

靖曰："陛下尝言勣、道宗用兵，不大胜亦不大败；万彻若不大胜，即须大败。臣愚思圣言，不求大胜亦不大败者，节制之兵也；或大胜或大败者，幸[2]而成功者也。故孙

译文

12. 唐太宗问道："当今较杰出的将领，只有李勣、李道宗、薛万彻。在这三人中，除了道宗是皇室亲属之外，谁还可以重用呢？"

李靖回答说："陛下您曾经说过，李勣、道宗指挥作战，不能夺取大的胜利，但也不致遭到大的失败；薛万彻用兵打仗，如不是获得大胜，就一定会遭到大败。我想到圣上您曾说过：不求大胜也不遭大败的军队，是训练有素的军队；要么大胜要么大败的军队，是侥幸获得成功的军队。所以孙武说：'善于用兵打仗的人，总是确保

武云:‘善战者,立于不败之地,而不失敌之败也。’[3] 节制在我云尔[4]。”

自己立于不败之地,同时不放过任何击败敌人的机会。’说的就是部队能否训练有素,完全在于我们自己。”

注释

1 孰堪大用:指李勣和薛万彻两位大将中,哪一位可以重用。堪,可以、值得。大用,重用、无保留地任用。

2 幸:侥幸的意思。

3 “善战者”三句:语出《孙子·形篇》。意谓善于用兵打仗的人,总是确保自己牢牢地立于不败之地,同时不放过任何击败敌人的机会。

4 节制在我云尔:意谓部队能否做到训练有素,这完全在于自己。

原文

13. 太宗曰:“两陈相临,欲言不战,安可得乎?”

靖曰:“昔晋师伐秦,交绥而退。[1]《司马法》曰:‘逐奔不远,纵绥不及。’[2] 臣谓绥者,御辔[3]之索也。我兵既有节制,彼敌亦正行伍[4],岂敢轻战哉?故有出而交绥,退而不逐,各防其失败者也。孙武云:‘勿击堂堂之陈,无邀正正之旗。’[5] 若两陈体均

译文

13. 唐太宗问道:“两军对阵,要想不交战,怎样才能办得到呢?”

李靖回答说:“从前,晋国的军队去攻打秦国,双方刚一接触就退兵不战了。《司马法》上讲:‘追击战败溃逃的敌人不过远,追逐主动退却的敌人不迫近。’我认为‘绥’就是驾驭马匹的缰绳。我方部队既是训练有素,敌方部队也是队列整肃,这样双方怎敢轻易交战呢?所以才出现临战而退,退而不追的情况,大家都是为了预防遭到失败。孙武说:‘不要去拦击旗帜整齐的敌人,不要去进攻阵容

势等[6],苟一轻肆[7],为其所乘,则或大败,理使然也。是故兵有不战,有必战,夫不战者在我,必战者在敌。”

太宗曰:“不战在我,何谓也?”

靖曰:“孙武云:‘我不欲战者,画地而守之,敌不得与我战者,乖其所之也。’[8]敌有人焉,则交绥之间未可图也,故曰不战在我。夫必战在敌者,孙武云:‘善动敌者,形之,敌必从之;予之,敌必取之。以利动之,以本待之。’[9]敌无人焉,则必来战,吾得以乘而破之,故曰必战者在敌。”

堂皇的敌人。’假若敌我双方势均力敌,一旦轻举妄动,为敌人所乘,就会惨遭大败,这乃是非常自然的道理。所以说用兵作战,有时不能打,有时又必须打。不能打是因为我方胜利条件不充分,必须打是由于敌方有可乘之机。”

唐太宗又问道:“不同敌人交战,关键在于自己,这是什么意思呢?”

李靖回答说:“孙武说过:‘我军不想交战时,即使是画地防守,敌人也无法同我交锋,这是因为我们诱使敌人改变了进攻的方向。’如果敌人军中有善于指挥的人,那么在两军交锋未久之时是不能图谋打败敌人的。所以说,不同敌人进行决战,是因为我方胜利的条件尚不充分。至于必须打是因为敌人有可乘之机,孙武说:‘善于调动敌人的将帅,伪装假象迷惑敌人,敌人便会听从调动;用小利引诱敌人,敌人就会前来争夺。用这样的办法积极调动敌人,再预备重兵伺机掩击它。’如果敌军之中没有深明韬略的人,那么就必定会轻率来交战,我正可乘机击破它。所以说:必须打是在于敌人给我们提供了可乘之机。”

注释

1 晋师伐秦,交绥而退:事见《左传·文公十二年》的记载,但为秦师伐晋，而非晋师伐秦。是年(公元前615年)冬，秦国为报五年前令狐之役为晋所破之仇，发兵攻伐晋国。晋军主将赵盾统率军队在河曲(今山西永济境内)迎击秦军。秦军袭击晋军的上军，晋将赵穿带领他的部下迎战秦军，由于两军将士战志不坚，结果双方刚一接触就彼此主动后撤了，没有发展为两军主力进行决战。《左传》称此为交绥而退。绥，甲士登上战车时手拉的绳索。

2 逐奔不远，纵绥不及：语见《司马法·天子之义》。意谓追击战败溃逃的敌人不过远，追逐主动退却的敌人不迫近。纵，通"从"，跟踪追击。绥，这里是指主动退却，旧说，不战而退军谓之绥。

3 辔：战车上驾驭马匹的缰绳。

4 正行伍：指队伍整肃、阵容严整的部队。行伍，是古代军队的编制单位，引申为军队的代称。《司马法·严位》云："凡战之道，等道义，立卒伍，定行列，正纵横，察名实。"

5 勿击堂堂之陈，无邀正正之旗：语出《孙子·军争篇》。原文作"无邀正正之旗，无击堂堂之陈"。这是孙子"四治"中的"治变"之道。意谓不要截击旗帜齐正、队伍整治之敌，不要去攻击阵容壮大、实力雄厚之敌。邀，遮留、阻截、截击。正正，严整的样子。堂堂，壮大、实力雄厚的意思。

6 体均势等：谓实力接近，态势优劣相同。

7 轻肆：轻佻、不慎重，轻举妄动。

8 "我不欲战者"四句：语出《孙子·虚实篇》。画，界线，指画出界线。《论语·雍也》："力不足者，中道而废，今女画。"画地而守，即据地而守，喻指防守颇易。乖，违、相反。《论衡·薄葬》："各有所持，故乖不合。"这里是改变、调动的意思。

9 "善动敌者"七句：语出《孙子·势篇》。按，十一家注《孙子》本"以本待之"作"以卒待之"。形之，用作动词，即示形，示敌以假象。

原文

14. 太宗曰:“深乎,节制之兵!得其法则昌,失其法则亡。卿为纂述历代善于节制者,具图来上[1],朕当择其精微[2],垂于后世。”

靖曰:“臣前所进黄帝、太公二陈图,并《司马法》、诸葛亮奇正之法,此已精悉[3]。历代名将,用其一二,而成功者亦众矣。但史官[4]鲜克知兵,不能纪其实迹焉。臣敢不奉诏[5],当纂述以闻。”

译文

14. 唐太宗说:“节制之兵的道理真是深奥极了!掌握了这个法则就会昌盛,背离了这个法则就会灭亡。请你把历史上善于节制军队的事例汇编起来,并绘制成图呈送上来,我要选择其中道理最深奥精妙的内容,使之传于后世。”

李靖说:“我以前所进呈的黄帝、姜太公两种阵图,以及《司马法》、诸葛亮论述奇正的兵法,已经是很详备了。历代的名将,只运用其中的一两条道理而取得成功的,为数众多。但是史官中很少有人懂得军事,所以没能把这方面的史实记载下来。我一定遵照您的指令,把有关史实编纂成书,向您呈报。”

注释

1 具图来上:将汇编后的善于节制军队的事例,一一绘制成图呈送给皇帝御览审定。

2 精微:即精华,最深奥的道理,最精妙的内涵。

3 精悉:精细详尽的意思。

4 史官:指古代官廷中记载国事和君主言行的专职人员。按,史官在中国古代起源甚早。西周有太史寮,其职能除记录历史史实外,还主掌祭祀、教育、历法等要务,与行政部门的“卿事寮”相伉颉。另外先秦史书中亦有“左史记言,右史记事”等说法。

5 敢不奉诏:这里是一定遵命照办的意思。

原文

15. 太宗曰:“兵法孰为最深者?”

靖曰:“臣常分为三等,使学者当渐而至焉。一曰道[1],二曰天地[2],三曰将法[3]。夫道之说,至精至微,《易》[4]所谓‘聪明睿智神武而不杀[5]’者是也。夫天之说阴阳,地之说险易。善用兵者,能以阴夺阳,以险攻易。孟子[6]所谓‘天时地利[7]’者是也。夫将法之说,在乎任人利器[8]。《三略》所谓‘得士者昌’,管仲所谓‘器必坚利[9]’者是也。”

译文

15. 唐太宗问道:“古代的兵法中,哪一家最为精深?”

李靖回答说:“我曾经把兵法分为三等,以便让学习的人循序渐进,逐步达到精通的境界。这三等一是‘道’,二是‘天地’,三是‘将法’。所谓‘道’,那是最为微妙最为精深的理论,也就是《易经》中所说的‘无所不闻,无所不见,无所不知,无所不通,变化莫测,戡定祸乱而不用借助于刑威’的那种最高智慧。所谓‘天’,是指阴阳寒暑;所谓‘地’,是指远近险易。善于用兵作战的人,能以阴柔制服阳刚,能立足于不利地形战胜占据有利地形的敌人。这也就是孟子关于上应天时,下顺地利的说法。所谓‘将法’,主要在于选用人才和完善武器装备。《三略》所说的得到贤能之士就昌盛,管仲所说的武器装备必须坚固锋利,指的就是这方面的道理。”

注释

1 道:规律、法则。此处可以理解为人事兴衰成败的道理。《孙子·计篇》

云:“道者,令民与上同意也,故可以与之死,可以与之生,而不畏危。”

2 天地:天,此处指昼夜、冷暖、四季等自然气候条件的变化。《孙子·计篇》云:“天者,阴阳、寒暑、时制也。”地,此处指地利条件,包括征途的远近,地势的险易,作战区域的广阔或狭窄,地形对攻守的利弊等。《孙子·计篇》云:“地者,远近、险易、广狭、死生也。”

3 将法:将,这里是指将帅应具备的品质:足智多谋,赏罚有信,爱抚士卒,勇敢坚毅,严于律己。《孙子·计篇》:“将者,智、信、仁、勇、严也。”法,这里是指有关军队的制度,即军队的编制,将吏的管理,军需的掌管等。《孙子·计篇》:“法者,曲制、官道、主用也。”李靖所说的“三等”,即《孙子·计篇》中所说的“五事”体系,但“道”的含义不同。

4《易》:即《周易》,亦称《易经》。儒家重要经典之一。内容包括《经》和《传》两部分。《经》主要是六十四卦和三百八十四爻,卦、爻各有说明(卦辞、爻辞),作为占卜之用。旧传伏羲画卦,文王作辞,说法不一。其萌芽期有可能早在殷周之际。《传》包括解释卦辞、爻辞的七种文辞共十篇,统称《十翼》,旧传系孔子所作。据近人研究,其大抵是战国或秦汉之际的儒家作品,并非出自一时一人之手。《易》通过八卦形式(象征天、地、雷、风、水、火、山、泽八种自然现象),推测自然和社会的变化。认为阴阳两种势力的相互作用是产生万物的根源,提出“刚柔相推,变在其中矣”等富有朴素辩证法的观点。今通行本有魏王弼、晋韩康伯注本,唐李鼎祚的《周易集解》等。

5 聪明睿智神武而不杀:语出《易·系辞上》。聪,无所不闻;明,无所不见;睿,无所不通;智,无所不知;神,变化莫测;武,能够戡定祸乱;不杀,谓不依靠武力征服天下,而是做到以德服人,使远近均来归附。

6 孟子:名轲(约公元前372—前289年)。战国中期杰出的儒家学派代表人物,思想家、政治家、教育家。邹(今山东邹城东南)人。受业于子思之门人。曾游历齐、宋、滕、魏等国,并一度任齐宣王客卿。因自己政治主张不被采纳,遂退而与弟子万章、公孙丑等著书立说,著有

《孟子》七篇。提出“民贵君轻”之说，主张法先王，行仁政，省刑薄敛，缓和阶级矛盾，提倡“性善”说，强调存心养性，主张养“浩然之气”。在战争观上，反对当时盛行的兼并战争。其学说丰富和发展了孔子的思想，在后世产生过相当深远的影响，有儒家“亚圣”之称。

7 天时地利：语见《孟子·公孙丑下》。原文为“天时不如地利，地利不如人和”。这是孟子战争观念的集中体现，即民心向背决定着战争的胜负成败。《问对》此处征引，主要是强调天时、地利条件为用兵之重要因素，与《孟子》原文本义略有差别。

8 任人利器：意谓任用贤德有能之人，便利攻守战斗之武器装备。

9 器必坚利：《管子》原文为“所谓攻战之器，必欲坚利者”。意思是说用于作战的武器一定要坚硬锋利，这是《管子》书“凡兵有大论，必先论其器”思想的具体反映。

原文

太宗曰：“然。吾谓不战而屈人之兵者[1]，上也；百战百胜者[2]，中也；深沟高垒以自守者[3]，下也。以是较量，孙武著书，三等皆具焉。”

靖曰：“观其文，迹[4]其事，亦可差别矣。若张良、范蠡、孙武，脱然高引，不知所往，[5]此非知道，安能尔乎？若乐毅、管仲、

译文

唐太宗说：“是这样。我认为不经过交战而使敌人屈服投降的，是上等；百战而百胜的，是中等；深沟高垒善于防守的，是下等。按照这个标准去衡量，在孙武的军事著作中，三等都已具备了。”

李靖说：“研究古人的著述，考察古人的事迹，也还可以看出古人之间的差别来。比如张良、范蠡、孙武三人，功成名就之后急流勇退，飘然高隐，不知所终。如果这不是深谙‘道’的精微，怎能做到这一步呢？又譬如乐毅、管仲、诸葛亮等

诸葛亮，战必胜，守必固，此非察天时地利，安能尔乎？其次王猛之保秦，谢安[6]之守晋，非任将择才，缮完自固，安能尔乎？故习兵之学，必先由下以及中，由中以及上，则渐而深矣。不然，则垂空言，徒记诵，无足取也。”

太宗曰：“道家[7]忌三世为将者[8]，不可妄传也，亦[9]不可不传也，卿其慎之。”

靖再拜出，尽传其书与李勣。

人，在用兵上战必胜，守必固，如果不是明察天时地利，又怎么能做到这样呢？再者有如王猛之保全前秦，谢安之捍卫东晋，如果不是善于任用良将选拔人才，完善防御以求自固，又怎能做到这一点呢？因此学习兵法，必须是先从下等到中等，再由中等臻于上等，这样就能由表及里、由浅入深了。不这样的话，就只会纸上谈兵，死背教条，那是完全不值得取法的。”

唐太宗说：“道家忌讳三代人世传为将帅，其真意是说兵法不可妄传，但也不能不传。你要慎重其事，使兵法传得其人。”

李靖再一次执臣子之礼，跪拜之后告辞而退，将他的兵书战策全部传授给了李勣。

注释

1 不战而屈人之兵者：语出《孙子·谋攻篇》。原文为“不战而屈人之兵，善之善者也”。这是孙子以及其他古代兵家一致推崇和汲汲追求的用兵最理想境界。

2 百战百胜者：语出《孙子·谋攻篇》。原文为“百战百胜者，非善之善者也”。意谓通过战场浴血奋战而夺取胜利，是次一等的境界。

3 深沟高垒以自守者：语意出自《孙子·虚实篇》。原文为“故我欲战，敌虽高垒深沟，不得不与我战者，攻其所必救也”。《问对》此处是把构筑阵地只求退保自守看作是用兵上较低级的境界。

4 迹：推究、考求的意思。

5 脱然高引，不知所往：意谓张良、范蠡、孙武等人功成名就之后，就毫无牵挂地超然引退，隐居他乡，不知所往。脱，超脱，没有牵挂的意思。高，超俗。

6 谢安：字安石（公元 320—385 年），陈郡阳夏（今河南太康）人。东晋著名政治家，出身士族，年四十余始出仕，晋孝武帝时官至宰相。公元 383 年，苻坚率前秦军近百万南下攻晋，江东大震。谢安命谢石、谢玄等率八万晋军拒敌，大破前秦军于淝水，并乘胜北伐，一鼓作气收复洛阳及青、兖、徐、豫诸州。不久会稽王司马道子执政，排挤谢氏，谢安出镇广陵，旋回京，郁郁病死。

7 道家：以先秦老子、庄子关于“道”的学说为中心的学术派别。其名始见于汉代司马谈的《论六家要旨》，《汉书 · 艺文志》列于“九流”之一。传统的看法：老子为道家的创始人，庄子则继承和发展了老子的思想。其学说内容，以老、庄的自然天道观为主，强调人们在思想、行动上应效法“道”的“生而不有，为而不恃，长而不宰”。政治上主张“无为而治”，“不尚贤，使民不争”。伦理上主张“绝仁弃义”，与儒墨之说形成明显的对立。道家富有比较深刻的朴素辩证法思想，其策略理论也很有特色，即知雄守雌，主张“柔弱胜刚强”，后发制人。道家对中国历史文化的发展和民族精神的构建均产生过深刻广泛的影响。凡崇尚老、庄之说及后世的道教，都可广义地称为道家。

8 忌三世为将者：兵凶战危，杀戮过多，有伤阴骘，故不宜累世为将。《史记 · 白起王翦列传》：“夫为将三世者必败。必败者何也？必其所杀伐多矣，其后受其不祥。”

9 亦：底本原无此字。按，有“亦”字文意更顺畅。故据《直解》《四库全书》抄本增补。

战例

吴军五战入郢都

“示形动敌”“欺敌误敌”是作战指导方面的重要原则，历来受到兵家的高度重视，其核心含义是，通过伪装和佯动，诱使敌人产生错觉，暴露虚隙，己方则及时把握战机，避实击虚，给予敌人以致命的打击，从而夺取战争的胜利。《唐太宗李卫公问对》对这一作战指导原则同样予以充分的肯定和深刻的阐述，并借唐太宗之口，对它推崇备至：“朕观千章万句，不出乎‘多方以误之’一句而已。”这里所提到的“多方以误之”，即是吴楚柏举之战前夕伍子胥为吴王阖闾所献的疲楚误楚之计。吴军正是通过执行这条正确的策略方针，才得以掌握战争主动权，取得柏举大捷、五战入郢的胜利的。

吴国是春秋晚期勃兴于东南地区的一个诸侯国。它在发展过程中，同南方第一强国楚国产生了不可调和的矛盾。此时的吴王是阖闾，这是一位英明有为、雄心勃勃的君主。他即位后，励精图治，发展生产，改良吏治，拔擢人才，整军经武，积极从事争霸大业。阖闾非常清楚，吴国西方的强楚，是吴国前进道路上的最大障碍，只有从根本上削弱和打垮楚国，吴国当中原霸主的美梦才能成真。楚国当时的现状，也为阖闾大显身手提供了有利的外部条件。春秋中叶以来，楚国同晋国长期征战，角逐霸权，已经折腾得民疲财竭，国力中衰；楚国内部政治黑暗，奸佞当道，君臣离心，民怨沸腾。当时的楚国虽仍然貌似庞然大物，其实早已是金玉其外，败絮其中了。

当然，从整体实力上讲，楚对吴还具有一定优势。这一点，阖闾和他的大臣是十分清醒的。不过他们也并不因此就消极地守株待兔，而是积极运用谋略，主动创造条件，千方百计促成敌我优劣态势的转换。为了实现自己的目标，吴国做了两件重要工作：第一，伐灭徐和钟吾这两个小国,翦楚羽翼,为日后攻楚扫清道路。第二,实施"疲楚误楚"策略。这是伍子胥创造性的贡献。他对吴王阖闾说:"楚昭王年纪尚幼,无力控制政局。楚国当政者多而不一,乖张不和,政出多门,没有一个人能够承担楚国的忧患。如果将吴军编为三支部队轮番骚扰楚国,只要出动一支部队就能将楚军全部吸引出来。当楚军一出动,我军就退回;楚军若退回,我军再出动,必然使楚军疲于奔命。这样不断地骚扰楚军,疲惫楚军,想方设法调动楚军,使敌人在判断和指挥上都发生失误,然后再出动三军主力攻打,必定能够聚歼楚军,大获全胜。"阖闾欣然采纳这一建议,将吴军分为三支,搞车轮大战,以骚扰楚军,麻痹对手。六年下来,楚军成了"消防队",东奔西走,到处救火,弄得疲惫不堪,斗志日降。时间一长,吴军的这种方针也给楚军造成了错觉,认为吴军仅仅是"骚扰"而已,忽视了这些佯动背后所包藏的真实意图,因而放松了应有的警惕。

周敬王十四年(公元前 506 年),吴国给楚国以致命一击的时机终于到来了。这年秋天,不堪楚国欺凌压迫的唐、蔡两国,主动遣使与吴国通好,要求联吴抗楚,希望借吴国之手为自己出气。唐、蔡两国虽是将寡兵微的蕞尔小国,但位居楚国的北部侧背,战略地位相当重要。吴国和它们结盟,便可以避开楚国重兵布防的正面战线,实施千里迂回,大举突袭,直捣楚国腹心。

同年冬天,吴王阖闾亲率三万水陆精锐,在其弟夫概和谋臣武将伍子胥、孙武、伯嚭等人参赞下,溯淮水迅速西进。吴军进抵淮汭(今河南潢川西北)后便舍舟登陆,以三千五百人为前锋,在唐、蔡军的配合导引下,马不停蹄、兵不血刃地通过了楚国北部大隧、直辕、冥阨三关险隘(均在今河南信阳境内),出其不意地挺进到了汉水东岸,敲响了楚军的丧钟。

楚军只好在极其被动的情势下仓促应战。当时的楚昭王赶紧派令尹囊瓦、左司马沈尹戌等率军赶往汉水西岸设防。两军遂隔着汉水互相对峙。

楚军中最有头脑的应数沈尹戌。他认真分析了敌我双方的情况,建议囊瓦率主力沿汉水西岸阻击吴军的进攻,正面牵制吴军;他本人则北上方城(今河南方城县境),征发部队,迂回到吴军侧后,然后火烧吴军舟楫,阻塞三关,切断吴军退路;在此基础上和囊瓦所部对吴军实施前后夹击,让其有来无还。囊瓦起初同意了这个建议,可是待沈尹戌一离开,出于贪立战功的心理,便改变了原先商定的作战计划,不待沈尹戌军完成迂回包抄行动,就提前渡过汉水向吴军杀去。

正愁楚军龟缩不出的阖闾,见楚军主动进攻,不禁大喜过望,乃采取后退疲敌、寻机决战的方针,由汉水东岸后撤。囊瓦果然中计,尾随追击,从小别(今湖北汉川东南)至大别(今湖北境内的大别山)间,数次和吴军交手,不仅没有占到什么便宜,反而导致士气低落,军队疲惫。

吴军见"泡蘑菇"的战术奏效,就当机立断,决定同楚军进行战略决战。十一月十九日,吴军在柏举(今湖北汉川北,一说在湖北麻城附近)列阵迎战楚军。阖闾之弟夫概认为囊瓦素来不得人心,楚军并无死战之心,主张吴军立即发起进攻。但阖闾出于谨慎而否决了夫概的意见。夫概不愿错过这一歼敌良机,就率领自己麾下的五千将士突击楚军,杀得楚军阵势大乱。阖闾见夫概进攻奏效,便及时将主力投入战斗,扩大战果。一时间楚军尸横遍野,溃不成军;囊瓦失魂落魄,弃军潜逃,将军史皇则身首异处,血溅沙场。

楚军主力遭重创后狼狈向西逃窜,吴军趁热打铁,穷追不舍,终于在清发水(今湖北安陆西的涢水)追上了楚军。吴军又采取"半济而击"的战法,让渡河逃命的楚军再度遭到惨败。吴军乘胜继续追击,至雍澨(今湖北京山西南)追上正在埋锅煮饭的楚军残部,给予了歼灭性的打击。并在这里同从息地(今河南息县西南)回救的楚军沈尹戌部狭路相逢。经过一场昏天黑地的厮杀,楚军又是大败,主将沈尹戌也丢掉了性命。至此,楚军全线崩溃,已无法再作任何有效抵抗。楚郢都(今湖北江陵西北)完全暴露在吴军面前。吴军于是继续长驱直入,势如破竹,于十一月二十九日一举攻陷郢都。楚昭王只好逃往随国(今湖北随州)。柏举之战以吴军的辉煌胜利而告终。

分析吴军取胜的原因,首先是吴国政治修明,发展生产,充实军备。其次是它善于"伐交",争取同盟国。其三,也是最为重要的一点,是其作战指导的高明:一是采取了"疲楚误楚"的正确策略,"亟肄以罢之,多方以误之",使楚军疲于奔命,并松懈戒备;二是正确选择了有利的进攻方向,"以迂为直",实施远距离的战略奇袭,使敌人猝不及防;三是把握有利的决战时机,先发制人,一举击破楚军主力;四是适时进行战略追击,不给敌人重整旗鼓、负隅顽抗的任何机会,直到把胜利的旗帜插到楚国国都的城头。

桓温合势齐力灭成汉

我国古代兵家对"众寡分合"作战指导原则持辩证的看法,既重视"我专敌分",高度集中优势兵力;又强调"分合为变",根据实际情况,或分或合,灵活指挥,克敌制胜。这在《唐太宗李卫公问对》"卷下"中,便是"兵,有分有聚,各贵适宜"。东晋时期,桓温合势齐力翦灭成汉,就是一个很能说明这项原则的典型战例。

晋愍帝建兴四年(公元 316 年)西晋灭亡。随后,整个中国又陷入了战乱不止、动荡不宁的局面。除了偏居江左的东晋王朝外,此后在一百多年时间里,中原北部以及西北、西南地区先后出现过十多个政权。它们旋兴旋灭,或称雄一时,或割据一方,史称这一时期为东晋、十六国时期。

这一时期,战争频仍,动乱不已,各个地区政权的统治者为了维系统治,扩大地盘,掠夺财富,进行了你死我活的激烈厮杀。东晋永和年间,东晋大将桓温攻灭成汉,就是其中一幕。

东晋建元二年(公元 344 年)九月,晋康帝逝世。次年,年仅两岁的穆帝司马聃即位,由太后抱帝临朝称制,改元永和。同年,都督七州诸军事的晋征西将军庾翼病故,太后朝议继任人选。有大臣推荐徐州刺史桓温,称其有文武才干。太后依奏,即拜桓温为安西将军,持节都督荆、司、雍、益、梁、宁六州诸军事,任荆州刺史,领护南蛮校尉,委以军国大任。

桓温上任以后,招兵买马,训练水陆两军,志在西攻蜀地,消灭成汉,既借此扩大东晋地盘,又树立自己权威。这时正好得知成汉主李势昏庸骄横,不恤国事,刑罚滥酷,内政混乱,将士离心,桓温即把起兵攻灭成汉一事提上了议事日程。

然而,当时东晋最强大的对手是位于北方的十六国之一的后赵。桓温手下许多将佐都顾忌晋军一旦西征,后赵会乘虚南下,因而对桓温的军事计划持保留态度。但江夏相袁乔则认为,经略大事,不必待众议一致再作决定。他指出,成汉弱于后赵,晋应先攻打较弱的一方。桓温认为袁乔的意见正合己意,乃于永和二年(公元346年)十一月,乘长江水枯之际,调集大军,委派袁乔率两千人为前锋,亲率部队溯江西征。

由于成汉主李势依恃长江天险,很少布兵设防,桓温大军所到之处,成汉军非降即逃,溃不成军。晋军势如破竹,于次年二月抵达青衣(今四川青衣江),三月又进至距离成都仅二百里的彭模(今四川眉山市彭山区)。李势仍图挣扎,派遣李福、李权、昝坚等将领统兵抵御。

此时桓温在前线召开了军事会议,谋划作战方案,诸多部将提出兵分两路,分道同进,以分散成汉军队之兵势。唯有先锋袁乔沉默不语。桓温征求他的意见,袁乔说:“现在我军深入敌境万里有余,胜则大功告成,败则难以生还。若分两军,众心不一,万一一军失利,则大事去矣。应当合势齐力,争取一战而胜。”“合势齐力,说得好!”桓温拍案称赞。他还进一步补充道:“古人说,兵临死地而后生。我们一鼓作气,直下成都,定能获胜。”桓温接着下令,老弱病卒由参军孙盛、周楚等率领,留在彭模看守军需辎重,全军精锐步卒只带三日干粮,毁弃烧饭用的锅罐,轻装疾速向成都挺进。

进军途中,晋军遭到成汉李权等人的阻截,但在晋军攻击下,成汉军力不能支。晋军三战三捷,成汉镇军将军李位都投降,散兵逃回成都。晋军乘胜进至成都附近的十里陌。成汉昝坚部众望风披靡,自行溃散。

成汉主李势只得纠集成都城中的全部兵力,亲临前线指挥,在成都西南的笮桥一带,摆开了与东晋军队最后决战的阵势。两军交锋后,桓温部队初战不利,参军龚护战死,成汉军乘胜而攻,万箭齐发,流矢已射中桓温马头,但桓温镇定自若,脸不改色,继续从容指挥作战。

在成汉军的猛烈反扑下,桓温部队的前锋阵脚已乱,有些人往后退却。左右关心桓温的安危,劝他暂避锋芒。桓温厉声喝道:"袁将军何在?"袁乔应声而来。桓温将佩剑交给他说:"合势齐力,胜负在此一战。我军远来,一退必败。将军且为我督战,有临阵后退者,立斩无赦!"袁乔奉命,杀了一名后退的偏裨将佐,并下达了桓温的命令。于是阵脚立即稳住。一时间,晋军战鼓雷鸣,杀声震天。桓温身先士卒,跃马冲锋在先,东晋军军威复振,全线出击。成汉军一见晋军复又铺天盖地冲杀过来,纷纷后退。成汉主李势见大势已去,无心恋战,便窜入成都城中。桓温率军将城池团团围困。

成都城高墙厚,强攻不易,桓温就命令士兵放火焚烧城门。守城士兵惶恐不安,更无斗志。李势见城破在即,便于当天夜里打开城东门突围逃走。晋军浩浩荡荡开入城中,占领成都。李势逃到葭萌,身边只剩下少数亲近随从。他深知败亡已成定局,在穷途末路的情况下,只好用车装着棺材,自缚双手,到桓温跟前乞求投降,最后被桓温槭送到东晋都城建康。

桓温翦灭成汉后不久,即凯旋还师江陵(今湖北荆州市荆州区西北),行前任命益州刺史周抚镇守彭模。周抚用两年时间彻底扫除了成汉的残余势力,使蜀地全归东晋,大大增强了东晋王朝的实力。而桓温本人也通过这次平定成汉之战树立起自己的威望,为日后擅权,操纵东晋政治积累了资本。

桓温翦灭成汉之战,从性质上说只不过是一场封建王朝之间的兼并战争,但此战中所反映出来的桓温及其僚属袁乔的战略战术,却多有值得借鉴的地方。首先是桓温等人善于正确分析形势,选择较弱小的成汉政权为战略打击目标。这一点与日后宋太祖先南后北的统一战争战略方针,有异曲同工之妙。其次,桓温在实施军事进攻过程中,善于捕捉战机,乘成汉主李势暴虐无道、内外离心之际发起西征,收到事半功倍的效果。其三,桓温在展开行动的时候,善于正确贯彻“众寡分合”的基本精神,“兵,有分有聚,各贵所宜”。坚持集中兵力的原则,予敌以凌厉的打击,并连续进攻,扩大战果,不给敌人喘息反扑的机会。其中,在成都郊外的会战中,桓温坚定沉着,不因小挫而动摇,而是严明军纪,坚决拼杀,并身先士卒,勇猛冲锋,扭转了战局。

光武帝以柔治军将士效命

在中国古代专制社会里,君将关系构成了一个矛盾的统一体。两者同心协力,和衷共济,往往能赢得胜利,成就大事;两者勾心斗角,尔虞我诈,则不免导致悲剧,或为将者犯上作乱,举兵反叛;或为君者兔死狗烹,诛戮功臣。由于君将关系直接影响到统治秩序的稳定和巩固,所以历代兵家都注重于这一问题,主张妥善处理好君将间的关系。同时由于在这一关系中君主是矛盾的主要方面,所以历代兵家合乎逻辑地把改善君将关系的重点放在君主身上,这就是讲求所谓的“将将之道”。《唐太宗李卫公问对》在这一问题上也无例外,其“卷下”之中就有一段评论阐发“将将之道”的精辟文字。认为汉高祖刘邦并非将将之君,而唯独光武帝刘秀“能推赤心用柔治保全功臣,贤于高祖远矣”。对刘秀推崇备至:“以此论将将之道,臣谓光武得之。”

那么刘秀在“将将之道”方面究竟有哪一些独到之处呢?还是让我们回溯历史,作一简要考察吧。

刘秀(公元前 6 年—公元 57 年),即东汉开创者光武帝,字文叔,南阳蔡阳(今湖北枣阳市西南)人。他在王莽“新政”破产,社会动荡,农民起义风起云涌之际，顺应“百姓思汉”的潮流，起兵逐鹿中原，夷灭群雄，重建汉朝。继而整顿、改革前朝弊政，安定社会秩序，恢复和发展社会经济，开创了著名的“光武中兴”之业。明末清初大思想家王夫之曾在其《读通鉴论》一书中，对刘秀的历史功绩作过高度的评价，说：“自三代已下，唯光武允冠百王矣”；“三代而下，取天下者，唯光武独焉……（光武）不无小疵，而大已醇矣。”

史称刘秀性“谨厚”，他的统治特点就是“以柔道理天下”。这一特色也在他的治军思想和实践中得到鲜明的反映。刘秀认为柔能制刚，弱能制强。因而在治军问题上，他主张“泛爱容众”，以“柔道”管理军队，驾驭将领，争取人心。

推心置腹，以诚待人，这是刘秀以柔道治军的第一个内容。对于投降的将士，刘秀待之以诚恳，施之以恩惠，使其心悦诚服；对于手下的将领，刘秀坦诚相待，用人不疑。他在收编河北铜马军过程中所体现的风度堪为前者的范例；而他对待冯异长镇关中，威名甚炽一事所采取的态度，则可谓后者的典型。

更始二年（公元 24 年）秋，铜马农民军为刘秀所击败，被迫投降。刘秀立即“封其渠帅为列侯”（《后汉书·光武帝纪》，以下引文凡不注出处者，均出于此书）。然而“降者犹不自安”，刘秀得悉这一动态之后，便“敕令各归营勒兵，乃自乘轻骑按行部陈”。降者见状很受感动，于是就互相告诫道：“萧王推赤心置人腹中，安得不投死乎？”由是均心悦诚服。刘秀乘机对铜马军进行改编，“悉将降人分配诸将，众遂数十万”，大大扩充了自己的军事实力。

冯异是刘秀手下的一员大将，用兵持重又“能御吏士”（《后汉书·冯岑贾列传》），战功卓著。刘秀曾委派他镇守关中。冯异到任后，“威权至重，百姓归心”（《后汉书·冯岑贾列传》），被关中地区的民众称作为“咸阳王”。有人劝谏刘秀对冯异要有所戒备，防止尾大不掉。冯异得悉这一情况后，惶惧不安，立即上书表明心迹，并申请调离关中，以避嫌疑。刘秀对此的答复是:“将军之于国家,义为君臣,恩犹父子,何嫌何疑,而有惧意”(《后汉书·冯岑贾列传》)。彻底打消了冯异的顾忌,使之更好地为自己效忠尽力。

另外,像攻破王郎后,将缴获的部下与王郎私通勾结的书信,看也不看便当众销毁,这种“令反侧子自安”的做法,同样体现了刘秀以信任替代猜忌,待人以诚的治军作风。

重赏轻罚,广结军心,这是刘秀以柔道治军的第二个主要内容。与治国实行轻法缓刑的情况一样,刘秀在治军上也贯彻以赏为主,以罚为辅的原则。他对功臣的赏赐是相当丰厚的。建武二年(公元 26 年)正月庚辰,刘秀“封功臣皆列侯,大国四县,余各有差”。功臣食邑最多达四县之多,突破了功臣食邑不能超过百里的古法。有人对此表示了不同意见。如博士丁恭就奏议道:“古帝王封诸侯不过百里,故利以建侯,取法于雷,强干弱枝,所以为治也。今封诸侯四县,不合法制。”可是刘秀却断然反驳说:“古之亡国,皆以无道,未尝闻功臣地多而灭亡者。”坚持了厚赏的做法。这样的厚赏对于争取将领的效忠起到了很大的作用。尤其可贵的是,刘秀在赏赐中基本能做到不分彼此,一视同仁。对于降将,只要他为自己立下战功,同样予以很优厚的赏赐。这样就泯灭了诸将中的畛域,使得所有将领都能够义无反顾地为自己去冲锋陷阵。

在惩罚问题上,刘秀的做法也与历史上大多数君主以诛杀立威有区别。在一般情况下,他很少处罚将士,即使处罚也做到尽量从轻,从而使得手下的将领感恩戴德,不惧斧钺之威。这样就确保众多功臣得以善始善终,没有重蹈历史上常见的“狡兔死,走狗烹”的悲剧。由此可见,刘秀以柔道治军这一招的确很高明,说他“贤于高祖远矣”洵非虚辞。

刘裕善战灭南燕

《唐太宗李卫公问对》“卷下”中提到,宋武帝刘裕排除阴阳术数的迷信,果断在古代用兵所忌的“往亡日”展开军事行动,并最终取得作战的胜利。这里说的就是刘裕在公元409年—410年起兵攻灭南燕政权一役。

刘裕是东晋晚期一代名将,也是日后南北朝时南朝宋的开国君主。东晋元兴三年(公元404年),他起兵击败篡晋称帝的军阀桓玄,次年拥戴晋安帝重登帝位。刘裕本人也借平定叛乱而掌握了东晋朝廷的军政大权。当时的南燕主慕容超见东晋发生内乱,政局动荡,便从东晋义熙二年(公元406年)起,屡次派兵袭扰东晋边境,南下攻掠淮北。面对这种局面,刘裕力主北伐南燕。他的战略方针是:先燕后秦,各个击破,消灭与东晋接壤的两个敌对势力,恢复在黄河流域的统治。

东晋义熙五年(公元409年)四月,刘裕亲率大军十余万人,自都城建康(今江苏南京)出发,由水路过长江,经淮水,溯泗水北上,于五月到达下邳(今江苏睢宁西北)。在那里,刘裕留下船舰、辎重,继续往北推进,深入南燕境内,直至琅琊(今山东临沂北)。一路上晋军筑城建堡,留兵守卫,以防南燕骑兵的袭击或切断归路。从琅琊到南燕都城广固(今山东益都西北),经莒县,沿沂水,过临朐(今属山东)北上,是一条捷径,但途中有号称“齐南天险”的大岘山(在今山东临朐县东南)阻道。山高七十丈,周围二十里,上有穆陵关,形势险峻,行军不便。刘裕部下担心,假如南燕军控扼大岘,或坚壁清野,则晋军会陷于绝境,都反对走此捷径。但刘裕却认为,慕容超狂妄无知,不能深谋远虑,一定会弃险不守。于是决定挥师向大岘山进发。

慕容超闻报晋师将至,召集群臣朝议。在如何迎敌问题上,南燕君臣发生重大分歧。征虏将军公孙五楼主张扼守大岘,坚壁清野,旷日延时,以挫晋军锐气,然后再派部队截断其粮道,袭击其侧后。尚书令慕容镇也支持这个意见。可是慕容超却没有采纳。他认为敌军远来疲惫,势必不能持久;南燕自身国大物丰,更有精锐骑兵,因此无须对敌示弱。乃决定让晋军入岘,深入腹地,然后以优势骑兵进行袭击破敌。慕容镇见正确意见遭拒绝，忧心如焚，仰天长叹："既不能迎战却敌，又不能徙民清野，延敌入腹，坐待攻围，必将国灭身死。"慕容超听了勃然大怒，把他逮捕监禁起来，并将莒县一带的南燕守军撤回，修筑城池，整训兵马，以待晋军。

南燕纵敌入岘的方针给刘裕的疾进速战创造了极为有利的条件。六月，晋军到达东莞(今山东莒县)，并很快不战而越过大岘天险。刘裕回望高耸入云的大岘山，兴奋地鼓励部众说："我军已过天险，有进无退，将士必有死战之志。"越过险关，下面是一马平川，成熟的庄稼迎风摇曳。刘裕又大喜道："粮食遍野，我军无缺粮之忧，敌人已落入我的掌中，此战必胜无疑。"众将士备受鼓舞，个个奋勇向前，急速推进。

刘裕大军很快逼近临朐。临朐位于大岘西北，是广固南面的屏障，为两军必争之地。慕容超已先派公孙五楼等率领步、骑兵五万进驻，此时见晋军过大岘，便留老弱士卒守广固，自己亲率步骑四万增援，双方摆开了决战的阵势。

临朐城南的巨蔑水是两军必争的水源要地。南燕公孙五楼部已先期进占，但晋军前锋龙骧将军孟龙符率军激烈争夺，终于将南燕军击退，夺得水源。晋军得到水源，沿河筑垒防守，又以主力战车四千辆分左右两翼，步兵居中，并车徐行，另以轻骑执行警戒，从而确保步、骑、车兵能很好配合策应，充分发挥其战斗威力。燕军骑兵立即出动，对晋军实施前后夹击。但晋军战车均挂着帐幔，既可抵挡敌军矢石，又可放箭射敌。近敌格斗时，兵车和车上的长矛还可阻挡敌人骑兵的冲击。燕军赖以取胜的精骑面对这样的车阵束手无策，难以发挥作用。

双方激战半日，不分胜负。在这关键时刻，刘裕采用参军胡藩的计策，派遣胡藩和咨议参军檀韶等领一支部队潜出燕军之后，奔袭临朐。由于燕军精锐正与晋军主力对峙于城南战场，临朐守城兵力薄弱，晋军的偷袭顺利得手，一举拿下了临朐城。慕容超见城池失陷，大惊失色，单骑逃往城南左将军段晖营中。刘裕指挥大军乘势猛攻，大破燕军，阵斩段晖等大将十余人。

慕容超率残兵败将狼狈逃回广固。刘裕连夜发起追击,直逼广固城下,未给敌人以喘息整顿的机会,于六月十九日一举攻克广固外城。慕容超赶紧率残余部队入保内城。内城虽小,但四周绝涧,阻水深隍,加上防卫严密,晋军一时难以攻克。刘裕即调整强攻方略,命部队在城外筑起高达三丈的围墙,又挖了三条深沟,作长久围困之计。

晋军就地取粮,丰饶的南燕物资成了晋军取用不尽的给养,军心愈固,士气愈盛。当地民众执兵器背粮食依附刘裕者,日以千计。东晋朝廷也不时地派遣部队增援刘裕,晋军声势更为浩大。与晋军形成明显对比的是,南燕残军困守广固内城,日益困难,后秦援兵不至,文武臣僚多有叛降刘裕者,几次派兵突围又全为晋军杀败。慕容超见局面如此,便致书刘裕请求为东晋藩臣,表示愿意割让大岘以南之地,并献马千匹,但为刘裕所拒绝。

经过长达八个月的久困长围,龟缩在广固内城的慕容超等人已是山穷水尽,难以为继。东晋义熙六年(公元410年)二月初,穷途末路的南燕残余武装作垂死挣扎,由公孙五楼等人率领,暗凿地道,出城交战,但又为晋军所击败。刘裕见时机完全成熟,于是决定在初五日对广固内城发起全面总攻。初五日是丁亥日,为用兵所忌的“往亡日”。所以有些部下认为不吉利,向刘裕表示“今日往亡,不利行师”,但刘裕却说“我往彼亡,何为不利”。丝毫没有动摇攻城的决心,按时发起了攻城战。在晋军猛烈的进攻面前,南燕军节节败退。南燕尚书悦寿见难以抵御,孤城失陷在即,便打开城门迎纳晋军。晋军蜂拥入城,占领广固。慕容超率数十骑突围出城,被追来的晋军将士生擒活捉,押送到建康处死。至此南燕灭亡,刘裕的征伐行动取得了最后的胜利。

刘裕攻灭南燕之战,是一篇军事杰作。他准确地判断南燕将会恃强弃险,敢于越过大岘天险,深入敌之腹地,这一点历来为兵家所推崇。在临朐决战中,他扬长避短,以车制骑,并及时出动奇兵,奇正配合,歼灭敌之主力,奠定灭燕的基础。当总攻广固内城的最后阶段,他又能做到废弃迷信,坚定作战决心,终于一举攻克内城,消灭南燕势力,实现既定的战略目标。

孙权教将读兵书史册

如果说“书籍是人类进步的阶梯”(高尔基语),那么,在军事领域中,兵书就是名将成长的食粮。古代兵书,既是对前代战争的总结和研究,又是后代兵家学习和借鉴前代用兵艺术的最重要的资料。一位名将的成长,既离不开实战的锻炼,也取决于从兵书中汲取养料。正是基于这个原因,古往今来有成就的将帅,大多都重视对兵书战策的学习。《唐太宗李卫公问对》“卷上”记载李靖之言:“张良所学,太公《六韬》《三略》是也;韩信所学,穰苴、孙武是也。”可见韩信等人的成长,同他们熟读兵书大有关系。曹操自己承认“吾观兵书战策多矣”(《孙子略解·序》),说明他成为叱咤风云的军事统帅,也同“观兵书战策”有着渊源。其他诸如诸葛亮、李靖、马燧、谢彦章、狄青、岳飞、戚继光等名将,在其成长过程中,也都伴随着兵书的墨香。所以,历史上将帅读兵书,学战策,蔚为成风,代传佳话。孙权教将读兵书史册可以说是其中比较著名的一例。

三国时期吴国大将吕蒙,年幼时家境贫寒,未读史传,识字不多。他带兵镇守一方,向国君孙权汇报军情之时,经常是口授大意,由幕僚记录成文,自己连一般文告、奏疏也不会写。由于文化低,知识少,吕蒙打起仗来,常常是勇敢有余,谋略不足。孙权评价他是“不辞剧易,果敢有胆而已”(《三国志·吴书·吕蒙传》)。其他将领,如鲁肃、蔡遗等人,也因这个原因而对吕蒙多所轻视。吴国另一位将领蒋钦,情况同吕蒙差不多,文化程度也不高。

吴主孙权在同吕蒙等人的长期接触过程中,感到他们都是很有前途的将领,因此打算对他们加以深造和提高,而深造的最佳途径就是规劝他们学习兵书和史籍。于是孙权郑重其事找吕蒙和蒋钦谈了一席话。

他说:你们现在都掌权管事了,应该认真读点书,以增加知识,增强才干。吕蒙不以为然地回答说:军中事务如此繁忙,恐怕是没有时间允许读书了。孙权听了,就严肃而耐心地劝告他们说:我并不是要求你们攻读兵书当什么博士,只是希望你们多翻翻书以了解过去的事情。你们说军务太忙,但能比我还忙吗?我在年轻的时候读过《诗》《书》《礼记》《左传》《国语》,只差《易经》未读。自从统领大事以来,又读了《史记》《汉书》《东观汉记》等三史和诸子兵书,自以为大有裨益。你们两人都很聪明,只要读书便会有所收获,难道不应该好好去学吗?

接着,孙权又具体指导吕蒙等人说:你们应该赶紧读一读《孙子》《六韬》《左传》《国语》和三史。孔子说,就是整天不吃饭,整夜不睡觉来冥思苦想,也是没有用处的,不如好好学习。当年光武帝刘秀在军务繁忙的情况下,还是手不释卷。现在那位曹操也自称是"老而好学"。你们为何不好好自我勉励,求学上进呢?

孙权这一番语重心长的劝告使吕蒙等人受到很大的震动,从此认真读书学习,"笃志不倦"(《三国志·吴书·吕蒙传》裴注引《江表传》)。一段时间下来,学识上便大有了长进,史称"其所览见,旧儒不胜"(同上)。孙权见吕蒙等将领折节好学,才干与日增长,也感到满心喜悦,慨叹道:"人长而进益,如吕蒙、蒋钦,盖不可及也。富贵荣显,更能折节好学,耽悦书传,轻财尚义,所行可迹,并作国士,不亦休(美)乎"(同上)。那位原先轻视吕蒙的鲁肃这时也改变了那种认为吕蒙"但有武略"的看法,称赞吕蒙是"学识英博,非复吴下阿蒙"(同上)。

孙权教将领读兵书和史籍,对于将领增长学识,完善用兵指挥艺术,有着不可低估的意义。这一点在吕蒙的身上表现得尤为明显,他日后之所以能够"谲郝普,禽(擒)关羽",建功立业,名震一时,当与其"学问开益,筹略奇至"(《三国志·吴书·吕蒙传》),有着密切的关系。也正是由于这个原因,孙权教将读兵书的故事,历来为后人所称道。

当然,在学习兵书的过程中,也要做到由浅入深,循序渐进,不能好高骛远,不切实际:“故习兵之学,必先由下以及中,由中以及上,则渐而深矣。”(《唐太宗李卫公问对》卷下)同时更要注意结合实战要求,灵活运用兵法的基本原则,随机应变,以克敌制胜,即岳飞所说的“阵而后战,兵法之常;运用之妙,存乎一心”。否则就会如《问对》所言:“则垂空言,徒记诵,无足取也。”赵括、马谡之流不懂得这个道理,胶柱鼓瑟,纸上谈兵,不知灵活运用兵法原理,结果一战而败,身死名裂,贻笑天下,诚可哀哉!

附录一

唐太宗传略

原文

太宗文武大圣大广孝皇帝讳世民，高祖第二子也。母曰太穆顺圣皇后窦氏。隋开皇十八年十二月戊午，生于武功之别馆……太宗幼聪睿，玄鉴深远，临机果断，不拘小节，时人莫能测也。

大业末，炀帝于雁门为突厥所围，太宗应募救援，隶屯卫将军云定兴营。将行，谓定兴曰："必赍旗鼓以设疑兵。且始毕可汗举国之师，敢围天子，必以国家仓卒无援。我张军容，令数十里幡旗相续，夜则

译文

太宗文武大圣大广孝皇帝，名讳世民，是唐高祖李渊的次子。他的母亲就是太穆顺圣皇后窦氏。隋朝开皇十八年十二月戊午日，他出生在武功的别墅……太宗年幼时聪慧睿智，谋虑老成深远，面临机遇处事果断，不拘泥于烦细小节，当时人们都无法测度他才智谋略的高深。

隋朝大业末年，隋炀帝在雁门一带为突厥所围困，太宗响应招募前去救援，隶属在屯卫将军云定兴的部下。部队出发前夕，太宗对云定兴说："请务必携带旌旗与钲鼓，以便届时在战场上虚设疑兵。始毕可汗敢于倾全国兵马来围困天子，一定认为我国在仓促之间派遣不出援兵。我军将队伍摆开，张大军容，使得数十里地内战旗连接不断，

钲鼓相应,虏必谓救兵云集,望尘而遁矣。不然,彼众我寡,悉军来战,必不能支矣。”定兴从焉。师次崞县,突厥候骑驰告始毕曰:“王师大至。”由是解围而遁。及高祖之守太原,太宗时年十八。有高阳贼帅魏刀儿,自号“历山飞”,来攻太原,高祖击之,深入贼阵。太宗以轻骑突围而进,射之,所向皆披靡,拔高祖于万众之中。适会步兵至,高祖与太宗又奋击,大破之。

时隋祚已终,太宗潜图义举,每折节下士,推财养客,群盗大侠,莫不愿效死力。及义兵起,乃率兵略徇西河,克之。拜右领大都督,右三军皆隶焉,封敦煌郡公。

大军西上贾胡堡,

到了晚上则使钲鼓之声彼此相应,贼虏定会认为我方救兵云集而至,望见我军的踪影就会仓皇逃走。否则,敌人众多我军寡少,对方驱使全军来同我交战,我军肯定难以抵御。”云定兴采纳了太宗的建议。当援军行进到崞县之时,突厥的侦察骑兵急忙策马回去向始毕可汗报告:“隋朝的大批援军开来了。”于是,始毕匆忙解围逃遁而去。当唐高祖驻守太原之时,太宗年纪正好是十八岁。高阳盗贼首领魏刀儿,自称“历山飞”,前来攻打太原。高祖迎击贼军,在战斗中深入敌人阵内。太宗率领轻骑兵突破敌人包围冲杀进入阵中,拉弓放箭射击,所到之处,敌兵纷纷溃散败逃,把高祖从数万人的重重包围中救了出来。这时恰逢步兵赶到,高祖和太宗又奋勇进击,将贼兵打得一败涂地。

当时,隋王朝的气运已到尽头,太宗暗中准备起义,他常常谦恭待人,礼贤下士,疏散财物蓄养宾客死党,各股强盗和出名的大侠,无不甘愿为他尽死效力。待义兵一举,他便领兵进攻并占领了西河地区。被委任为右领大都督,右三军均隶属于他的指挥,并被封为敦煌郡公。

隋将宋老生率精兵二万屯霍邑，以拒义师。会久雨粮尽，高祖与裴寂议，且还太原，以图后举。太宗曰："本兴大义以救苍生，当须先入咸阳，号令天下；遇小敌即班师，将恐从义之徒一朝解体。还守太原一城之地，此为贼耳，何以自全！"高祖不纳，促令引发。太宗遂号泣于外，声闻帐中。高祖召问其故。对曰："今兵以义动，进战则必克，退还则必散。众散于前，敌乘于后，死亡须臾而至，是以悲耳。"高祖乃悟而止。八月己卯，雨霁，高祖引师趣霍邑。太宗恐老生不出战，乃将数骑先诣其城下，举鞭指麾，若将围城者，以激怒之。老生果怒，开门出兵，背城而

起义大军西进到贾胡堡，隋朝大将宋老生统率精兵两万人驻守在霍邑，企图阻挡义军。这时适逢连日阴雨军中断粮缺炊，高祖和裴寂商议，打算暂时撤兵回太原，再作下一步的安排。太宗进谏说："举行起义原本是为了拯救天下黎民百姓，应当先攻占咸阳，以号令天下；现在遇到小股敌人就要撤兵退却，我担心那些跟随起义的人顷刻之间就会溃散离去。撤回去困守太原一座孤城，这简直等同于普通盗贼的所作所为，怎么能够保全自己呢！"高祖不听取他的意见，催促他尽快带兵出发。太宗便在军帐外面号啕痛哭，哭声一直传进军帐之中。高祖召他进帐询问痛哭的原因。太宗回答说："如今我军根据正义的原则而行动，前进就必定能战胜敌人，后退就肯定会溃散。部众混乱溃散于前，敌人乘机掩杀在后，我们走向灭亡不过是顷刻之间的事情，所以我心里十分难过。"高祖于是醒悟而停止撤兵。八月己卯，雨过天晴，高祖统率大军逼近霍邑。太宗忧虑宋老生不肯出城迎战，就率领几名骑兵先期到达城下，手挥马鞭指指点点，做出好像要围困城池的模样，借以激怒宋老生。宋老生

阵。高祖与建成合阵于城东，太宗及柴绍阵于城南。老生麾兵疾进，先薄高祖，而建成坠马，老生乘之，高祖与建成军咸却。太宗自南原率二骑驰下峻坂，冲断其军，引兵奋击，贼众大败，各舍杖而走。悬门发，老生引绳欲上，遂斩之，平霍邑。

至河东，关中豪杰争走赴义。太宗请进师入关，取永丰仓以赈穷乏，收群盗以图京师，高祖称善。太宗以前军济河，先定渭北。三辅吏民及诸豪猾诣军门请自效者日以千计，扶老携幼，满于麾下。收纳英俊，以备僚列，远近闻者，咸自托焉。师

果然勃然大怒，打开城门出兵迎战，背对城墙布列成阵势。高祖与李建成一起列阵于城东，太宗和柴武则列阵于城南。宋老生指挥将士迅速前进，首先逼近高祖阵前，此时李建成突然坠落马下，宋老生乘机猛烈进攻，高祖和建成的部队一齐后退。太宗率领两名骑兵由城南高地上顺着陡峭的斜坡急驰而下，冲断了宋老生的军阵，又率兵奋勇攻击，敌军被杀得大败，各自扔下甲杖等兵器逃走。这时城上的闸门落下，宋老生拽住绳子想爬上城去，被义军将士赶上杀死。这样霍邑终于被平定了。

大军到达河东地区，关中地区的英雄豪杰纷纷赶来参加义军。太宗建议义军进攻潼关，夺取永丰仓救济贫苦民众，收编各地盗贼，准备攻打京师长安，高祖十分赞赏这一意见。太宗率领前锋部队渡过黄河，首先平定了渭北地区。三辅一带的官吏、平民和豪强大族，来到军营要求投军效力的，每天都有上千人，扶老携幼，拥挤在军营之前。太宗收罗其中才智杰出的，充作自己的僚属。听说这一消息的人，不论远近，都亲自前来投奔。军队屯驻在泾阳，已拥有精锐九万人，打败了胡人盗贼刘鹞子，兼并了他的部队。太宗留下殷开山、刘弘基等人驻守长安故城，

次于泾阳，胜兵九万，破胡贼刘鹞子，并其众。留殷开山、刘弘基屯长安故城。太宗自趣司竹，贼帅李仲文、何潘仁、向善志等皆来会，顿于阿城，获兵十三万。长安父老赍牛酒诣旌门者不可胜纪，劳而遣之，一无所受。军令严肃，秋毫无所犯。寻与大军平京城。高祖辅政，受唐国内史，改封秦国公。会薛举以劲卒十万来逼渭滨，太宗亲击之，大破其众，追斩万余级，略地至于陇坻。

义宁元年十二月，复为右元帅，总兵十万徇东都。及将旋，谓左右曰："贼见吾还，必相追蹑。"设三伏以待之。俄而隋将段达率万余人自后而至，度三王陵，发伏击之，段达大败，追奔至于城

他自己则率兵开赴司竹。盗贼头领李仲文、何潘仁、向善志等人都前来会合，停驻在阿城，太宗又得到士卒十三万人。长安一带有不计其数的老年人牵牛担酒来到军前犒劳慰问将士，太宗对他们致以感谢，并送走这些人，对他们送来的礼物一律没有收取。军令严格整肃，所到之处秋毫无犯。不久就和大军一起攻克了京城。高祖总揽朝廷军政大权，太宗任唐国内史，改封秦国公。这时适逢薛举带领精兵十万人来攻，逼近到渭水岸边。太宗亲自统军迎击，大败薛举的军队，追击杀死一万多人，占领了直达陇坻的土地。

隋朝义宁元年十二月，太宗兼任右元帅，率领十万部队去攻打东都洛阳。准备回师之际，太宗对身边的僚属说："敌人见到我回师，一定会跟踪追击。"于是就设下三处伏兵以待敌军。不一会儿，隋朝将领段达带领一万多人马从后面追来，当其经过三王陵时，太宗指挥伏兵突然出击，段达大败，太宗的军队一直追杀到洛阳城下。于是在宜阳、新安设置了熊、谷二州，派兵驻守，然后回到京城。太宗被改封为赵国公。高祖接受隋朝的禅

下。因于宜阳、新安置熊、谷二州,戍之而还。徙封赵国公。高祖受禅,拜尚书令、右武候大将军,进封秦王,加授雍州牧。

武德元年七月,薛举寇泾州,太宗率众讨之,不利而旋。九月,薛举死,其子仁杲嗣立。太宗又为元帅以击仁杲,相持于折墌城,深沟高垒者六十余日。贼众十余万,兵锋甚锐,数来挑战,太宗按甲以挫之。贼粮尽,其将牟君才、梁胡郎来降。太宗谓诸将军曰:“彼气衰矣,吾当取之。”遣将军庞玉先阵于浅水原南以诱之,贼将宗罗睺并军来拒,玉军几败。既而太宗亲御大军,奄自原北,出其不意。罗睺望见,复回师相拒。太宗将骁骑数十入贼阵,于是王师表里齐奋,罗睺

让,登基称帝,太宗出任尚书令,右武候大将军,进封为秦王,兼任雍州牧。

武德元年七月,薛举进犯泾州,太宗率兵征讨,因作战不利而暂时撤兵。九月间,薛举病死,他的儿子薛仁杲继位。太宗又任元帅,统军进攻薛仁杲,双方相持于折墌城,彼此深沟高垒相对峙前后六十余天。薛仁杲拥有将士十多万人,气势很盛,多次前来挑战,太宗按兵不动,以消磨敌人的锐气。敌人粮食吃尽,薛仁杲的部将牟君才、梁胡郎等前来投降。太宗对手下各位将领说:“对方士气已经衰竭,我们应当进攻了。”于是派将军庞玉先在浅水原南边布列阵势诱敌出战,敌方将领宗罗睺率大军出战,庞玉的军队几乎陷于失败。就在这时,太宗亲率大军出其不意地从浅水原以北掩杀过来。宗罗睺望见以后,又回师与唐军殊死交锋。太宗率领数十名骁勇骑兵杀入敌阵,于是唐军内外一齐奋勇冲杀,宗罗睺全军溃败,为唐军斩杀数千人,跌落山涧深谷而葬送性命的不计其数。太宗率领身边骑兵二十多人追杀敌兵,一直追到折墌城下并准备攻城。薛仁杲惊恐万

大溃，斩首数千级，投涧谷而死者不可胜计。太宗率左右二十余骑追奔，直趣折墌以乘之。仁杲大惧，婴城自守。将夕，大军继至，四面合围。诘朝，仁杲请降，俘其精兵万余人，男女五万口。

既而诸将奉贺，因问曰："始大王野战破贼，其主尚保坚城，王无攻具，轻骑腾逐，不待步兵，径薄城下，咸疑不克，而竟下之，何也？"太宗曰："此以权道迫之，使其计不暇发，以故克也。罗睺恃往年之胜，兼复养锐日久，见吾不出，意在相轻。今喜吾出，悉兵来战，虽击破之，擒杀盖少。若不急蹑，还走投城，仁杲收而抚之，则便未可得矣。且其兵众皆陇西人，一败披退，不及回顾，败归陇外，

状，环城死死拒守。接近黄昏时，大军相继开到，将城池四面团团包围。第二天黎明时分，薛仁杲请求投降，太宗俘获其精兵一万多人，另有男女五万口。

战后各位将领向太宗祝贺，并询问道："大王在野战中战胜贼军之时，敌方首领还固守着坚固的城池。大王没有攻城的器具，仅用轻装骑兵急速追击，不等步兵跟进会合，竟直逼坚城之下，大家都疑虑攻不破城池，然而居然攻克了，这到底是什么原因呢？"太宗回答说："这是用权宜变通的方法，逼迫敌人，使得他没有时间想出对抗的计策，所以攻克了敌城。宗罗睺倚仗过去获得的胜利，又经过较长时间的养精蓄锐，见我持重不肯出战，就产生了轻敌的思想。一旦看到我方出战，十分高兴，就调动全部人马来交战。他虽然被我打败了，但是在阵上被生擒和杀死的却不多。如果不急速追击，让他们逃回去窜入城内，经薛仁杲收编、安抚之后，我们就攻打不下这座城池了。况且宗罗睺的部下全是陇西地方人，一旦溃败逃散，连头也不回，就直接逃回陇西去了。这

则折墌自虚，我军随而迫之，所以惧而降也。此可谓成算，诸君尽不见耶？”诸将曰：“此非凡人所能及也。”获贼兵精骑甚众，还令仁杲兄弟及贼帅宗罗睺、翟长孙等领之。太宗与之游猎驰射，无所间然。贼徒荷恩慑气，咸愿效死。时李密初附，高祖令密驰传迎太宗于豳州。密见太宗天姿神武，军威严肃，惊悚叹服，私谓殷开山曰：“真英主也。不如此，何以定祸乱乎？”凯旋，献捷于太庙。拜太尉、陕东道行台尚书令，镇长春宫，关东兵马并受节度。寻加左武候大将军、凉州总管。

宋金刚之陷浍州也，兵锋甚锐。高祖以

样一来，折墌城内肯定兵力空虚，我军马上逼近并包围它，所以薛仁杲就恐惧不堪，只好投降了。这可以说是计出万全的做法，诸位将军难道都没有看出来吗？”各位将领均说：“这不是普通人所能达到的水平。”这一仗唐军俘获敌军精锐骑兵为数众多，太宗下令仍由薛仁杲兄弟和敌军首领宗罗睺、翟长孙等人来统领。唐太宗和这些人一起骑马打猎，以显示自己和他们之间没有任何隔阂，投降的将士们为之感恩戴德，内心折服，都表示甘愿为太宗尽死效力。当时李密刚刚归附唐朝，高祖命令李密骑马兼程到豳州迎接太宗。李密望见太宗天姿神武，军威壮大严肃，震动不已，大为叹服，私底下对殷开山说：“这真是一代英明之主。如果不是这样，怎么能够做到平定祸乱呢？”大军凯旋后，在太庙那里举行了隆重的献俘仪式。唐太宗担任了太尉、陕东道行台尚书令等要职，镇居长春宫，而关东地区的兵马均接受太宗的节制指挥。不久朝廷又加授他为左武候大将军，凉州总管。

宋金刚攻陷了浍州，兵锋十分凶猛锐利。高祖鉴于王行本尚割据着蒲州，吕崇茂在夏县举行反叛，晋、浍二州

王行本尚据蒲州，吕崇茂反于夏县，晋、浍二州相继陷没，关中震骇，乃手敕曰：“贼势如此，难与争锋，宜弃河东之地，谨守关西而已。”太宗上表曰：“太原王业所基，国之根本，河东殷实，京邑所资。若举而弃之，臣窃愤恨。愿假精兵三万，必能平殄武周，克复汾、晋。”高祖于是悉发关中兵以益之，又幸长春宫亲送太宗。

二年十一月，太宗率众趣龙门关，履冰而渡之，进屯柏壁，与贼将宋金刚相持。寻而永安王孝基败于夏县，于筠、独孤怀恩、唐俭并为贼将寻相、尉迟敬德所执，将还浍州。太宗遣殷开山、秦叔宝邀之于美良川，大破之，相等仅以身免，悉虏其众，复归柏壁。于是诸将

先后陷落，关中地区人人震动惊骇，于是亲手书写诏令道：“贼军势力如此强盛猖獗，朝廷难以与之对抗，应当放弃黄河以东地区，严守潼关以西。”太宗上书进谏说：“太原是我朝政权借以起家的基地，国家的根本所在，河东地区经济富庶，是京师的依靠。如果一旦全部放弃，臣下我心里愤懑难受。请求陛下给我精兵三万，我必定能彻底消灭刘武周势力，收复汾、晋两州。”高祖于是征发关中全部兵力以充实太宗的部队，又亲临长春宫为太宗送行。

武德二年十一月，太宗统率大军抵达龙门关，指挥将士踏冰越过黄河，进而屯兵在柏壁，与敌方大将宋金刚相对峙。不久，永安王李孝基在夏县打了败仗，于筠、独孤怀恩和唐俭等人都被敌将寻相、尉迟敬德所俘虏，敌军准备返回浍州。太宗派遣殷开山、秦叔宝等将领在美良川进行阻截，大败敌军，寻相等人只身仓皇逃脱，其部下士卒全被唐军俘虏。殷开山和秦叔宝又率军回到柏壁。这时候，各位将领都请求出战，太宗却说：“宋金刚行军千里，进入我方纵深，精兵强将全都集中在这里。

咸请战,太宗曰:“金刚悬军千里,深入吾地,精兵骁将,皆在于此。武周据太原,专倚金刚以为捍。士卒虽众,内实空虚,意在速战。我坚营蓄锐以挫其锋,粮尽计穷,自当遁走。”

三年二月,金刚竟以众馁而遁,太宗追之至介州。金刚列阵,南北七里,以拒官军。太宗遣总管李世勣、程咬金、秦叔宝当其北,翟长孙、秦武通当其南。诸军战小却,为贼所乘。太宗率精骑击之,冲其阵后,贼众大败,追奔数十里。敬德、相率众八千来降,还令敬德督之,与军营相参。屈突通惧其为变,骤以为请。太宗曰:“昔萧王推赤心置人腹中,并能毕命,今委任敬德,又何疑也。”于是刘武周奔于突厥,并、

刘武周占据太原,全依仗宋金刚的保护。敌军人数虽然众多,但后方却很空虚,所以敌方希望尽快与我决战。我们要坚守营垒,养精蓄锐以消磨敌人的锐气,敌军一旦粮食耗尽而又无计可施时,自然就会狼狈逃走了。”

武德三年二月,宋金刚终于因军队断炊而逃走,太宗挥师追赶到介州。宋金刚布列阵势,从南至北长达七里,企图抵挡官军。太宗派遣行军总管李世勣、程咬金、秦叔宝在北面迎敌,另又命令翟长孙、秦武通在南面迎战。各军接战后稍有退却,敌军乘势进攻。太宗亲自率领精锐骑兵出击,冲杀敌人军阵后方,敌军陷于大败,太宗追杀数十里。尉迟敬德、寻相率领八千人马前来投降,太宗命令仍由尉迟敬德统领这些兵马,和官军营垒参杂相处。屈突通担忧这些降卒发动变乱,急忙请太宗暗中注意防备。太宗说:“从前萧王刘秀待人赤诚相见,推心置腹,所以别人都愿意为他尽力效命,如今我既已对尉迟敬德委以重任,又何必怀疑他呢?”于是,刘武周狼狈窜入突厥,并、汾二州旧有的辖地全部被收复。高祖下诏令就在军中加授太宗为益州道行

汾悉复旧地。诏就军加拜益州道行台尚书令。

七月，总率诸军攻王世充于洛邑，师次谷州。世充率精兵三万阵于慈涧，太宗以轻骑挑之。时众寡不敌，陷于重围，左右咸惧。太宗命左右先归，独留后殿。世充骁将单雄信数百骑夹道来逼，交抢竞进，太宗几为所败。太宗左右射之，无不应弦而倒，获其大将燕颀。世充乃拔慈涧之镇归于东都。太宗遣行军总管史万宝自宜阳南据龙门，刘德威自太行东围河内，王君廓自洛口断贼粮道。又遣黄君汉夜从孝水河中下舟师袭回洛城，克之。黄河以南，莫不响应，城堡相次来降。大军进屯邙山。九月，太宗以五百骑先观战地，卒与世充万

台尚书令。

同年七月，太宗统率各路人马开赴洛邑去攻打王世充，部队驻扎在谷州。王世充指挥三万精兵在慈涧列成阵势，太宗带领轻骑向敌军挑战。当时因众寡不敌，唐军被对手所团团包围，太宗身边的将士见状都很害怕。太宗命令左右将士首先撤退，自己一人留下断后。王世充部下的骁将单雄信指挥数百名骑兵从左右两边逼近太宗，他们相互争先恐后向太宗冲杀，太宗差一点被打败。太宗左右开弓发箭射敌，敌兵无不应弦落马，太宗抓获了敌军大将燕颀。王世充于是撤掉设在慈涧的军营回到洛阳。太宗派遣行军总管史万宝从宜阳向南开进，占据龙门，刘德威从太行往东推进，包围河内，王君廓从洛口截断敌军的粮食补给线。又派遣黄君汉乘夜色掩护率领水军由孝水河顺流而下袭击回洛城，并将其攻克。黄河以南，各地无不响应太宗，各城堡守军相继前来投降。太宗统率大军进驻邙山。九月，太宗带领五百名骑兵到前方阵地观察地形，突然和王世充率领的一万多人马遭遇，双方展开

余人相遇，会战，复破之，斩首三千余级，获大将陈智略，世充仅以身免。其所署筠州总管杨庆遣使请降，遣李世勣率师出轘辕道安抚其众。荥、汴、洧、豫九州相继来降。世充遂求救于窦建德。

四年二月，又进屯青城宫。营垒未立，世充众二万自方渚门临谷水而阵。太宗以精骑阵于北邙山，令屈突通率步卒五千渡水以击之，因诫通曰：“待兵交即放烟，吾当率骑军南下。”兵才接，太宗以骑冲之，挺身先进，与通表里相应。贼众殊死战，散而复合者数焉。自辰及午，贼众始退。纵兵乘之，俘斩八千人，于是进营城下。世充不敢复出，但婴城自守，以待建德之援。太宗遣诸军掘堑，匝布长

交锋，太宗再次打败了王世充的部队，斩首三千余级，俘虏了敌方大将陈智略，王世充本人只身侥幸逃脱。王世充所任命的筠州总管杨庆派遣使者来向太宗请降，太宗便派李世勣率军队出轘辕道前去安抚杨庆的部众。荥、汴、洧、豫等九州先后来投降。王世充于是向窦建德请求救援。

武德四年二月，太宗又率军进驻青城宫。营垒还没有修筑就绪，王世充的部队两万余人就拥出方渚门靠着谷水布列阵势。太宗自率精锐骑兵在北邙山布阵，命令屈突通率领五千名步兵渡过谷水进攻敌人，同时对屈突通嘱咐说：“待两军一交战，就立即施放烟火以为信号，我便率领骑兵向南攻敌。”两军刚刚接战，太宗就统领骑兵对敌发起冲锋，他挺身冲杀在队伍前头，和屈突通里外呼应，实施夹击。敌军拼死战斗，队伍被冲散，但很快又合拢，如此反复有多次。从辰时一直搏杀到午时，敌人才开始向后败退。太宗乘机纵兵追杀，俘虏和杀死敌军八千人，于是推进到洛阳城下安营扎寨。王世充不敢再度出战，只是环城固守，以等待窦建德援军的到来。太宗命令各营士兵在城

围以守之。吴王杜伏威遣其将陈正通、徐召宗率精兵二千来会于军所。伪郑州司马沈悦以武牢降,将军王君廓应之,擒其伪荆王王行本。

会窦建德以兵十余万来援世充,至于酸枣。萧瑀、屈突通、封德彝皆以腹背受敌,恐非万全,请退师谷州以观之。太宗曰:"世充粮尽,内外离心,我当不劳攻击,坐收其弊。建德新破孟海公,将骄卒惰,吾当进据武牢,扼其襟要。贼若冒险与我争锋,破之必矣。如其不战,旬日间世充当自溃。若不速进,贼入武牢,诸城新附,必不能守。两贼并力,将若之何?"通又请解围就险以候其变,太宗不许。于是留通辅齐王元吉以围世充,亲率

外四周挖掘壕沟,将洛阳城严密包围起来,并仔细注视城中敌军的动静。吴王杜伏威派遣他的部将陈正通、徐召宗带领精兵两千名来到军营和太宗会合。伪郑州司马沈悦献出虎牢关向太宗投降,将军王君廓配合沈悦行动,将伪荆王王行本生擒活捉。

适逢窦建德率领十余万大军前来救援王世充,队伍开进到了酸枣。萧瑀、屈突通、封德彝等人都认为唐军腹背受敌,不是万全之策,建议暂且退兵到谷州以静观形势的变化。太宗说:"王世充粮食草料已经用尽,将士之间离心离德,我们不必再费力进攻,只需在这里坐待他自己溃败。窦建德刚刚战胜孟海公,将领骄傲,士卒疲惰,我们应当进兵据守虎牢关,扼制其要害位置。如果敌人冒险来和我交锋,那么打败它是肯定无疑的。如果敌人不与我交战,那么十日之内王世充就会自行溃败。假若我们不迅速进兵,待敌寇进入虎牢,各城堡刚刚归附我们,必定难以守住。那时窦建德、王世充两贼齐心协力,我们还有什么办法可想呢!"屈突通又建议暂时解除对洛阳城的包围,将兵力转移到险要之处以等待敌人的

步骑三千五百人趣武牢。

建德自荥阳西上，筑垒于板渚，太宗屯武牢，相持二十余日。谍者曰：“建德伺官军刍尽，候牧马于河北，因将袭武牢。”太宗知其谋，遂牧马河北以诱之。诘朝，建德果悉众而至，陈兵汜水，世充将郭士衡阵于其南，绵亘数里，鼓噪，诸将大惧。太宗将数骑升高丘以望之，谓诸将曰：“贼起山东，未见大敌。今度险而嚣，是无政令；逼城而阵，有轻我心。我按兵不出，彼乃气衰，阵久卒饥，必将自退，追而击之，无往不克。吾与公等约，必以午时后破之。”建德列阵，自辰至午，兵士

变化，太宗没有允许。于是留下屈突通协助齐王李元吉继续围困王世充，太宗亲率三千五百名步骑兵奔赴虎牢关。

窦建德由荥阳向西前进，在板渚构筑营垒，而太宗驻军于虎牢，双方相互对峙前后二十余天。间谍回来报告说：“窦建德已经侦知官军马草用尽的情况，正准备待官军到黄河以北放牧军马时，乘机袭击虎牢关。”太宗掌握了敌人的行动计划，便派人到黄河北岸放牧战马以引诱敌人前来进攻。第二天清晨，窦建德果然倾其全军来犯，靠近汜水岸边列阵，王世充的部将郭士衡在窦建德军队的南边布阵，以作策应。窦、郭二人的军队连绵数里地，擂鼓高声呐喊，唐军的将领们见状都非常恐惧。太宗带领几名骑兵登上高岗观察敌人的阵地，对各位将领说：“这伙贼兵起自山东，未遇上过真正强大的对手。如今通过险要之地而乱喊乱叫，这表明军队没有严格纪律和法令；逼近城堡才布阵列势，这表明其有轻敌麻痹思想。我们按兵不动，他们的锐气就会趋于衰竭，列阵的时间一长，士卒饥饿难忍，必定会自动退却，届时我军乘势追击，自然是所向披靡，战无不胜。我同诸位相约，一定会在午时以后击破敌人。”窦建德列阵，从辰时一直持续到午时，

饥倦，皆坐列，又争饮水，逡巡敛退。太宗曰："可击矣！"亲率轻骑追而诱之，众继至。建德回师而阵，未及整列，太宗先登击之，所向皆靡。俄而众军合战，嚣尘四起。太宗率史大奈、程咬金、秦叔宝、宇文歆等挥幡而入，直突出其阵后，张我旗帜。贼顾见之，大溃。追奔三十里，斩首三千余级，虏其众五万，生擒建德于阵。太宗数之曰："我以干戈问罪，本在王世充，得失存亡，不预汝事，何故越境，犯我兵锋？"建德股栗而言曰："今若不来，恐劳远取。"高祖闻而大悦，手诏曰："隋氏分崩，崤函隔绝。两雄合势，一朝清荡。兵既克捷，更

士兵们又饥又累，全都在阵中坐了下来，又互相争水喝，同时迟疑徘徊着收拢队伍准备撤退。太宗下令道："现在可以出击了。"亲率轻骑追赶并引诱敌人，大部队紧接着也跟进上来。窦建德把部队调转回来列阵，还没有等他把队形整顿好，太宗就发起了猛烈的进攻，所到之处，敌人纷纷向后败退。紧接着双方展开一场混战，杀声震天，尘土飞扬。太宗率领史大奈、程咬金、秦叔宝、宇文歆等部将挥舞战旗冲杀入敌阵，径直冲杀到敌军阵后，将官军的旗帜张开飘扬。敌军士兵回头看见自己阵后出现官军的旗帜，顿时溃不成军。官军乘胜追杀三十余里，斩首三千余级，俘虏窦建德部众五万人，在军阵上活捉了窦建德本人。太宗斥责他说："我兴义兵吊民伐罪，对象本来只是王世充一人，不论谁胜谁败，都和你没有关系，你为什么要越过地界，来同我作对交战？"窦建德两腿发抖，惶恐回答说："假如我现在不来，恐怕会有劳您大老远赶去抓我。"高祖闻报太宗胜利的消息，不禁万分高兴，亲手写来诏书道："隋朝政权分崩离析，崤山、函谷将东西隔绝。王、窦两股强大势力纠集在一起，竟被我军顷刻间扫荡干净。我军打了大胜仗，又没

无死伤。无愧为臣，不忧其父，并汝功也。”

乃将建德至东都城下。世充惧，率其官属二千余人诣军门请降，山东悉平。太宗入据宫城，令萧瑀、窦轨等封守府库，一无所取，令记室房玄龄收隋图籍。于是诛其同恶段达等五十余人，枉被囚禁者悉释之，非罪诛戮者祭而诔之。大飨将士，班赐有差。高祖令尚书左仆射裴寂劳于军中……

于是海内渐平，太宗乃锐意经籍，开文学馆以待四方之士。行台司勋郎中杜如晦等十有八人为学士，每更直阁下。降以温颜，与之讨论经义，或夜分而罢。

有遭受什么损失。你不愧为良臣，不让你父亲担忧，这全是你的功劳啊！”

太宗将窦建德押送到洛阳城下。王世充害怕极了，便带着他自己部下官佐两千多人到军营大门前投降，至此，山东各地全部平定。太宗进驻洛阳宫城，命令萧瑀、窦轨等人封存和守卫府库，一钱一物都不曾动用，又命令书记官房玄龄收集隋朝的地图和户籍簿册。同时处死了和王世充一同作恶的段达等五十多人，将被冤枉囚禁的人全部加以释放，对凡是无罪被杀戮的人都给予祭奠和追悼。又大办酒席欢宴全体将士，根据功劳大小分等予以赏赐。高祖命令尚书左仆射裴寂到军中进行慰问……

至此，天下逐渐趋于平定，太宗于是专心研读经典图籍，设置文学馆网罗天下的贤能才俊、文人学者。行台司勋郎中杜如晦等十八人担任文学馆的学士，经常在文学馆内轮流值班。太宗本人和颜悦色，经常和文人学士们研讨阐论经书义理，有时到半夜才肯结束。

没过多久，窦建德以前的部将刘黑闼起兵反唐，占据了洺州。十二月，太宗统率各路兵马向东去讨伐。武德五年正月，大军开进到肥乡，先分兵截断

未几，窦建德旧将刘黑闼举兵反，据洺州。十二月，太宗总戎东讨。五年正月，进军肥乡，分兵绝其粮道，相持两月。黑闼窘急求战，率步骑二万，南渡洺水，晨压官军。太宗亲率精骑，击其马军，破之，乘胜蹂其步卒。贼大溃，斩首万余级。先是，太宗遣堰洺水上流使浅，令黑闼得渡。及战，乃令决堰，水大至，深丈余，贼徒既败，赴水者皆溺死焉。黑闼与二百余骑北走突厥，悉虏其众，河北平。时徐圆朗阻兵徐、兖，太宗回师讨平之，于是河、济、江、淮诸郡邑皆平。十月，加左右十二卫大将军。

七年秋，突厥颉利、突利二可汗自原州入寇，侵扰关中。有说高祖云："只为府藏子女在京师，故突

了敌军的运粮通道，双方相持了两个多月。刘黑闼窘迫心慌，急于求战，便率领步、骑兵两万人，南渡洺水，在一天清晨进逼到官军阵前。太宗亲率精锐骑兵，攻击刘黑闼的骑兵，将其击败，并乘胜追杀践踏刘黑闼的步兵。敌人四散逃溃，被斩首一万多人。在交战之前，太宗派遣士兵在洺水上游筑坝拦水，使河水变浅，让刘黑闼的部队能够渡河。等到交战时，太宗命令部下决坝放水，大水汹涌而至，深达一丈有余，敌人溃败后，往河中逃跑的士兵统统被水淹死了。刘黑闼带领两百余名骑兵狼狈逃往北方的突厥，被他丢下的部众全部都成了唐军的俘虏，黄河以北被平定了。当时徐圆朗拥兵占据徐州和兖州，太宗回师时一举将其讨平。至此，黄河、济水、长江和淮河流域的各郡县全部平定。十一月，加授太宗为左右十二卫大将军。

武德七年秋，突厥颉利、突利二可汗从原州入侵，袭扰关中地区。有人劝告高祖说："只因为国家的金银库藏和美女都集中在京城长安，所以突厥来侵扰。如果放一

厥来，若烧却长安而不都，则胡寇自止。”高祖乃遣中书侍郎宇文士及行山南可居之地，即欲移都。萧瑀等皆以为非，然终不敢犯颜正谏。太宗独曰：“霍去病，汉廷之将帅耳，犹且志灭匈奴。臣忝备藩维，尚使胡尘不息，遂令陛下议欲迁都，此臣之责也。幸乞听臣一申微效，取彼颉利。若一两年间不系其颈，徐建移都之策，臣当不敢复言。”高祖怒，仍遣太宗将三十余骑行栈。还日，固奏必不可移都，高祖遂止。八年，加中书令。

九年，皇太子建成、齐王元吉谋害太宗。六月四日，太宗率长孙无忌、尉迟敬德、房玄龄、杜如晦、宇文士及、高士廉、侯君集、程知节、秦叔宝、段

把火烧毁长安，不在这里建都，那么胡寇的侵扰就自然会停止了。”高祖于是就派中书侍郎宇文士及到山南道去选择可安顿朝廷的合适地方，准备立即迁都。萧瑀等人都认为这样做不妥当，但却不敢在当面严肃劝谏高祖。只有太宗一人规谏说：“霍去病他不过是汉朝的一名将帅，尚且立下雄心壮志要消灭匈奴。臣下我身为朝廷藩王，却让胡贼肆无忌惮，不断入寇，致使陛下考虑准备迁都，这乃是臣下我未能恪尽职责。恳切期望陛下允许我为朝廷效力，去征讨颉利可汗。倘若在一两年内不能把他生擒活捉，那么再缓缓商讨迁都的事宜，届时臣下我就不敢再加以谏阻了。”高祖听后很恼怒，并命令太宗带领三十余名骑兵去巡视栈道。太宗回朝之后，仍然坚持上奏劝谏一定不可迁都，高祖这才中止了迁都的计划。武德八年，加授太宗为中书令。

武德九年，皇太子李建成、齐王李元吉图谋加害太宗。六月四日，太宗先发制人，率领长孙无忌、尉迟敬德、房玄龄、杜如晦、宇文士及、高士廉、侯君集、程知节、秦叔宝、段志玄、屈突通、张士贵等人在玄武门杀

志玄、屈突通、张士贵等于玄武门诛之。甲子，立为皇太子，庶政皆断决……

八月癸亥，高祖传位于皇太子，太宗即位于东宫显德殿……甲戌，突厥颉利、突利寇泾州。乙亥，突厥进寇武功，京师戒严。丙子，立妃长孙氏为皇后。己卯，突厥寇高陵。辛巳，行军总管尉迟敬德与突厥战于泾阳，大破之，斩首千余级。癸未，突厥颉利至于渭水便桥之北，遣其酋帅执失思力入朝为觇，自张形势，太宗命囚之。亲出玄武门，驰六骑幸渭水上，与颉利隔津而语，责以负约。俄而众军继至，颉利见军容既盛，又知思力就拘，由是大惧，遂请和，诏许焉。即日还宫。乙酉，又幸便桥，与颉利刑白马设盟，突厥引退。

死了李建成和李元吉。甲子，高祖立太宗为皇太子，将朝廷的一应政务全交由他进行处理。

八月癸亥，高祖传位给皇太子李世民。太宗在东宫显德殿即位，登基为皇帝……甲戌，突厥颉利、突利可汗率众侵扰泾州。乙亥，突厥进犯武功，京师内外为之实行戒严。丙子，立贵妃长孙氏为皇后。己卯，突厥寇犯高陵。辛巳，行军总管尉迟敬德同突厥在泾阳交战，大败突厥，斩首一千多级。癸未，突厥颉利可汗来到渭水便桥以北，派遣其手下一个部落首领名叫执失思力的入朝窥探唐朝方面的动态，偷偷察看地形，太宗下令将他囚禁起来。太宗亲自出玄武门，率领六人骑马来到渭水边上，和颉利可汗隔河对话，指责他违背了以前的有关承诺。不一会儿，大军相继开赴到渭水岸边。颉利望见唐朝军容壮观盛大，又得知执失思力已被拘留，于是大为恐惧，便请求和唐朝讲和。太宗答应了他的请求。当天太宗回到皇宫。乙酉，太宗又亲临便桥，与颉利可汗一起杀白马订立盟约，突厥尔后引兵退去。

九月丙戌，颉利献马三千匹、羊万口，帝不受，令颉利归所掠中国户口。丁未，引诸卫骑兵统将等习射于显德殿庭，谓将军已下曰："自古突厥与中国，更有盛衰。若轩辕善用五兵，即能北逐獯鬻；周宣驱驰方、召，亦能制胜太原。至汉、晋之君，逮于隋代，不使兵士素习干戈，突厥来侵，莫能抗御，致遗中国生民涂炭于寇手。我今不使汝等穿池筑苑，造诸淫费，农民恣令逸乐，兵士唯习弓马，庶使汝斗战，亦望汝前无横敌。"于是每日引数百人于殿前教射，帝亲自临试，射中者随赏弓刀、布帛。朝臣多有谏者，曰："先王制法，有以兵刃至御所者刑之，所以防萌杜渐，备不虞也。今引裨卒之人，弯弧纵矢于轩陛之侧，陛下亲在

九月丙戌，颉利向唐朝贡献一千匹马、一万只羊，太宗没有接受，而要求颉利归还过去所掠走的中原人口。丁未，太宗下令各卫统领骑兵的将领在显德殿前庭院中练习射箭，他对将军以下的军官说："自古以来突厥和中原国家，互相之间更迭兴衰。像轩辕黄帝那样善于使用五种兵器，就能在北方驱逐獯鬻；周宣王指挥方叔和召虎，使之为自己用命效力，也能在太原战胜敌人。到了汉、晋的各代君主，直至隋朝，不让士兵们在平时练习使用兵器，结果当突厥前来侵犯时，竟然不能加以抵抗，致使中原地区的百姓遭受到敌寇的杀戮和蹂躏。我现在不让你们修池塘筑宫苑，建造那些浪费民力物力的设施，以保障农民们安居乐业，尽享太平，让士兵们只练习骑射技艺，以保证你们善于战斗作战，也希望使你们做到在战场上前无强敌，所向披靡。"于是每天命令数百人在殿前练习射箭，皇帝亲自到场进行考核，凡射中靶子的将士当场就赏赐弓刀、布帛之物。朝廷大臣对这种做法多有加以谏阻的，说："先代

其间，正恐祸出非意，非所以为社稷计也。”上不纳。自是后，士卒皆为精锐。

贞观元年春正月乙酉，改元……

四年春正月乙亥，定襄道行军总管李靖大破突厥……（二月）甲辰，李靖又破突厥于阴山，颉利可汗轻骑远遁……三月庚辰，大同道行军副总管张宝相生擒颉利可汗，献于京师……夏四月丁酉，御顺天门，军吏执颉利以献捷。自是西北诸蕃咸请上尊号为“天可汗”，于是降玺书册命其君长，则兼称之……

七年春正月戊子……上制破阵乐舞图……乙酉，薛延陀遣使来朝……

（八年）十二月辛丑，命特进李靖、兵部尚书侯君集、刑部尚书任城王道宗、凉州都督李大亮等为大总

君王曾制定法令，有携带兵器到天子住处的一律处以死刑，这是为了防微杜渐，预防意想不到危险的发生。如今居然将偏裨将佐及士卒引进皇宫，在陛下身边弯弓射箭，而陛下又杂处于这些人中间，恐怕灾祸会发生在不意之间。这样做实在不利于国家的安全。”皇上没有接受这一谏阻。从此之后，士兵们都成为了精锐武装。

贞观元年春正月乙酉，更改年号（改武德为贞观）。

贞观四年春正月乙亥，定襄道行军总管李靖大破突厥……（二月）甲辰，李靖又在阴山击败突厥，颉利可汗轻装骑马远远逃走……三月庚辰，大同道行军副总管张宝相生擒颉利可汗，押回京师长安献捷……夏四月丁酉，太宗驾幸顺天门，军吏押送颉利可汗向天子进献战利品。从此以后，西北地区各少数民族首领都请求尊称太宗为“天可汗”。于是太宗在下诏册立各族君长之时，除了自称大唐天子以外，又兼用“天可汗”这一称号。

贞观七年春正月戊子……唐太宗正式定制“破阵乐舞图”……

管，各帅师分道以讨吐谷浑……（九年闰四月）癸巳，大总管李靖、侯君集、李大亮、任城王道宗破吐谷浑于牛心堆……（五月）壬子，李靖平吐谷浑于西海之上，获其王慕容伏允。以其子慕容顺光降，封为西平郡王，复其本国……

（十六年）是岁，高丽大臣盖苏文弑其君高武，而立武兄子藏为王……（十八年十一月）庚子，命太子詹事、英国公李勣为辽东道行军总管，出柳城，礼部尚书、江夏郡王道宗副之；刑部尚书、郧国公张亮为平壤道行军总管，以舟师出莱州，左领军常何、泸州都督左难当副之。发天下甲士，召募十万，并趣平壤，以伐高丽……

——节录自《旧唐书·唐太宗本纪》

乙酉，薛延陀派遣使者入朝通好敦谊……

（贞观八年）十二月辛丑，命令特进李靖、兵部尚书侯君集、刑部尚书任城王李道宗、凉州都督李大亮等人为大总管，各统率部队分道前往讨伐吐谷浑……（贞观九年闰四月）癸巳，大总管李靖、侯君集、李大亮、任城王李道宗在牛心堆打败吐谷浑……（五月）壬子，李靖在西海之上平定了吐谷浑，抓获了吐谷浑王慕容伏允。慕容伏允的儿子慕容顺光因为能主动归降，被封为西平郡王，并恢复了吐谷浑国……

（贞观十六年）这一年，高丽国大臣盖苏文弑杀其国君高武，而改立高武兄长的儿子高藏为国王……（贞观十八年十一月）庚子，太宗任命太子詹事、英国公李勣为辽东道行军总管，从柳城出发，礼部尚书、江夏郡王李道宗作为他的副手；刑部尚书、郧国公张亮任平壤道行军总管，率领水师从莱州出发，由左领军常何、泸州都督左难当两人作为他的辅弼。调集全国的军队，又另行召募十万人，一齐向平壤进发，征伐高丽国……

附录二

李靖传略

原文

李靖，本名药师，雍州三原人也。祖崇义，后魏殷州刺史，永康公。父诠，隋赵郡守。靖姿貌瑰伟，少有文武材略。每谓所亲曰："大丈夫若遇主逢时，必当立功立事，以取富贵。"其舅韩擒虎号为名将，每与论兵，未尝不称善，抚之曰："可与论孙、吴之术者，惟斯人矣。"初仕隋为长安县功曹，后历驾部员外郎。左仆射杨素、吏部尚书牛弘皆善之。素尝拊其床谓靖曰："卿终当坐此。"

译文

李靖，本名药师，雍州三原地方的人。祖父李崇义，任后魏殷州刺史，封永康公。父亲李诠，为隋朝赵郡太守。李靖相貌堂堂，风姿奇伟，从年轻时候起，就很有文才武略。经常对自己所亲近的人说："大丈夫如果能遇上英明的君主与大好的时机，就一定可以建功立业，以博取荣华富贵。"他的舅父、世称名将的韩擒虎，经常和李靖一起讨论军事，没有不称赞褒扬他的，总是拍着他的肩膀说："可以和我一道讨论、研究孙子、吴起兵法的，就只有这个人了。"李靖起先在隋朝做官，担任长安县功曹，后来又当上驾部员外郎。左仆射杨素、吏部尚书牛弘都很赏识他。杨素曾经拍着自己的坐榻对李靖说："你将来一定会坐这个位置。"

大业末，累除马邑郡丞。会高祖击突厥于塞外，靖察高祖，知有四方之志，因自锁上变，将诣江都，至长安，道塞不通而止。高祖克京城，执靖将斩之。靖大呼曰："公起义兵，本为天下除暴乱，不欲就大事，而以私怨斩壮士乎！"高祖壮其言，太宗又固请，遂舍之。太宗寻召入幕府。

武德三年，从讨王世充，以功授开府。时萧铣据荆州，遣靖安辑之。轻骑至金州，遇蛮贼数万，屯聚山谷，庐江王瑗讨之，数为所败。靖与瑗设谋击之，多所克获。既至硖州，阻萧铣，久不得进。高祖怒其迟留，阴敕硖州都督许绍斩之。绍惜其才，为之请命，于是获

隋朝大业末年，累升至马邑郡丞。适逢唐高祖李渊在塞外攻击突厥，李靖暗中观察李渊，发现其有夺取天下的意图，因而想到江都隋炀帝那里去告发李渊，路过长安，因道路堵塞不通而没有走成。李渊攻克京城长安，捉住李靖准备砍他的脑袋。李靖大声喊叫说："明公您起义兵，目的是为了替天下民众除暴乱，为什么不想成就大事，而要以私人恩怨杀害壮士？"高祖觉得这话说得很有气魄，太宗又在一旁恳切地为他求情，于是高祖就赦免了他。太宗不久就把李靖召入自己的幕府。

武德三年，李靖随从太宗李世民征讨王世充，因军功授予"开府"的权限。这时，萧铣占据荆州，唐廷派遣李靖前往讨抚。李靖轻骑至金州，正好遇上数万少数民族的武装力量，聚屯在山谷之中，庐江王李瑗率兵前去讨伐，多次为对手战败。李靖为李瑗出谋划策，实施攻击，颇有斩获。李靖到了硖州，为萧铣势力所拒阻，很长时间里不得前往。高祖对他的滞留不前十分生气，秘密下令硖州都督许绍诛杀李靖。许绍觉得人才难得，杀了可惜，替他请求宽恕，这样李靖才幸免一死。适逢开州少数民族首领冉肇则起兵反唐，率军攻打夔

免。会开州蛮首冉肇则反，率众寇夔州，赵郡王孝恭与战，不利。靖率兵八百，袭破其营，后又要险设伏，临阵斩肇则，俘获五千余人。高祖甚悦，谓公卿曰："朕闻使功不如使过，李靖果展其效。"因降玺书劳曰："卿竭诚尽力，功效特彰。远览至诚，极以嘉赏，勿忧富贵也。"又手敕靖曰："既往不咎，旧事吾久忘之矣。"

四年，靖又陈十策以图萧铣。高祖从之，授靖行军总管，兼摄孝恭行军长史。高祖以孝恭未更戎旅，三军之任，一以委靖。其年八月，集兵于夔州。铣以时属秋潦，江水泛涨，三峡路险，必谓靖不能进，遂休兵不设备。九月，靖乃率师而进，将下峡，诸将皆请停兵以待

州，赵郡王李孝恭与其作战，被动失利。李靖率兵八百，偷袭攻破其营地，接着又据险要地形布设埋伏，临阵斩杀了冉肇则，俘虏五千余人。高祖闻报大为喜悦，对公卿们说："我听说任用有功劳的人还不如任用有过失的人，李靖他果然发挥作用了。"同时颁发玺书慰劳李靖说："你竭诚尽力，功效卓著。我远在长安，却看到了你的至诚忠贞，极为嘉勉赞赏，你就不必担忧荣华富贵了。"又亲笔赐书给李靖说："既往不咎，过去的事情，我心里早已经忘记了。"

武德四年，李靖又向朝廷提出了谋取萧铣、平定荆州的十条策略。高祖采纳了他的建议，〔派李孝恭为统帅〕，委任李靖为行军总管兼做李孝恭的行军长史(相当于参谋长)。高祖认为李孝恭不十分谙熟军事，所以把指挥全军的实际权力，全都交给了李靖。这一年八月，唐朝大军集结于夔州。萧铣以为当时正是秋汛季节，长江之水上涨泛滥，三峡道路险阻难行，李靖军一定不能前进，因此，就休整部队，丝毫不加防备。九月间，李靖就率军开进，准备入三峡而下，各位将领都请求暂时停止进军，等待大

水退。靖曰:“兵贵神速,机不可失。今兵始集,铣尚未知,若乘水涨之势,倏忽至城下,所谓疾雷不及掩耳,此兵家上策。纵彼知我,仓卒征兵,无以应敌,此必成擒也。”孝恭从之,进兵至夷陵。铣将文士弘率精兵数万屯清江,孝恭欲击之。靖曰:“士弘,铣之健将,士卒骁勇。今新失荆门,尽兵出战,此是救败之师,恐不可当也。宜且泊南岸,勿与争锋,待其气衰,然后奋击,破之必矣。”孝恭不从,留靖守营,率师与贼合战。孝恭果败,奔于南岸。贼委舟大掠,人皆负重。靖见其军乱,纵兵击破之,获其舟舰四百余艘,斩首及溺死将万人。

水退去后再行动。李靖说:“用兵贵在神速,战机不可丧失。现在我们兵力刚集中,萧铣还不知道这一情况,如果乘着涨水时机顺流而下,突然进至其城下,这就叫做迅雷不及掩耳,这乃是兵家最上乘的计策。敌人纵然知道了我方的作战意图,仓促之中征集军队,也将无法对付我们,这样就必定为我军所擒杀。”李孝恭赞同这一方案,按计而行,唐军于是开进到夷陵。这时萧铣的将领文士弘率领精兵数万人屯驻在清江,李孝恭准备对其发起进攻。李靖说:“文士弘是萧铣手下的猛将,其部下士卒也骁勇善战。最近,他丢失了荆门,所以会尽一切力量来同我交战,这叫做‘救败之师’,恐怕难以抵挡。我军最好暂且停泊长江南岸,不和他正面交锋,等到他部队士气衰竭之后,再奋勇对其实施攻击,那么打败他就将是必定无疑的。”李孝恭不同意,留下李靖据守大营,自己亲率部队与文士弘交锋。结果李孝恭果真战败,奔回南岸。敌军官兵丢下船只大肆抢掠战利品,人人身上都背着沉重的东西。李靖发现敌军已经乱成一团,果断发兵出击,大破敌军,俘获敌方船舰四百余艘,被斩杀和淹死的敌人,将近一万之众。

孝恭遣靖率轻兵五千为先锋，至江陵，屯营于城下。士弘既败，铣甚惧，始征兵于江南，果不能至。孝恭以大军继进，靖又破其骁将杨君茂、郑文秀，俘甲卒四千余人，更勒兵围铣城。明日，铣遣使请降。靖即入据其城，号令严肃，军无私焉。

时诸将咸请孝恭云："铣之将帅与官军拒战死者，罪状既重，请籍没其家，以赏将士。"靖曰："王者之师，义存吊伐。百姓既受驱逼，拒战岂其所愿。且犬吠非其主，无容同叛逆之科，此蒯通所以免大戮于汉祖也。今新定荆、郢，宜弘宽大，以慰远近之心，降而籍之，恐非救焚拯溺之义。但恐自此已南

李孝恭派遣李靖统率轻装精兵五千人作为先锋，直抵江陵，安营扎寨于江陵城下。文士弘既已惨败，萧铣极为恐惧，紧急中才开始向江南各地征集兵力，果然（如李靖所料）各路军队都未能赶来增援。李孝恭率领大军继续跟进，李靖又击破了萧铣的骁将杨君茂、郑文秀等人，俘获带甲士卒四千余人，并部署兵力全力围攻萧铣所据守的江陵城。第二天，萧铣派遣使臣前来请求投降。李靖当即进据江陵城，其军号令严肃，将士没有纵私欲劫掠的不当行为。

这时，许多将领都向李孝恭请求说："萧铣手下的将帅，多有因抗拒官军而战死的，这些人罪大恶极，请抄没他们的家产，用来犒赏我军将士。"李靖反对说："王者的军队，大义所在，是出于吊民伐罪的宗旨。百姓受萧铣的驱使和逼迫，为其抗拒我军而作战，这难道是他们所心甘情愿的吗？况且，狗对不是它主子的人咆哮，不能归入叛逆的范围，这就是蒯通之所以被刘邦赦免死罪的道理。现在刚刚平定荆、郢地区，应该提倡宽宏大量，来安定抚慰远近民心。敌人投降了，反而要抄没他们的家产，这恐怕不是拯救

城镇，各坚守不下，非计之善。”于是遂止。江、汉之域，闻之莫不争下。以功授上柱国，封永康县公，赐物二千五百段。诏命检校荆州刺史，承制拜授。乃度岭至桂州，遣人分道招抚，其大首领冯盎、李光度、宁真长等，皆遣子弟来谒，靖承制拜授其官爵。凡所怀辑九十六州，户六十余万。优诏劳勉，授岭南道抚慰大使，检校桂州总管。

六年，辅公祏于丹阳反。诏孝恭为元帅，靖为副以讨之。李勣、任瑰、张镇州、黄君汉等七总管并受节度。师次舒州，公祏遣将冯惠亮率舟师三万屯当涂，陈正通、徐绍宗领步骑二万屯青林山，仍于梁

民众于水火之中的本意吧。我只怕是从此地再向南进军，各城镇都会坚守不降了，这绝对不是好计策！”于是制止了将领们的要求。江、汉之间各个地方听到这个消息后，没有不争相投降的。李靖因战功卓著而被授予上柱国称号，封永康县公，赐物二千五百段布帛。诏命检校署理荆州刺史，按照有关制度拜授。李靖于是又越过五岭抵达桂州，派人分道招降慰抚，这些地方的大头目冯盎、李光度、宁真长等人，都派遣其子弟前来晋见李靖，李靖按照有关制度授予他们以一定官爵。这样一共招抚平定了九十六州，民众六十余万户。唐高祖李渊特别下诏令慰劳、勉励李靖，并授予他岭南道抚慰大使官职，检校署理桂州总管。

武德六年，辅公祏在丹阳起兵反唐。高祖诏令李孝恭为元帅、李靖为副帅进行讨伐，李勣、任瑰、张镇州、黄君汉等七总管都接受他们两人的调遣指挥。大军进驻舒州，辅公祏派遣其大将冯惠亮统率水军三万人屯驻当涂，又派将领陈正通、徐绍宗等统领步、骑兵两万人屯驻青林山进行抵御，并且在梁山一带用铁锁链阻绝长江交通，修筑半月形城墙，蜿蜒连绵十余里

山连铁锁以断江路，筑却月城，延袤十余里，与惠亮为犄角之势。孝恭集诸将会议，皆云："惠亮、正通并握强兵，为不战之计。城栅既固，卒不可攻。请直指丹阳，掩其巢穴。丹阳既破，惠亮自降。"孝恭欲从其议。靖曰："公祏精锐，虽在水陆二军，然其自统之兵，亦皆劲勇。惠亮等城栅尚不可攻，公祏既保据石头，岂应易拔？若我师至丹阳，留停旬月，进则公祏未平，退则惠亮为患，此便腹背受敌，恐非万全之计。惠亮、正通皆是百战余贼，必不惮于野战。止为公祏立计，令其持重，但欲不战以老我师。今若攻其城栅，乃是出其不意，灭贼之机，唯在此举。"孝恭然之。靖

地，与冯惠亮所部构成掎角之势。李孝恭召集诸将商议作战方案，大家都说："冯惠亮、陈正通都掌握着强大的兵力，却又不打算同我方决战。其城寨阵地也很坚固，仓促间很难攻克。请出兵直趋丹阳，袭击其巢穴。一旦攻破了丹阳，那么惠亮等自然就会投降。"李孝恭打算采纳这个建议。李靖却谏阻说："辅公祏的精锐部队，虽然都在这水、陆两支部队中。但是，他自己统率的军队，也是非常骁勇敢战的。冯惠亮等据守的木栅型城寨尚且不能攻克，那么辅公祏所固守的石头城，岂是容易攻拔的？倘若我方大军进抵丹阳，在那里停留十天半月，想前进打不败辅公祏，想退却又会被冯惠亮阻截，这样腹背受敌，恐怕绝对不是万全之策。冯惠亮、陈正通都是身经百战的强悍之敌，肯定不会畏惧野战。只是因为辅公祏定下计谋，让他们谨慎持重，想通过不与我决战的途径来疲惫我军。现在如果进攻他们的城寨，这就可以收到出其不意的效果，消灭敌人的时机，就在此一举了。"李孝恭觉得这意见很正确。于是李靖就带领黄君汉等部首先对冯惠亮发起攻击，经过一番激烈艰苦的战斗，击破了

乃率黄君汉等先击惠亮，苦战破之，杀伤及溺死者万余人，惠亮奔走。靖率轻兵先至丹阳，公祏大惧。先遣伪将左游仙领兵守会稽以为形援，公祏拥兵东走，以趋游仙，至吴郡，与惠亮、正通并相次擒获，江南悉平。于是置东南道行台，拜靖行台兵部尚书，赐物千段、奴婢百口、马百匹。其年，行台废，又检校扬州大都督府长史。丹阳连罹兵寇，百姓凋敝，靖镇抚之，吴、楚以安。

八年，突厥寇太原，以靖为行军总管，统江淮兵一万，与张瑾屯太谷。时诸军不利，靖众独全。寻检校安州大都督。高祖每云："李靖是萧铣、辅公祏膏肓，古之名将韩、白、卫、霍，岂能及也。"

九年，突厥莫贺咄设

冯惠亮所部，杀伤和淹死敌人一万余人，冯惠亮本人狼狈逃跑。李靖统率轻装精锐部队乘胜先到丹阳，辅公祏极为恐惧，先派将领左游仙领兵据守会稽，作为策应，辅公祏自己带兵向东退却，企图向左游仙部靠拢。当他抵达吴郡时，与冯惠亮、陈正通等相继为唐军所擒获，至此，江南地区被全部平定。于是朝廷设置了东南道行台，委任李靖为行台的兵部尚书，赏赐给他一千段布帛、一百名奴婢以及一百匹良马。当年，东南道行台被撤消，又改授李靖作检校扬州大都督府长史。当时丹阳一带连年遭受兵燹之祸，民生凋敝，李靖镇守安抚，吴、楚地区终于得以安宁。

武德八年，突厥进犯骚扰太原，朝廷派李靖为行军总管，统率江淮兵一万人，和张瑾一起屯驻在太谷。当时各军作战都不顺利，只有李靖所部将士得以保全。不久皇上下诏授他为检校安州大都督。高祖经常这么说："李靖是萧铣、辅公祏等人的克星。古代的名将，如韩信、白起、卫青、霍去病等，哪里能及得上他！"

寇边，征靖为灵州道行军总管。颉利可汗入泾阳，靖率兵倍道趋豳州，邀贼归路。既而与虏和亲而罢。

太宗嗣位，拜刑部尚书，并录前后功，赐实封四百户。贞观二年，以本官检校中书令。三年，转兵部尚书。突厥诸部离叛，朝廷将图进取，以靖为代州道行军总管，率骁骑三千，自马邑出其不意，直趋恶阳岭以逼之。颉利可汗不虞于靖，见官军奄至，于是大惧，相谓曰："唐兵若不倾国而来，靖岂敢孤军而至？"一日数惊。靖候知之，潜令间谍离其心腹，其所亲康苏密来降。四年，靖进击定襄，破之，获隋齐王暕之子杨正道及炀帝萧后，送于京师，可汗仅以身

武德九年，突厥的莫贺咄设侵扰边境地区，朝廷便征调李靖为灵州道行军总管。颉利可汗入侵泾阳，李靖率军日夜兼程赶赴豳州，截断了突厥的退路。后来，唐朝与突厥举行和亲而双方罢兵息战。

太宗继位之后，任命李靖为刑部尚书，并根据其历来所立功勋，赐予实封食邑四百户。贞观二年，以刑部尚书官衔检校中书令做宰相。贞观三年，李靖转任兵部尚书。突厥内部诸部分裂叛离，朝廷准备乘机进攻，任命李靖为代州道行军总管，统率精锐骑兵三千人，从马邑潜出，出敌不意地直扑恶阳岭，进逼突厥。颉利可汗对李靖的行动没有丝毫的防备，见官军突然大举来攻，十分恐惧，其部下相互交谈说："唐军若不是倾全国兵力来进攻，李靖他怎么敢这样孤军深入呢？"因而一日之内，多次惊扰不安。李靖侦知这一情况，密令间谍前去离间其心腹之人，使得可汗所亲近的康苏密前来投降。贞观四年，李靖挥师进击定襄，大破突厥军队，俘获隋朝齐王杨暕之子杨正道和隋炀帝的萧皇后，将其押送到京师长安，可汗本人只身侥幸逃脱。李靖因战功而晋封代国公，朝

遁。以功进封代国公,赐物六百段及名马、宝器焉。太宗尝谓曰:“昔李陵提步卒五千,不免身降匈奴,尚得书名竹帛。卿以三千轻骑深入虏庭,克复定襄,威振北狄,古今所未有,足报往年渭水之役。”

自破定襄后,颉利可汗大惧,退保铁山,遣使入朝谢罪,请举国内附。又以靖为定襄道行军总管,往迎颉利。颉利虽外请朝谒而潜怀犹豫。其年二月,太宗遣鸿胪卿唐俭、将军安修仁慰谕。靖揣知其意,谓将军张公谨曰:“诏使到彼,虏必自宽,遂选精骑一万,赍二十日粮,引兵自白道袭之。”公谨曰:“诏许其降,行人在彼,未宜讨击。”靖曰:“此兵机也。时不可失,韩信所以破齐也。如

廷还赏赐给他六百段布帛以及名马、宝器等物。唐太宗曾对李靖说:“从前李陵带领步兵五千人进击匈奴,不免兵败投降,但还能够在史书上留下名字。而你用三千轻骑兵深入突厥腹地,克复定襄,威震北方异族,这是古往今来所没有过的壮举,足以报当年渭水之役的大仇了。”

自从李靖攻破定襄之后,颉利可汗大为恐惧,于是退保铁山一带,并派遣使臣入朝上表请罪,要求举国作为唐朝的附庸。这时,朝廷又委任李靖为定襄道行军总管,前往迎接颉利入朝。颉利虽然表面上请求入朝晋谒,但内心却还在犹豫彷徨。这一年二月,太宗派遣鸿胪卿唐俭、将军安修仁前往颉利处慰问和晓谕。李靖看穿了颉利的意图,对将军张公瑾说:“皇上诏令使臣抵达突厥大帐,颉利等人必定松弛神经,松懈防备,应趁此机会选派精锐骑兵一万人,携带二十天的干粮,带着他们从白道前去袭击突厥。”公瑾回答说:“皇上已下诏书允许其投降,我国的使臣还在那里,这种情况下,是不适宜于进击的。”李靖说:“这是用兵的最好时机,机不可失,时不再来,韩信之所以能

唐俭辈,何足可惜!”督军疾进,师至阴山,遇其斥候千余帐,皆俘以随军。颉利见使者,大悦,不虞官兵至也。靖军将逼其牙帐十五里,虏始觉。颉利畏威先走,部众因而溃散。靖斩万余级,俘男女十余万,杀其妻隋义成公主。颉利乘千里马,将走投吐谷浑,西道行军副总管张宝相擒之以献。俄而突利可汗来奔,遂复定襄、常安之地,斥土界自阴山北至于大漠。

太宗初闻靖破颉利,大悦。谓侍臣曰:“朕闻主忧臣辱,主辱臣死。往者国家草创,太上皇以百姓之故,称臣于突厥,朕未尝不痛心疾首,志灭匈奴。坐不安席,食不甘味。今者暂动偏

击破田氏,平定三齐,就是因为抓住了战机。像唐俭那样的人,又有什么值得可惜的呢?”于是督促部队迅速开进,军队到达阴山,遇上突厥的侦察部队千余帐幕,全部予以俘虏,并令其随唐军前进。这方面颉利见唐俭等使者前来,心里很是高兴,完全没有防备唐军会来进攻。一直等到李靖军队进抵至其“牙帐”十五里处,他们才发觉。颉利可汗畏惧李靖军威,率先逃走,他麾下的部队因而随之溃散。李靖指挥将士斩首万余级,俘获男女人口十余万,临阵杀了颉利的妻子,即隋朝的义成公主。颉利本人骑着“千里马”,想前去投奔吐谷浑,被唐军西道行军副总管张宝相所擒获,送交朝廷。时隔不久,突利可汗也来向朝廷投降,从此,收复了定襄、常安地区,扩展疆土从阴山向北直到大沙漠。

唐太宗刚听说李靖击破颉利可汗,非常高兴。对左右侍臣们说:“我曾听说君主忧虑,臣下就会觉得是耻辱;君主遭到屈辱,臣下就只好衔恨去死。从前国家刚刚创建之时,太上皇为了百姓得到安宁的缘故,曾向突厥称臣,我一直对此感到痛心疾首,立志荡平消灭匈奴,以致起居不得安稳,吃

师，无往不捷，单于款塞，耻其雪乎！”于是大赦天下，酺五日。

饭也没有滋味。如今，只出动一部分兵力，就无往而不胜，敌酋单于也前来请求通好，从前的耻辱总算是彻底洗雪了！”于是颁布诏令大赦天下，欢宴五天。

御史大夫温彦博害其功，谮靖军无纲纪，致令虏中奇宝，散于乱兵之手。太宗大加责让，靖顿首谢。久之，太宗谓曰：“隋将史万岁破达头可汗，有功不赏，以罪致戮。朕则不然，当赦公之罪，录公之勋。”诏加左光禄大夫，赐绢千匹，真食邑通前五百户。未几，太宗谓靖曰：“前有人谗公，今朕意已悟，公勿以为怀。”赐绢二千匹，拜尚书右仆射。靖性沉厚，每与时宰参议，恂恂然似不能言。

御史大夫温彦博妒嫉李靖的功绩，向太宗进谗言说，李靖的军队毫无纪律可言，以致使突厥那里的珍宝异物，统统散落到乱兵的手中。太宗对李靖大加责备，李靖叩头表示谢罪。过了一阵子，太宗对李靖说：“隋朝大将史万岁击破达头可汗，有功得不到赏赐，反而以罪被杀戮。我在这方面就不这样做，我当赦免你的罪过，著录你的功勋。”下诏加授李靖左光禄大夫，赐绢一千匹，增封食邑连同过去封的共五百户。不久，太宗又对李靖说：“从前有人谗害你，现在我心里已经明白了，请你不要为此而介意。”又赐给李靖绢二千匹，授予尚书右仆射之职。李靖性情内向沉厚，每次与当时的宰相们议论政事，总是谦恭谨慎，好像不善于言辞表达。

八年，诏为畿内道大使，伺察风俗。寻以足疾上表乞骸骨，言甚恳至。太宗遣中书侍郎

贞观八年，朝廷诏授李靖为畿内道大使，视察调查社会风俗。不久，他以患足疾为理由上表请求辞官归家养老，言辞甚为恳切。唐太宗派中书侍

岑文本谓曰："朕观自古以来，身居富贵，能知止足者甚少。不问愚智，莫能自知，才虽不堪，强欲居职，纵有疾病，犹自勉强。公能识达大体，深足可嘉。朕今非直成公雅志，欲以公为一代楷模。"乃下优诏，加授特进。听在第摄养，赐物千段，尚乘马两匹。禄赐、国、官、府佐并依旧给。患若小瘳，每三两日至门下、中书平章政事。九年正月，赐靖灵寿杖，助足疾也。

未几，吐谷浑寇边，太宗顾谓侍臣曰："得李靖为帅，岂非善也！"靖乃见房玄龄曰："靖虽年老，固堪一行。"太宗大悦，即以靖为西海道行军大总管，统兵部尚书侯君集、刑部尚书任城王道宗、凉州都督李大亮、右

郎岑文本传话给李靖说："我看自古以来，身居荣华富贵而能够知止知足的人实在太少。不论是愚昧蠢笨的人还是聪颖精明的人，都没有自知之明，自己才力虽不足以胜任，却偏偏要勉强把持官职，即使有了疾病，仍要强打精神支撑。而你却能够通识大体，这很值得嘉奖表扬。我现在不仅仅是成全你的高雅志趣，而且还要把你树立为一代楷模。"于是下诏优待，加授特进之职。应允李靖回家安心养老，赐予布帛千段，加赐乘马两匹，其俸禄、赏赐、封地、官爵、府佐等都按原来规定执行，不作变动。如果疾病稍有痊愈，两三天去中书门下一次，参与讨论政事。贞观九年正月，赐给李靖灵寿木手杖一根，以便他克服足疾行走。

不久，吐谷浑侵扰边境，唐太宗环顾侍臣感慨地说："如能得李靖为主将，岂不是最好的选择！"李靖因而去见房玄龄说："我虽然年事已高，但还可以为圣上去出征。"太宗知道后非常高兴，便委任李靖为西海道行军大总管，统辖兵部尚书侯君集、刑部尚书任城王李道宗、凉州都督李大亮、右卫将军李大彦、利州刺史高甑生等

卫将军李道彦、利州刺史高甑生等五总管征之。九年，军次伏俟城，吐谷浑烧去野草，以馁我师，退保大非川。诸将咸言春草未生，马已羸瘦，不可赴敌。唯靖决计而进，深入敌境，遂逾积石山。前后战数十合，杀伤甚众，大破其国。吐谷浑之众遂杀其可汗来降。靖又立大宁王慕容顺而还。

初，利州刺史高甑生为盐泽道总管，以后军期，靖薄责之，甑生因有憾于靖。及是，与广州都督府长史唐奉义告靖谋反。太宗命法官按其事，甑生等竟以诬罔得罪。靖乃阖门自守，杜绝宾客，虽亲戚不得妄进。

十一年，改封卫国公，授濮州刺史，仍令代袭，例竟不行。十四年，靖妻卒，有诏坟茔制度，依汉卫、霍故事。筑阙象突厥内铁山、

五位总管，进军征讨吐谷浑。贞观九年，军队进驻伏俟城。吐谷浑的军队放火烧尽野草，企图使唐军马匹饥饿，而自己则退守大非川。各位将领都说：春草尚未生长，军中马匹瘦弱疲惫，不可与敌交战。但李靖却毫不动摇，决定进兵，深入敌境，于是便翻越积石山。唐军与吐谷浑的部队前后交战数十次，杀伤大量的敌人，大破吐谷浑。吐谷浑的民众杀了他们的可汗前来投降。李靖便立慕容顺为大宁王，然后班师回朝。

当初，利州刺史高甑生担任盐泽道总管时，因为贻误了军期，李靖从轻责罚了他。高甑生因此而对李靖怀恨在心。这时，他就和广州都督府长史唐奉义一起上告李靖谋反。太宗下令由法官调查此事，高甑生等人终竟以诬告而被判罪受惩。李靖于是从此闭门自守，谢绝宾客来往，即便是亲戚，也不得擅自进入其府第。

贞观十一年，李靖被改封为卫国公，授予濮州刺史，并允许其子孙世袭官爵，但后来并未实行。贞观十四年，李靖的妻子逝世，朝廷

吐谷浑内积石山形，以旌殊绩。十七年，诏图画靖及赵郡王孝恭等二十四人于凌烟阁。十八年，帝幸其第问疾，仍赐绢五百匹，进位卫国公，开府仪同三司。

太宗将伐辽东，召靖入阁，赐坐御前，谓曰："公南平吴会，北清沙漠，西定慕容，唯东有高丽未服，公意如何？"对曰："臣往者凭藉天威，薄展微效。今残年朽骨，唯拟此行。陛下若不弃，老臣病期瘳矣。"太宗愍其羸老，不许。二十三年，薨于家，年七十九。册赠司徒、并州都督，给班剑四十人，羽葆鼓吹，陪葬昭陵，谥曰景武。

——录自《旧唐书·李靖列传》

下诏令允许其坟茔制度依照汉代卫青、霍去病的前例修建。修筑墓道两边的阁楼，象征突厥的铁山和吐谷浑的积石山，用以表彰他的特殊功勋。贞观十七年，又诏令在凌烟阁上画李靖和赵郡王李孝恭等二十四人的像。贞观十八年，唐太宗亲自到李靖府中探视病情，并赐给绫绢五百匹，进位卫国公，开府仪同三司。

太宗准备起兵征伐辽东，征召李靖入阁议事，让他在太宗跟前坐下，对他说："你在南边平定了江南，在北面肃清了沙漠，在西方征服了慕容氏，只有东线的高丽还没有归附，你的意见如何呢？"李靖回答说："臣下我过去凭借天威，稍微取得了一些成效。现在已经进入风烛残年，余日不多了，但还是打算再替陛下出征一次，皇上您如果不嫌弃的话，老臣我的病就可以得到痊愈了。"太宗怜惜他年老体弱，没有答应他的请求。贞观二十三年，李靖在家中溘然长逝，终年七十九岁。朝廷册赠司徒、并州都督，赐予班剑四十人用作仪仗，授与羽葆、鼓吹等，将他陪葬在昭陵，谥号称为景武。

附录三

资料辑录

风后八阵，大将握奇，处于中军，则并中军为九军也。唐李靖以兵少难分九军，又改制六花阵，并中军为七军。予按，九军乃方法，七军乃圆法也。算术：方物八裹一，盖少阴之数，并其中为老阳；圆物六裹一，乃老阴之数，并其中为少阳。此物之定行，其数不可改易者。既为方圆二阵，势自当如此。九军之次：李靖之后始变古法，为前军、策前军、右虞候军、右军、中军、左虞候军、左军、后军、策后军。七军之次：前军、右虞候军、右军、中军、左虞候军、左军、后军。扬奇备伏。先锋、踏白，皆在阵外；跳荡、弩手，皆在军中。

——沈括《梦溪笔谈·补笔谈》卷三

世传王氏《元经》、薛氏《传》、关子明《易传》、李卫公《问对》，皆阮逸所著。逸以草示苏明允，而子瞻言之。

——陈师道《后山集》卷十九

先君为武学博士日，被旨校正武举《孙》《吴》等七书。先君言《六韬》非太公所作，内有考证处，先以禀司业朱服。服言此书行之已久，未易遽废也。又疑《李卫公问对》亦非是。后为徐州教授，与陈无已为交代。陈云尝见东坡先生言，世传王氏《元经》、薛氏《传》、关子明《易传》、李卫公《问对》皆阮逸著撰，逸尝以草示奉常公也。

——何薳《春渚纪闻》卷五

太宗欲取高丽，专委李靖，固能办之，如论用正兵及诸葛亮、马隆事，皆后世为将者所当知也。然太宗欲以高丽为己功，忌靖不用，迄无尺寸效，而疲弊天下。当是时，岂奇正之说所可了？方人主锐意自将，而靖不能出一言救止，或有蹉跌，必与之俱败；盖靖者止知言为将而不知言为国也。夫以将事隐国谋，误后人甚矣。当削。

霍邑之战，唐事几败而成，太宗由此如定霸业。所以然者，矜夸其功，特假设奇正为问耳。靖非不知，而难斥高祖，故亦回护为答；而太宗犹恐靖不悟，重复诘难，盖其自伐之心终不忘也。蔽吝若此，安足以决奇正之实论哉！故言"旗参差而不齐，鼓大小而不应，令喧嚣而不一，其败却，非奇也"，则已明告之矣。且建成军却，只谓之败；太宗救败，反而致胜，固无奇正相生之理。今以败却为奇，亦恐误后生也。

孙子言："三军之众，可使必受敌而无败者，奇正是也。凡战者，以正合，以奇胜。善出奇者，无穷如天地，不竭如江海，终而复始，日月是也；死而更生，四时是也。战势不过奇正，奇正之变，不可胜穷也。奇正相生，如环之无端，孰能穷之哉？"曹操修其术，有一术、二术、先后旁击，至太宗与李靖回答益详，自是奇正为兵家大议论。按孙子所谓奇正者，一军之内，教习素明，士卒服习，若使一人，临敌制变，分合在己，不可预料。且山林处士所以自神其说，遂有天地、江海、日月、四时之论。乃一将之任，非有国者所当言也。从古兵法，有正无奇，神农黄帝，杂说纷怪，不足考信。所考信者，唯舜禹汤武。禹之于三苗，岂是不能以奇胜？然终于班师而不用。及其必用而不得已，则汤武之于桀纣，亦卒用之，桀纣之众，岂是不能以奇拒敌？然终于灭亡而不振也。况诸侯万数，各出奇险，大者并吞旁邻，小者自守其国，正帝王所禁，而可以自为之哉！故《易》称："师出以律，否臧凶"；律者，正也；否而臧者，不以律为正而以奇取胜也。《易》者，三代所传，孔子所述之正文，非孙子处士自神之说也。诚使舜禹汤武之道复明，"师出以律"，"贞，丈人吉"，而天下服矣。不然，则孙武、曹操，更奇迭正，图别指授，列散卒聚，一将之术讲于庙堂，俄败忽成，小获大丧,而无有底止也,哀哉!

靖以“分合所出,惟孙武能之;吴起而下,莫可及焉”。其说谓“两军相向,使贱而勇者前击,锋始交而北,北而勿罚,观敌进取,一坐一起,奔北不追,则敌有谋矣。若悉众追北,行止纵横,此敌人不材,击之勿疑。臣谓吴术多此类,非孙武所谓以正合也”。按起所言设术尝寇,昔人所用,固与武相出入,未知靖何以为不如武。简直胜负,欲其易见;而武蔽秘,务为不可窥测。若如后世之论,用兵不过于求胜,奚必自分高下于其间?况武之指在于必受敌而无败。夫使其可以疾速而取胜,则焉取夫迟缓而无败哉!

靖言“前代战斗,多是以小术而胜无术,片善而胜无善,安足以论兵法!谢玄破苻坚,非谢玄之善,乃苻坚之不善”。以余观之,靖为坚用,则玄信不足以敌坚矣,然靖不及王猛,猛劝坚勿以晋为图,是犹知兵有不可用者,非战胜攻取所能与也。若靖之志,在于用兵而已。使其为坚谋,负以诈力,急于混平,大众乖离,一旦冰解,非智所及,淝水之败,依然固在。正如赞伐高丽之比,则虽有兵法,何所施哉!靖又言坚为慕容垂所陷,尤不近理。王猛本以垂非久畜,多方疑间,不能夺坚谬计;而坚以十分天下八九之威,贪得怙胜,自致灭亡,垂安能陷之?靖徒知从太宗取群盗之易,遂以算略为准极,轻视豪雄;不知兵法以上更有多少节次,固不可以责靖也。

兵法何必自黄帝起,而世所传《握奇文》者,兵家者流借其名,亦有不知乎?丘井所以度地居民,岂为兵制?谓“数起于五,终于八”,皆在此,非也。周自上世迁岐,已有立国之法;谓太公始建,非也。“戎车三百乘,虎贲三百人”,言师尽行;谓“立军制”,非也。“六步七步,六伐七伐”,誓众贵速,且不穷兵;谓“教战法”,非也。夫法所以用兵,而兵之成败不专在法;若必以法为胜,则蚩尤桀纣若林之旅,岂其皆无法哉?且项羽之于汉高祖,固尝百胜,一败而亡,岂汉一日而有法哉?靖虽通明练事,而兵家之习气不除,恐如此而谋人之国家,亦尽有害;偶值唐之方兴,故不见耳。至李则见之矣。

靖言汉戍蕃落,教习各为一法,及其用之,则“蕃而示之汉,汉而示之蕃”。太宗以为奇正相生,“正合朕意”。昔秦、晋迁陆浑之戎,晋以姜戎败秦,天下横溃,遂为战国。先王以华治夷,不以夷杂华,故有中国、夷狄之别。莱人以兵劫鲁侯,孔子正义责齐,而汶阳之田以归者,明华夷之机也。太宗幸能威制夷狄,然其君臣之谋,不过兼蕃汉而用之;后百余年,安史反噬,西自流沙,北至朔易,尧舜旧地皆陷为夷狄,至今不可复振。呜呼!安得以孔子之道举而措之乎!

太宗举诸葛亮言,“有制之兵,无能之将,不可败也;无制之兵,有能之将,不可胜也”。余每恨《亮集》今不存,无以考信其所行。盖自战国以来,能教其人而后用者,惟亮一人,固非韩信驱市人之比,所以其国不老,其兵不困,虽败而可战,虽胜而可恃。夫教者岂八阵、六花之谓?此特其色别耳。抚循安集,上下相应,使皆晓然,旅泊不悲,死亡不痛,犹在其家室也。然则如驱群羊,驱而往,驱而来,莫之所之,孙子之术,靖与太宗所讲,正亮之弃也。虽然,亮亦止于春秋战国之将耳。

民与兵皆自伍法起,盖自有生民以来如此,最为大事,则靖轻言之,但云“臣酌其法,自五人变为二十五人,二十五人变为七十五人”而已。而独珍贵阵法。既以为黄帝所制,又谓太公实缮其法,又谓齐人得其遗法,管仲复修之,又祖管子,言管仲分齐为三,又谓诸葛亮八阵即握奇法。凡此皆山泽隐约以术自喜,夸妄相承,而后人信之。就如其言,则自黄帝三代数千年,独数人通悟阵法,余皆寂寥零落。且天下之兵,无日不斗,而部伍卒乘,将安所寄托乎?按《周官》司马掌蒐、苗、狝、狩,其阵皆如战之阵,其坐作进退疾徐疏数,皆如战之节,而《春秋》所记鲁事皆具;以鲁视之,他国何独不然?然则五家为比,积而成乡,五人为伍,积而成军,元帅居中,卿大夫士各守部分,前战后拒,险易分合,形势自然,彼四头、八尾、六花、八阵,曾何区区执为奥密哉?盖当时上自王公,下至卒伍,皆明知之,不以为异也。郑鱼丽,楚乘广,晋毁车,虽临时昧利,坏乱常制,终不能变大法,然后世反更以为奇术。方战国处士主议论,旧诸侯相次亡灭,秦亦继之,岂惟《诗》《书》《礼》《乐》沦没,而兵制亦大坏;盗贼亡命,化为侯王,此古战阵法所以荡尽,而黄帝《握奇》遂为秘文也。然前人未尝学《周官》,虚声崇用,自不足怪。今之学者已学《周官》,奈何视为外物,相与别画阵法无休时?学既无所统一,而殚思竭虑,有害无益,是可叹矣!

靖言“王寻、王邑不晓兵法,徒夸兵众,所以自败”。按王莽用事者,严尤最晓兵法,昆阳之战,尤为谋主,既败,乘轻骑践死人而逃。嗟夫!莽之亡至此晚矣,何论兵法乎?

“亟肄而疲之,多方以误之,彼出则归,彼归则出,楚必道弊,阖庐从之,楚于是始病”。此战国相倾之术也。太宗以天下之大,乃谓千章万句不出乎“多方以误之”一句。孔子曰:“智及之,仁不能守之,虽得之,必失之。”智非误也,智得而仁不能守,犹且失之,况以误得而又以误守耶?此太宗与靖所未讲也。

太宗言“李勣非朕控御则不可用,他日太子治若何用之?”靖言“为陛下计,莫若黜勣,令太子复用之,则必感恩图报,于理何损!”太宗曰:“善,朕无疑矣!”太宗虽尽用一世豪英,而其心量狭薄如此,与汉武画周公负成王以赐霍光,不大相远乎!且固无父黜而子用,以此为顾命者。然则房、杜、王、魏之流,号为遇时,而儒生哓哓称颂不已,盖可悲矣。

靖言“兵法分为三等,一曰道,至微至深,《易》所谓聪明睿智神武而不杀”;又言“张良、范蠡、孙武,脱然高引,不知所往,非知道安能尔?”尤泛滥无实。兵之所谓道者,以义治不义,诛暴乱,禁淫慝,若《周官》司马九伐之法是也。然益谓“惟德动天”,若兵之治人,深者不可以动天矣;又言“满招损,谦受益,时乃天道。”夫以兵加人而制其死命,满孰甚焉!故知德者不以兵,而知兵者安能自托于道?虽太公、闳、散未敢当也,而况范蠡、孙武之流哉!

——叶适《习学记言序目》卷四十六

《李卫公问对》三卷，唐李靖对太宗问兵事。元丰中并《六韬》《孙》《吴》《三略》《尉缭子》《司马兵法》类为一书，颁之武学，名曰“七书”。史臣谓李靖兵法世无完书，略见于《通典》。今《对问》出于阮逸家，或云逸因杜氏而附益之。

——晁公武《郡斋读书志》卷三下兵家类

（《李卫公问对》）亦假托也。文辞浅鄙尤甚。今武举以七书试士，谓之“武经”。其间《孙》《吴》《司马法》或是古书，《三略》《尉缭子》亦有可疑，《六韬》《问对》为妄明白，而立之学官，置师弟子伏而读之，未有言其非者，何也？何薳《春渚纪闻》言其父去非为武学博士，受诏校“七书”。以《六韬》《问对》为疑，白司业朱服。服言此书行之已久，未易遽废，遂止。后为徐州教授，与陈师道交代，师道言闻之东坡：世所传王通《元经》、关子明《易传》及李靖《问对》，皆阮逸伪撰，逸尝以草示奉常公云。奉常公者，老苏也。

——陈振孙《直斋书录解题》卷十二

李靖兵法世无全书，略见于《通典》。今《问对》出于阮逸家，或云逸因杜佑附益之也。然予家有《李靖六军心镜》数卷，其文浅近，岂伪书邪？

——吴曾《能改斋漫录》卷十四

神宗熙宁八年二月戊寅上批：“见校试七军营阵，以分数不齐，前后牴牾，难为施用，可令见校试官抚其可取者，革定八军法以闻。”初，诏枢密院：“唐李靖兵法，世无完书，杂见《通典》，离析讹舛，又官号物名，与今称谓不同，武人将佐，多不能通其意。可令枢密院兵官检详官与检正中书刑房王震、提举修撰经义所检讨曾旼、中书吏房习学公事王白、管勾国子监丞郭逢原校正分类解释，令可行后……”用李靖“六花阵法”约授兵二万人为卒，为七军……隋韩擒虎深明其法以授其甥李靖。靖……故造

“六花阵”，以变九军之法。

——李焘《续资治通鉴长编》卷二百六十

按《四朝国史·兵志》，神宗熙宁间诏枢密院曰：“唐李靖兵法世无全书，杂见《通典》，离析讹舛，又官号物名，与今称谓不同，武人将佐多不能通其意，令枢密院检详官与王震、曾旼、王白、郭逢源等校正，分类解释，令今可行。”岂即此《问答》三卷耶？或别有其书也？然晁、陈二家以为阮逸取《通典》所载附益之，则似即此书。然神宗诏王震等校正之说既明见于国史，则非阮逸之假托也。

——马端临《文献通考·经籍考》卷二百二十一

太公《六韬》《黄石公三略》《李卫公问对》皆伪书也。宋戴少望作《将鉴论断》乃极称《三略》通于道而适于用，可以立功而保身，且谓其中多知足戒贪之语，张良得之用以成名。谓《问对》之书，兴废得失，事宜情实，兵家术法，灿然毕举，皆可垂范将来。以予观之，《问对》之书虽伪，然必出于有学识谋略者之手。

——郑瑗《井观琐言》卷二

《李卫公问对》，其词旨浅陋猥俗，兵家最亡足采者，而宋人以列“七经”，殊可笑。旧咸以阮逸伪撰，谓老苏尝见其草本。案逸所撰《中说序》及《关朗传》等文各可观，不应鄙野至是。此书不特非卫公，亦非阮逸，当是唐末宋初俚儒村学缀拾贞观君臣遗事、杜佑《通典》原文，傅以间阎耳口。武人不知书，悦其俚近，故多读之。夫卫公在唐，诚一代元勋。然文皇将略远出其上，非若高帝于淮阴，真弗如也。凡唐初大敌，猖獗如刘武周，强盛如窦建德，皆身取之。靖擒萧铣、辅公祏、颉利，率自守虏逋逃寇，不足当刘、窦什一，而《问对》若斯也？

唐元勋，英、卫并称，然勣非靖比也。文皇身经百战，勋下诸人咸从行间，唯靖特将。文皇尝命靖教侯君集兵法。君集言靖欲反。文皇问之，靖曰："今天下已平，臣教君集足制四夷而务尽臣术，此君集反耳。"此外殊不经见；唯辽左旋师尝一问焉。盖发叹于无功，而靖所对亦一时之权，匪万成之策也。文殊、摩诘更互酬答，微言妙解，光明大千。於乎，二李之谈兵，吾安得实闻其言，笔以诏万世哉！

——胡应麟《四部正讹》卷中

《卫公问答》，语极审详，真大将言也。宋熙宁中，诏枢密院校正其书。其文又多采之《通典》，故其书可用，但不得谓卫公自著耳。太宗谓太子不能控御李勣，靖曰：为陛下计，莫若黜勣，令太子复用之，则必感恩图报，于理无损。太宗曰：善，朕无疑矣。又曰：勿泄也，朕徐思其处置。又曰：靖再拜出，尽传其书与李。使卫公自著，有此事乎？

——俞正燮《癸巳存稿》卷十二

有宋之初纂《御览》也，其援引书目即有《卫公兵法》矣。曾公亮等编《武经总要》，亦多引唐李靖兵法矣。及熙宁间，尝诏枢密院检详官与王震等校正《通典》所纪唐李靖兵法，分类解释，令可施行，而未立学官，未见书目，当由书未编成。元丰之《武经七书》竟以阮逸伪托之《李卫公问对》备其数。其时，如苏轼、何薳、邵博、吴曾、陈师道之俦皆稔知为伪书；晁公武、陈振孙之释书目，亦确指《问对》一书出于阮逸家。唯马端临《通考》疑此即熙宁所定之本，不知阮逸伪撰与枢密详正本出二事。观熙宁校试"七军营阵"，但据《通典》所引《卫公营阵法》而重校之，知校正别本初未就。阮逸欲自伸其谈兵之议论，假卫公以徼名，初非因《通典》而有所附益也……《卫公兵法》单行之本，宋初当尚有存者。《武经总要》所引，字句多同《御览》，可证也……《宋史》称卫公所著兵法无完书，非无完书也，以经李筌紊乱之所致，而《御览》所据单行本，初未刊行，故至元丰间已不传也。且兵事必由阅历，非可空谈。如卫公者，夙精兵略，参《孙子》

《吴起》而大其用，本《太公》《尉缭》而善其术，乃犹韬晦浮沉，不轻一试，直至出入将相，宣威沙漠，成就功名，方著为书。史传颂其临机果，料敌明，根于忠智而止，可谓得实矣。而当世庸俗之士，震其重名，疑于风角云祲，别有秘传，反视此平实精确之兵法为不足措意。不知兵危事也，当以稳著出之。又阴谋也，当以正道行之。公之言兵，正而不诡，宜可承用于后世。即云书缺不完，与其因彼妄作之伪文，不如存此不备之真本也。况李筌、阮逸二子，于兵事从未著效，未谙甘苦，又好造伪书以欺世。逸之作伪，有《元经》，有关子明《易传》。筌之作伪，有《阴符经》，又有《握奇经》。而阮逸《问对》即承言《握机》八阵奇正。明何良臣以其论奇正说数更、意数变而疑之，谓谈兵之雄，非用兵之杰，其败阙固已显著矣。

——汪宗沂《卫公兵法辑本·叙》

(《李卫公问对》)辨析精微，考据典确。

——朱墉《武经七书汇解·序》

今世传者当是神宗时所定本，因神宗有“武人将佐不能通晓”之诏，故特多为鄙俚之辞。若阮逸所撰，当不尔。意或逸见此书，未慊其志，又别撰之。而世已行此书，彼书不行欤？然总之为伪书矣。

——姚际恒《古今伪书考》“子类”

唐司徒并州都督卫国景武公李靖与太宗论兵之语，而后人录以成书者也。案史称所著兵法世无完书，唯《通典》中略见大概。此书出于宋代，大旨因杜氏所有者而附益之。何薳《春渚纪闻》谓苏轼尝言：世传王通《元经》、关子明《易传》及此书皆阮逸所伪撰，苏洵曾见其草本。马端临撰《四朝国史·兵志》，谓神宗熙宁间尝诏枢密院校正此书，似非逸所假托。胡应麟《笔丛》则又称其词旨浅陋猥俗，最无足采。阮逸亦不应鄙野至此，当是唐末宋初村儒俚学掇拾贞观君臣遗事而为之。诸说纷纭，多不相合。